地球の歩き方

Plat

P04 ぷらっと

ロンドン

LONDON

地球の歩き方編集室

CONTENTS

地球の歩き方 P04 ぷらっと

Plat ロンドン LONDON

12 THINGS TO DO ☑ IN LONDON

GOURMET

SHOPPING

AREA GUIDE

SHORT TRIP

TRAVEL INFORMATION

MAP

LONDON AREA NAVI

ロンドン エリアナビ

ロンドンは東京都のおよそ7割の広さ。
緩やかに蛇行するテムズ河に沿って東と西に広がり、
それぞれ個性のあるエリアに分かれている。

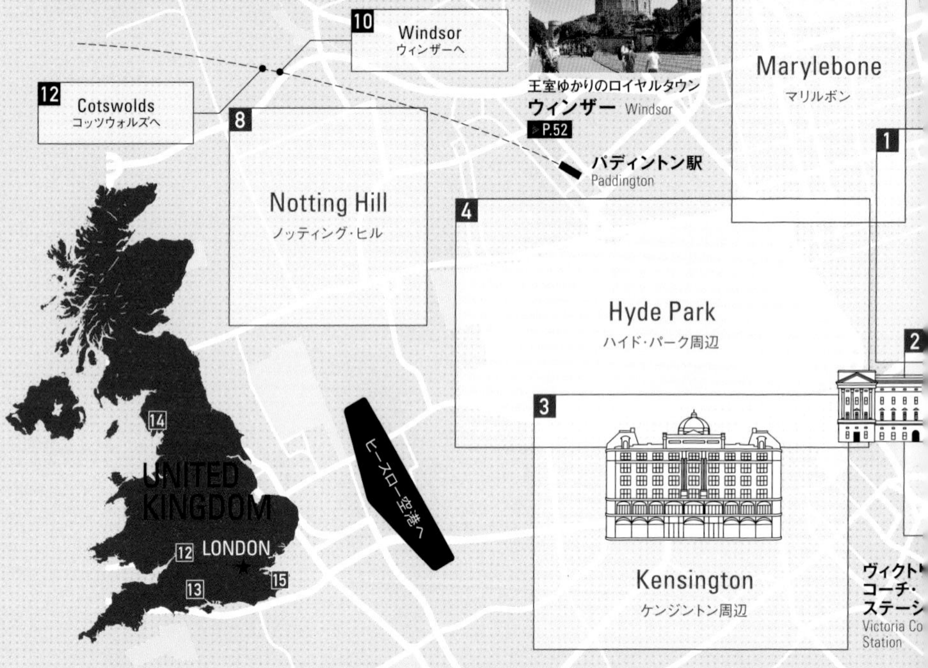

14 Lake District 湖水地方へ

10 Windsor ウィンザーへ

12 Cotswolds コッツウォルズへ

10
王室ゆかりのロイヤルタウン
ウィンザー Windsor
▶P.52

9 Marylebone マリルボン

8 Notting Hill ノッティング・ヒル

パディントン駅 Paddington

4 Hyde Park ハイド・パーク周辺

1

2

3 Kensington ケンジントン周辺

ヒースロー空港へ

ヴィクト
コーチ・
ステーシ
Victoria Co
Station

UNITED KINGDOM
LONDON
14 12 13 15

1 ロンドン随一の歓楽街 ウエスト・エンド West End

数々の劇場に、話題のショップやレストラン、ギャラリーなどたくさんの人やモノが集まり、いつも活気に満ちているトレンド発信地。

▶P.92

2 ロンドン観光の王道 バッキンガム宮殿周辺 Buckingham

宮殿など王室関連の施設や国会議事堂など国の中枢機能が集まる。ロンドンの象徴ともいえる国会議事堂はテムズ河沿いからの景観がいい。

▶P.98

3 ミュージアムが集まる ケンジントン周辺 Kensington

ハイド・パーク南は高級デパート、さらに南のチェルシーは文化人に愛された閑静な住宅街。観光のハイライトは大規模な博物館の数々。

▶P.100

4 広大な憩いの場 ハイド・パーク周辺 Hyde Park

ウエスト・エンドやショッピング街に囲まれながらもリスや鳥がたわむれる緑の公園。ケンジントン宮殿やギャラリーなどの見どころも。

▶P.102

9 洗練された町並み
マリルボン
Marylebone

オックスフォード・ストリートの北は、富裕層が住む閑静なエリア。マリルボン・ハイ・ストリートにセンスのよい店が並ぶ。

P.112

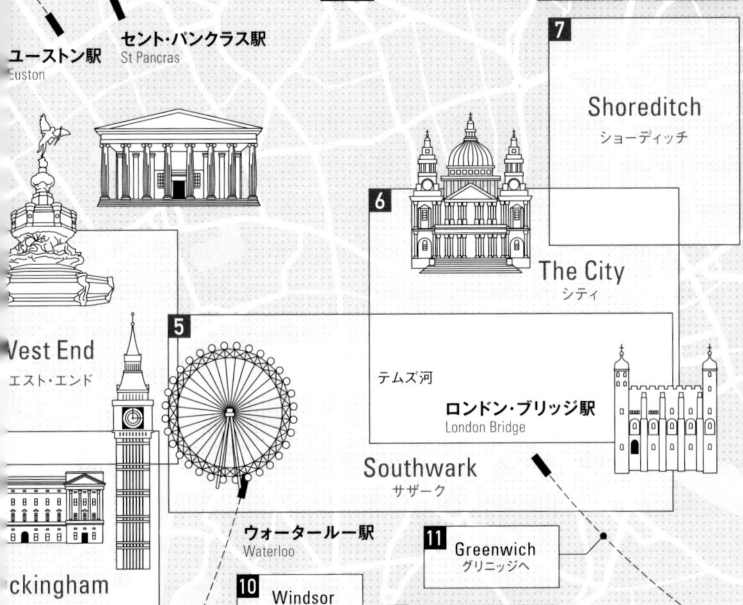

15 Canterbury and Rye カンタベリー&ライへ

ユーストン駅 Euston
セント・パンクラス駅 St Pancras

Shoreditch ショーディッチ
The City シティ
West End ウエスト・エンド
テムズ河
ロンドン・ブリッジ駅 London Bridge
Southwark サザーク
Buckingham バッキンガム宮殿周辺
ウォータールー駅 Waterloo
11 Greenwich グリニッジへ
10 Windsor ウィンザーへ
13 Salisbury ソールズベリへ
ガトウィック空港へ

11  ボートでも行ける
グリニッジ
Greenwich

子午線のある世界遺産の水運都市へ。

P.54

SHORT TRIP

12 コッツウォルズ
Cotswolds
P.116

13 ソールズベリとストーンヘンジ
Salisbury and Stonehenge
P.122

14 湖水地方
Lake District
P.124

15 カンタベリー&ライ
Canterbury and Rye
P.128

5 南岸のカルチャーエリア
サザーク
Southwark

テムズ河の南岸にコンサートホールや美術館、劇場などのカルチャー施設、新しいレストランが集まる。河沿いの散策もおすすめ。

P.104

6 ロンドンの起源はここ
シティ
The City

紀元1世紀に遡る歴史のあるエリアに高層ビルが建ち、ビジネスパーソンが行き交う。新旧の有名建築が並び、歴史のコントラストを楽しめる。

P.106

7 ポップなお店が急増中
ショーディッチ
Shoreditch

クリエイターが移り住んだことで個性的な店が集まる、注目のおしゃれエリアに。クラフト系から雑貨まで各種マーケットもおもしろい。

P.108

8 土曜の市は大にぎわい
ノッティング・ヒル
Notting Hill

カリブ系移民が住むエリアとして始まり今では憧れの高級住宅街に。マーケットの立つ土曜がにぎやかで、アンティーク以外の屋台も多く出る。

P.110

ロンドンの夏は夜21時過ぎまで明るいが、冬は15時過ぎに暗くなる。暗さや移動のことも考え、プランニングは余裕をもって。

ロンドン モデルプラン

かぎられた時間のなかでも訪れておきたい
王道のスポットを組み込んだ3つのプランをご紹介。

01 おさえておきたい定番スポット

まずはロンドンで必ず行くべき定番スポットへ。

9:15 ウェストミンスター寺院 P.34 P.42

見学は9:30から。少し早めに行ってウェストミンスター橋から国会議事堂を撮影。

徒歩で約8分

ロンドン・アイ・ウォータールー桟橋からリバーバスに乗船

11:00 P.56 P.104
ロンドン・アイ

30分かけて回る観覧車からロンドンの景色を楽しむ。行列になる日も多い。

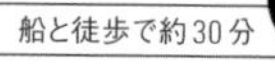

船と徒歩で約30分

ロンドン塔の衛兵隊ビーフィーター

12:30
ロンドン塔 P.36 P.42

世界最大級のダイヤが付いた王冠や王笏などの宝物が見学のハイライト。

徒歩ですぐ

14:00 タワー・ブリッジ P.105

橋を渡ったら、テムズ河南岸にあるバトラーズ・ワーフで遅めのランチ。元ロンドン市庁舎(→P.41)もすぐ。

斬新な現代建築が元市庁舎だった

店が連なるバトラーズ・ワーフ

02 アートもショッピングも よくばりプラン

芸術品に触れたあとは、
買い物しながらおしゃれな界隈を散策。

10:00 P.17 P.43

大英博物館

古今東西の文化遺産約800万点を収蔵。テーマを絞って観て回ろう。企画展もおもしろい。

ティー・アンド・タトル P.49

博物館そばにあるティールームのクリームティーでひと休み

地下鉄と徒歩で約36分

13:00 P.23

ヴィクトリア・アンド・アルバート博物館

工芸・デザインに関する約400万点を収蔵する国立博物館。興味に応じて、近くの自然史博物館、科学博物館にも行こう。

徒歩で約10分

15:00 **ハロッズ** P.82

クロムウェル・ロードを北東に進むとショッピングエリア。老舗ハロッズはえりすぐりの品揃えはもちろん、高級な内装も見応えあり。

名物のドアマン

徒歩ですぐ

16:00

ナイツブリッジ P.100

ハロッズのほかにも最新トレンド百貨店のハーヴィー・ニコルズをはじめ、ブランドの路面店が並ぶショッピングエリア。

ナイツブリッジ周辺にはヨーロッパの一流ブランド店も並ぶ

03 ロンドンの伝統と 革新に触れる

ロイヤルブリテンの象徴、バッキンガム宮殿から再開発されたテムズ河の南へ。

10:30前 **バッキンガム宮殿の衛兵交替** P.29 P.99

交替儀式は11:00から。ベストポジションを確保するには早めに行って場所をおさえておこう。式は約40分。

地下鉄と徒歩で約34分

13:00 P.42 P.56 P.106

セント・ポール大聖堂

英国国教会の大聖堂はイギリス・バロック建築の傑作。ドーム内部の天井画が見事だが、ミサ前後は祭壇に近づけないので注意。

ワン・ニュー・チェンジ P.107

大聖堂そばのショッピングセンターでランチ。ルーフテラスからの眺望もいい

ミレニアム・ブリッジを渡り徒歩で約9分

14:30

テート・モダン P.22

旧火力発電所を改造した近現代アート美術館。最上階には眺めのいいレストランもある。バンクサイドからリバーバスに乗船。

船でエンバンクメント桟橋まで約7分

16:00 P.95

コヴェント・ガーデン

夜遅くまでにぎわうコヴェント・ガーデンでショッピングや食事をしよう。

本書の使い方

本書は、TO DO LIST(厳選の観光体験)、テーマ別ガイド、エリアガイドによって構成されています。

おすすめコースと歩き方ルートを紹介

ポイントをおさえながら回る散策ルートを、所要時間とともに紹介しています。

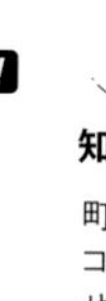

知っていると便利な情報

町歩きがいっそう楽しくなる、コラムやチェックポイントを載せています。

はみだし情報

旅に役立つ補足情報やアドバイス、ロンドンの町に詳しくなる雑学、口コミネタなどを紹介しています。

エリアの特徴を紹介

各エリアの特徴、効率よく散策するためのヒント、最寄り地下鉄駅やエリア内の交通案内を簡潔にまとめました。

電話番号について

本文中にはロンドンの市外局番020を記載しています。公衆電話などからロンドン市内に電話をする際には市外局番は不要ですが、携帯電話からかける場合は020を付けてください。

▶Map P.166-B3
▶詳細 P.29
▶Data P.42

各物件の位置は、巻末(P.154〜173)の地図で探すことができます。

アイコンの見方

- 観光スポット
- 美術館・博物館
- レストラン
- カフェ、ティールーム
- ショップ

データの見方

- 住 住所
- TEL TEL
- 開 開館時間、営業時間
- 休 休館日、定休日

※開館・営業時間、休館・定休日は変更されることも多いので現地で確認されることをおすすめします。

- URL URL
- 交 交通アクセス
- ⊖ 最寄り地下鉄・地上線駅
- Free フリーダイヤル
- 料 料金、予算
- 予 予約の必要性
- 服 ドレスコード
- Card クレジットカード
- A アメリカン・エキスプレス
- D ダイナースクラブ
- J JCB
- M マスターカード
- V ビザ

※本書は正確な情報の掲載に努めていますが、ご旅行の際は必ず現地で最新情報をご確認ください。また掲載情報による損失等の責任を弊社は負いかねますのであらかじめご了承ください。

TODO ☑ LIST

12 THINGS TO DO IN LONDON

ロンドンでしたいこと＆ロンドンでしかできないこと

ローマ時代に遡る長い歴史をもちながら、
絶えず新しいカルチャーが生まれているロンドン。
伝統と革新を肌身に感じ、中身の濃い時間を過ごすための12のテーマをお届け。

TODO ☑ LIST

01

Swinging London

スウィンギング・シックスティーズ名所詣で

60年代のロンドンへ！

ロンドンがほかのヨーロッパの都市から際立つのは、世界に影響を与えるポップカルチャー。1960年代に震源地だった場所を訪れ、常に音楽やファッション、カルチャーの発信地であり続けるロンドンの今の姿を見てみたい。

観光名所にもなっているカーナビー・ストリートはクリスマスのライティングでも有名。趣向を凝らしたイルミネーションが楽しめる。

トレンド発信地から観光スポットへ

スウィンギング・シックスティーズとは1960年代に若者を中心にロンドンで開花したポップカルチャーのこと。ビートルズが旋風を起こし、マリー・クワントやヴィダル・サスーンが「ロンドンルック」を世に送り出し、ミニスカートのツイッギーが大ブレイク。これらの若者発信のカルチャーを象徴する場所のひとつがソーホーにあるカーナビー・ストリート（→P.12）だった。

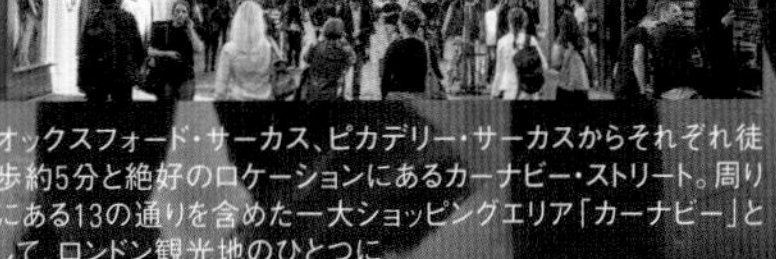

オックスフォード・サーカス、ピカデリー・サーカスからそれぞれ徒歩約5分と絶好のロケーションにあるカーナビー・ストリート。周りにある13の通りを含めた一大ショッピングエリア「カーナビー」として、ロンドン観光地のひとつに

最新のスタイルを求めて若者が集まった1960年代のカーナビー・ストリート ©Fox Photos/Getty Images

カーナビー・ストリートから小道を入った所に中庭をもつキングリー・コートがあり、さまざまな食事を楽しめるフードコートになっている。

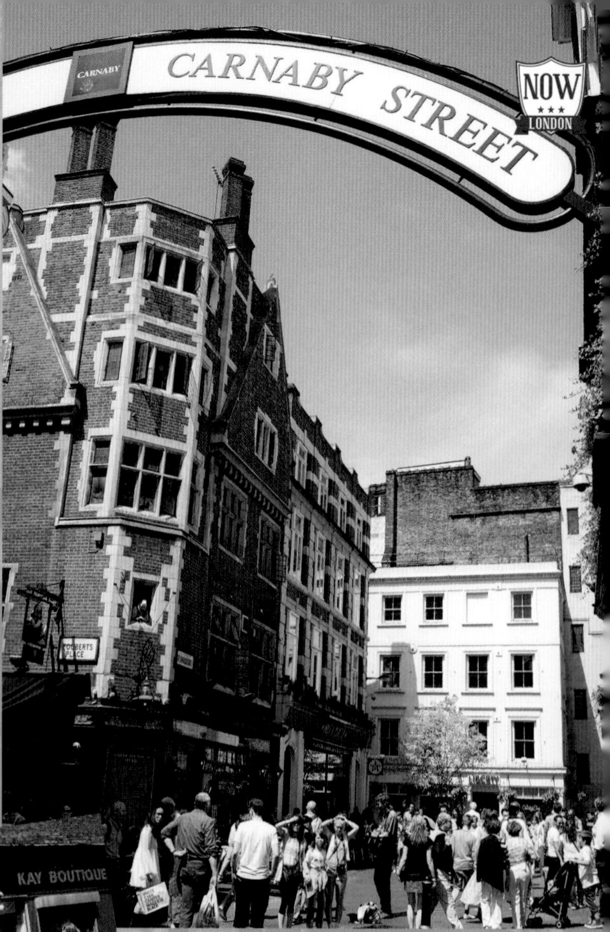

モッズの聖地
カーナビー・ストリート
Carnaby Street

スウィンギング・ロンドンの最先端で、モッズの聖地。デザイナー、ジョン・スティーブンの店のオープンをきっかけに音楽関係者やおしゃれな若者が集まるようになり、その代表がザ・フー、キンクス、スモール・フェイセスだった。キンクスが歌ったこの通りを1970年代にはザ・ジャムが歌にして、モッズの伝説は受け継がれていく。一時は元気を失ったものの、今では細い通りの両側に多くのショップが並び、活気あるストリートとしてよみがえった。

Map P.166-A・B2

ソーホー
住Carnaby St., W1F
交⊖Oxford Circus／Piccadilly Circusより徒歩約5分
URL www.carnaby.co.uk

周りの小さな通りを含めたショッピングエリア「カーナビー」として発展。ショップやレストランが集まる名所になっている

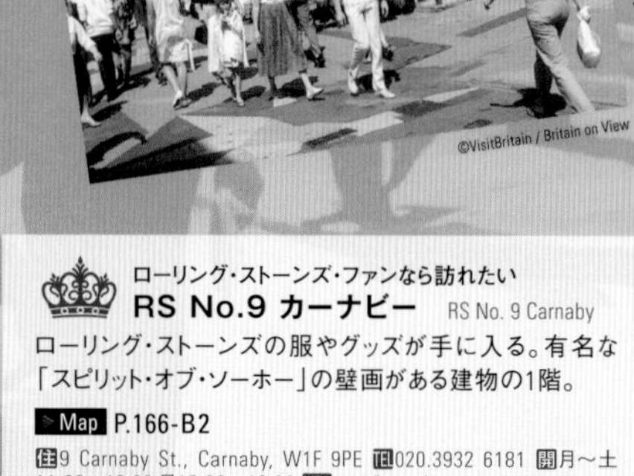

NOW LONDON

©VisitBritain / Britain on View

歩行者天国になって道幅が広くなっている

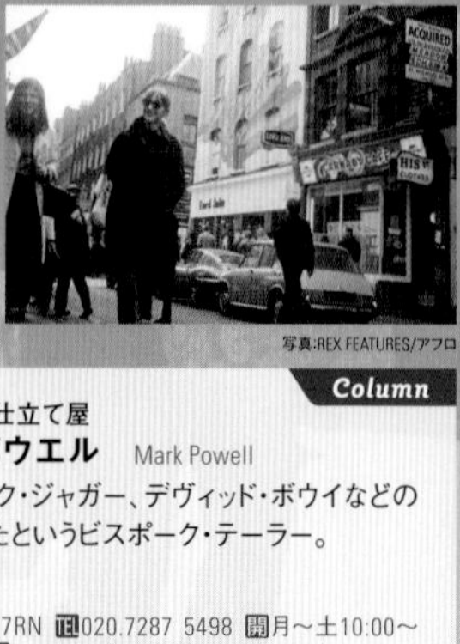

60's LONDON

当時は車が通り、歩道があるぶん今より狭い通りだった

写真:REX FEATURES/アフロ

Column

ローリング・ストーンズ・ファンなら訪れたい
RS No.9 カーナビー　RS No. 9 Carnaby

ローリング・ストーンズの服やグッズが手に入る。有名な「スピリット・オブ・ソーホー」の壁画がある建物の1階。

Map P.166-B2

住9 Carnaby St., Carnaby, W1F 9PE TEL020.3932 6181 開月～土11:00～19:00 日12:00～18:00 URL rsno9.co.uk

レジェンドの仕立て屋
マーク・パウエル　Mark Powell

ポール・ウェラー、ミック・ジャガー、デヴィッド・ボウイなどのミュージシャンも通ったというビスポーク・テーラー。

Map P.166-B2

住2 Marshall St., W1F 7RN TEL020.7287 5498 開月～土10:00～19:00 日12:00～17:00 URL www.markpowellbespoke.co.uk

写真:アフロ

「ロンドンルック」が生まれた場所
キングス・ロード
King's Road

1950年代からずっとファッションの中心だった
©Hulls Press/Popperfoto/Getty Images

マリー・クワントが「バザーBazaar」をオープンするなど1950年代から若くて斬新なデザイナーが集まった。1960年代には「ハング・オン・ユー」など伝説のブティックが登場、ミック・ジャガーなどのスターも通うファッショナブルな通りに。1970年代にはヴィヴィアン・ウェストウッドが店をオープン、パンク発祥の地となり、カウンターカルチャーの中心地となった。今ではすっかり落ち着き、セレブも多く住むチェルシーらしいセンスのよいショップが並んでいる。

▶Map P.171-C3、D2・3
チェルシー
住King's Rd., SW3 交⊖Sloane Sq.より徒歩約2分

「ハング・オン・ユー」があった場所に1971年にオープンしたウェストウッドの店は何度も店名が変わり、1979年に「ワールズ・エンド」となり今も営業中

キャサリン妃も訪れるというセレブ御用達のショッピングストリート

文化遺産に指定された横断歩道
アビー・ロード
Abbey Road

世界で一番有名な横断歩道。まねして歩きたいが、車には注意

1960年代に全世界が熱狂したビートルズ。12枚目のオリジナル・アルバム『アビー・ロード』のジャケットは1969年8月8日にアビー・ロード・スタジオ前の横断歩道で撮影された。以降、観光客が絶えない、有名な横断歩道となり、2010年にはイギリスの第2種指定建造物に指定された。ここから徒歩約7分のカヴェンディッシュ・アベニューにはポール・マッカートニーが1966年から住んでいた自宅がある。

▶Map P.158-B1
セント・ジョンズ・ウッド
住3 Abbey Rd., NW8 交⊖St. John's Woodより徒歩約5分

ビートルズには、『アビー・ロード』だけでなく、『レット・イット・ビー』など、数々の不滅の名盤がある

\Check!/
横断歩道前もゆかりの地
アビー・ロード・スタジオ
1931年にオープンしたレコーディングスタジオで、ビートルズをはじめピンク・フロイドなどの大御所から、レディオヘッドやオアシス、レディー・ガガなども使用。普通の家にしか見えないが、中に3つのスタジオがある。見学はできない。

ジミー・ペイジの家となったタワー・ハウスの競売には、デヴィッド・ボウイも参加したが、ペイジの入札額のほうが多く35万ポンドで落札したという。

ブリティッシュ・ロックの舞台を訪ねて

ロック&ポップミュージック王国イギリス。
その首都であるロンドンには、音楽シーンゆかりの地も多く、音楽ファンなら巡礼の旅も楽しい。

1 元マーキー・クラブ
Marquee Club

Map P.166-B1

1964年にWardour St.へ移転した伝説のライブハウス。90番地が入口だった場所で、ザ・フーのキース・ムーンのブルー・プラークもある。クラブエリアは100番地にあり、ヤードバーズ、ザ・フー、デヴィッド・ボウイなども出演した。

ブルー・プラーク 詳細 P.38

2 トライデント・サウンド・スタジオ
Trident Sound Studio

Map P.166-B1

ビートルズ、ローリング・ストーンズ、クイーン、デヴィッド・ボウイなど、ブリティッシュ・ロック全盛期のサウンドを作り上げた、聖地ともいえるスタジオ。デヴィッド・ボウイのブルー・プラークも埋め込まれている。

3 エイチエムヴイ *HMV*

Map P.165-D1

1921年開業し、一時閉店したかつての1号店が2023年に復活。この店のレコーディング・スタジオでビートルズのデモ盤がカットされ、これがEMIとの長期レコーディング契約につながったという。ブルー・プラークもある。

4 マリルボン駅
Marylebone Station

Map P.159-C3

映画『ハード・デイズ・ナイト』で、ビートルズが出発するシーンが撮影された。駅横の通りBoston Placeを、ファンに追いかけられながらメンバーが走ってくるオープニングのシーンが印象的。

5 元アップル・ビル
Apple Building

Map P.166-A2

1969年、このビルの屋上で突如行われたゲリラライブ「ルーフトップ・コンサート」で有名。2年振りの生演奏とは思えない完成度で、ビートルズ最後の伝説のライブとなった。あまりの人出に周囲からの苦情などもあり、40分ほどで警官が駆けつけ、中断させられた。

6 プリムローズ・ヒル *Primrose Hill*

Map P.156-B1

ポール・マッカートニーが散策中に、"The Fool on the Hill"などの曲を思いついたという公園。高台になっていて町を一望できる。ローリング・ストーンズのジャケ写や、ブラーのミュージックビデオにも登場している。

・UKロック巡礼・ ～ジャケット撮影地へ～

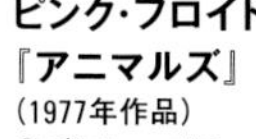

人気の複合施設で、塔のうち1本に登って眺望を楽しむことも。ジャケットは南側から撮っている

ピンク・フロイド『アニマルズ』

(1977年作品)

●バタシー・パワー・ステーション *Battersea Power Station*

ビートルズの『Help!』をはじめ数々の映画やテレビに登場したアイコン的存在。4本の煙突は修復され、ホテルやショッピングの複合施設に変身した。

Map P.156-B3

リージェント・ストリートから細い小道を入った通りに銘板もある。路地にはレストランが並ぶ

デヴィッド・ボウイ『ジギー・スターダスト』

(1972年作品)

●ヘドン・ストリート23番地 *23 Heddon Street*

"ボウイファンのアビー・ロード"といわれる通り。K.WESTの看板があった場所に2012年、リージェント・ストリートのオーナーらがZIGGY STARDUSTの銘板を設置。

Map P.166-A2

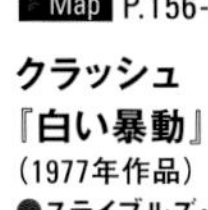

ステイブルズ・マーケットのあるカムデン・ロック周辺は、ジャケット撮影が多いエリアとして知られる

クラッシュ『白い暴動』

(1977年作品)

●ステイブルズ・マーケット内 *The Stables Market*

1976年のノッティング・ヒル・カーニバルでの暴動をモチーフにした作品。練習に使った建物の向かいの階段で撮影。チョーク・ファーム・ロード側から入って左、The Cuban横に階段がある。

Map P.156-B1

ロンドンのど真ん中にありながら、レコードを扱うアナログな店がいくつか並ぶ静かな通り

オアシス『モーニング・グローリー』

(1995年作品)

●バーウィック・ストリート34番地あたり *34 Berwick Street*

通りの北から南方面を向いて撮影。ジャケットですれ違うのは、DJとデザイナーで、プロデューサーも小さく写り込む。ここは独立系レコード店が多い通りで、このアルバムで脚光を浴びた。

Map P.166-B1

ここにも行ってみたい! ミュージシャンの巡礼地

※博物館など公共の建物以外は内部見学不可

1. フレディ・マーキュリーの家

Garden Lodgeは、映画『ボヘミアン・ラプソディ』のヒットが記憶に新しい、クイーンのボーカル、フレディの邸宅だった。

Map P.156-A3 住1 Logan Place

2. ジミ・ヘンドリックスが住んだフラット

"音楽の母"ヘンデルが住んでいた隣の建物も含め、ヘンデル&ヘンドリックス博物館Handel & Hendrix Houseとして公開されている。

Map P.166-A2 住25 Brook St.

ジミ・ヘンドリックスの部屋

3. ジミー・ペイジの家

The Tower Houseと呼ばれる。ウィリアム・バージェス設計のゴシック・リバイバル様式の建物内部はシック&ゴージャス。

Map P.156-A3 住29 Melbury Rd.

4. ジョンとヨーコが出会った場所

元インディカ・ギャラリーでのオノ・ヨーコの個展で、ジョン・レノンはヨーコと出会った。通りから少し入った奥まった場所にある。

Map P.166-B3 住Mason's Yard

元インディカ・ギャラリー

5. ジョンとヨーコが住んだフラット

ジョンがヨーコと5ヵ月の間住んだ家だが、リンゴ・スターやポール・マッカートニー、ジミ・ヘンドリックスらも住んだというフラット。

Map P.165-C1 住34 Montagu Place

Column

ファンの聖地?! エド・シーランが演奏したパブ

©Ben Carpenter

1 ライブやイベントの日程はウェブサイトで確認できる
2 パブとライブハウス、ホテルが合体

シンガーソングライターとしてブレイクしているエド・シーランが演奏した場所が、ロンドン南部バラムBalhamにある。エドは2010年に、このベッドフォードThe Bedfordでの演奏を『Live At The Bedford』というミニアルバムで発売、本人もこのライブハウスがお気に入りだった。

Map P.155-C3 URL thebedford.com

TODO LIST

02

Museum & Gallery

見応えある博物館やギャラリーが無料なので、観光ルートに組み入れておきたい。大英博物館などは混み合うことも多いが、午後3時以降は比較的すいている。

太古の発掘品から現代絵画まで さまざまな楽しみ方ができる

"アートなロンドン"でミュージアム巡り！

世界中から集められた貴重な収集品が展示された大英博物館や
有名絵画が集まるナショナル・ギャラリーはもちろん、
質が高く見応え十分なミュージアム&ギャラリーがたくさん。

ギリシア建築のような大英博物館の正面入口

©VisitBritain : Britain on View

グレートコートの階段を上るとレストランもある

大英博物館

British Museum

世界最大級の規模を誇るミュージアム。ハンス・スローン卿が集めた膨大な収集品をもとに、数々の考古学上の遺産が発見、収蔵されるにともない増築された。エジプトやギリシアからアフリカ、日本の展示室まで、世界中から集めたさまざまな物があり、興味が尽きない。すべてをじっくり観たいなら、時間がいくらあっても足りないという規模なので、観たいポイントを絞っておくといい。

Map P.157-C2、P.161-C3、P.167-C1

ブルームズベリー 住Great Russell St., WC1B 3DG TEL020.7323 8299 開10:00～17:00 最終入場16:45（グッドフライデーを除く金～20:30、遅い時間は一部のみ開館。グレートコートは～17:30）休12/24～26 料無料（寄付金制。特別展は有料） 交⊖Tottenham Court Rd.／Holbornより徒歩約8分 URLwww.britishmuseum.org 時間指定のオンライン予約可能。入場前にセキュリティチェックあり

大英博物館攻略法

Tips 1 正面入口を入るとすぐのグレートコートにあるインフォメーションデスクで案内図やガイド（有料）を手に入れよう。

Tips 2 各部屋にある標示板を確認しよう。代表的な展示物の紹介があるので、これを目当てにするのもいい。

Tips 3 カフェやピッツェリア、アフタヌーンティーを供するレストランがあり、おみやげ選びが楽しいショップも充実している。

大英博物館では、手荷物(スーツケースなど大型のものを除く)をクロークルームで預かってくれる。手荷物1個£2・50~。

メイン階

必見ルート

A ルーム4

古代エジプトの秘密の多くが解明される手がかりとなったのは、ロゼッタ・ストーンに書かれた神聖文字の解読だった。ラムセス2世の巨大な胸像や女神バステットの化身ゲイヤー・アンダーソンの猫などもある。

B ルーム10

アッシリアの王たちがライオン狩りをする様子が描かれた、連続したレリーフ。当時の王族の衣装や武具などもよくわかる。

\Check!/
「ネレイド」というのは、海神ネレウスの美しい娘たちのこと

Let's Go Up!

ルーム4まで戻って西階段を使って上階へ!

C ルーム18

1 ギリシアのパルテノン神殿の東破風に付いていた彫刻群。エルギン卿によってイギリスに運ばれたため、「エルギン・マーブルズ」とも呼ばれる。
2 隣のルーム17にあるネレイド・モニュメント。ギリシア神殿を模した墓廟で、クサントス(現在のトルコ)のもの。

※展示物の変更やルーム変更などによりルートどおりに観られないことがあります。

British Museum Map

アフリカ
ギリシア、ローマ
西アジア、ギリシア
エジプト
アメリカ、メキシコ
アジア
ブリテン、ヨーロッパ
コイン、メダル、貨幣、時計
テーマ別展示
企画、特別展
閉鎖中

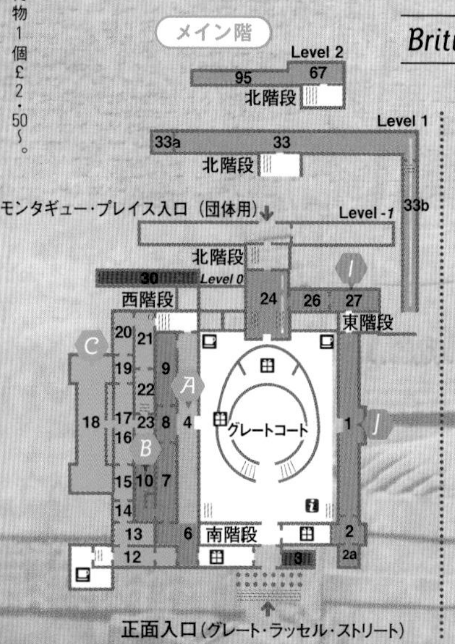

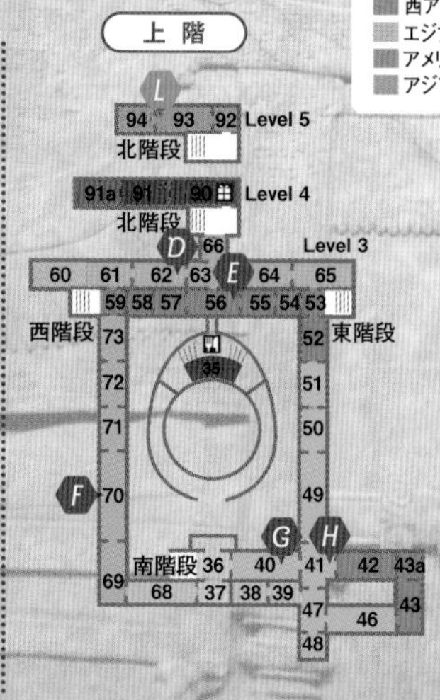

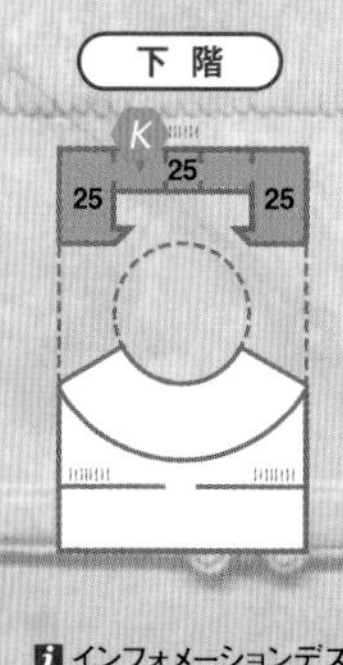

インフォメーションデスク
カフェ
レストラン
ショップ

上階

\ Check! /
片面には平和、もう一方には戦争が描かれている

D ルーム62-63

内臓を抜き、体を乾燥させて腐敗しないように作られたミイラ。きちんとしたものはお金持ちの人だけが作ることができたのだそう。人のほか、猫、ロバなど、たくさんのミイラが集まっている。

E ルーム56

世界最古の都市ともいわれるウルの王墓から出土した木箱。『ウルのスタンダード』と呼ばれ、その見事な象嵌細工は職人の高い技を感じさせる。

\ Check! /
酔っぱらいによってガラスケースごと粉々に破壊されてしまったが、200以上の破片から奇跡的に復活を遂げた

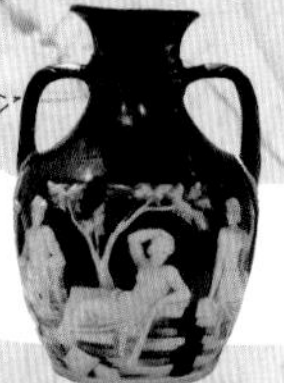

\ Check! /
スコットランドのルイス島で発見されたもの

F ルーム70

白ガラスを削りながら浮き彫りをした、カメオ・ガラスの傑作『ポートランドの壺』。陶磁器で名高いウエッジウッドも手本にしたといわれている。

G ルーム40

映画『ハリー・ポッターと賢者の石』に出てくるチェス駒は、これがモデル。『ルイスのチェス駒』と呼ばれ、スカンジナビアで作られたと考えられている。

H ルーム41

イギリス東部のサットン・フーで発見された船葬墓から出土した大量の武具や装飾品。アングロサクソン王国の君主デッド・ワルドの墓と考えられている。

Plus!

時間がある人はこちらもチェック!

I メキシコ

ルーム27

アステカ族にとって豊かさの象徴とされたトルコ石を使った『双頭の蛇』や仮面のモザイクオブジェが見事。

J キングス・ライブラリー

ルーム1

ジョージ3世所蔵の本や地図などを収蔵するために造られたスペース。蔵書は大英図書館に移されている。

K アフリカ

ルーム25

精緻な技術で作られた『ヨルバ族の支配者の頭像』のほか、マスクや絵画など、魅力たっぷりで迫力あり。

L 日本

ルーム92-94

縄文土器から浮世絵、絵巻、鎧兜、近現代の美術品のほか、茶室まで。日本文化が網羅されている。

ナショナル・ギャラリーのノース・ウイングには、フェルメールなどフランドルの名画がある。

ナショナル・ギャラリー

The National Gallery

ロンドンの中心、トラファルガー広場に面して建つ、世界最大級の美術館。イタリア・ルネッサンスやオランダなどフランドルの名画がめじろ押し。現存する絵画が30点余りというフェルメールや光と影の画家レンブラントの作品もある。これに加えて、ゴッホ、モネ、マネ、スーラ、ピカソなど、後期印象派や抽象派の絵画も充実。また、企画展も質が高いものが多く、人気がある。

Map P.157-C2、P.166-B2

チャリング・クロス 住Trafalgar Sq., WC2N 5DN TEL020.7747 2885 開10:00～18:00（金～21:00） 休1/1、12/24～26 料無料（特別展は有料） 交⊖Charing Crossより徒歩約3分 URLwww.nationalgallery.org.uk
日時指定のオンライン予約可能。
2024年2月現在、改装工事のためセインズベリ・ウイングは閉鎖中、2025年にリニューアルオープンする予定。右記館内図などは変更されることもあり要確認

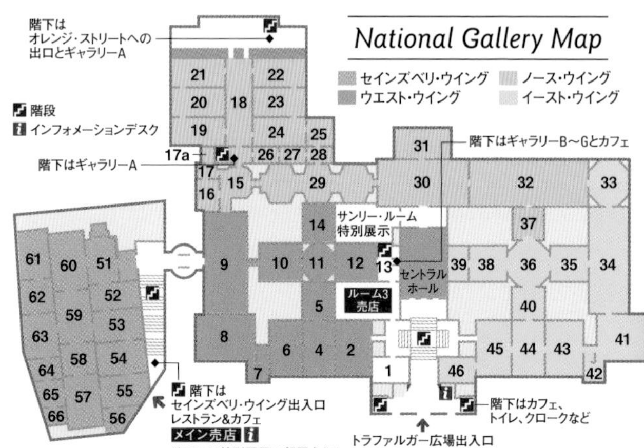

イースト・ウイング

©National Gallery, London

解体のために最後の停泊地に曳かれていく戦艦テメレール号 ルーム34

●ターナー(1839年)

トラファルガーの戦いで活躍した戦艦の最後と壮大な日没の情景を重ね合わせて描いたもの。

睡蓮の池 ルーム41

●モネ(1899年)

18点からなる連作のひとつで、モネが移り住んだジヴェルニーに造った東洋風の庭園を描いたもの。

©National Gallery, London

©National Gallery, London

ひまわり ルーム43

●ゴッホ(1888年)

アルルでの生活にあたって、ゴーギャンの寝室に飾るために描いた『ひまわり』のひとつ。

ノース・ウイング

バッカスとアリアドネ ルーム29

●ティツアーノ(1520-23年)

イタリアで最も成功した画家ともいわれるティツアーノの作品。ローマ時代の詩人の物語が生きいきと描かれている。

©National Gallery, London

©National Gallery, London

ノース・ウイング

アルノルフィーニ夫妻の肖像 ルーム28

●ヴァン・アイク(1434年)

室内の様子とそこに立つ夫妻を細部にわたり、精緻な技法で描き出している。

ノース・ウイング

©National Gallery, London

ヴィーナスの化粧 ルーム30

●ヴェラスケス(1647-51年頃)

現存するヴェラスケスの裸婦像では唯一の作品で、後ろから描かれたヴィーナスという珍しいもの。

肖像画ばかり集めた

ナショナル・ポートレート・ギャラリー *National Portrait Gallery*

1 王族のほか、劇作家シェイクスピア、蒸気機関を発明したジェームズ・ワットなどの肖像画もある 2 エルトン・ジョン、ポール・スミスなど、現代イギリスを代表する人のものも

トラファルガー広場からナショナル・ギャラリーに向かって右側奥にあり正面入口は北側。規模はそれほど大きくないが、イギリス史を知るうえでも、ぜひ訪れてほしい美術館。シェイクスピア、ロイヤルファミリーの面々、発明家なども顔を揃え、歴史に沿って並んだ肖像画は、さながらイギリス史のダイジェスト版のよう。

Map P.167-C2

チャリング・クロス 住St. Martin's Pl., WC2H 0HE TEL020.7306 0055 開10:30～18:00(金・土～21:00) 最終入場は閉館30分前 休一部の祝 料無料(展示により有料) 交⊖Charing Crossより徒歩約3分 URLwww.npg.org.uk

刺激的な作品を発表する若い作家が選ばれることが多い、テート・ブリテンの「ターナー賞」展も人気。

1 ミレイの『オフィーリア』などラファエル前派の絵画も数多く展示されている 2 ターナー・コレクションの広々とした展示室 3 近現代のアートも見応えがある

ラファエル前派の作品が豊富

テート・ブリテン

Tate Britain

膨大なコレクションを誇る、ロンドンでも有数の美術館。ブリティッシュ・コレクションのほかに、ターナーのみを集めた部屋もある。ロマンティックなラファエル前派好きにもおすすめ。ミレイ、ロセッティといったラファエル前派の絵画が堪能できる。特にミレイの『オフィーリア』は必見。デヴィッド・ホックニーやフランシス・ベーコン、トレーシー・エミンら、イギリス出身の近現代作家の作品も並ぶ。

Map P.157-C3、P.173-C2

ウェストミンスター 住Millbank, SW1P 4RG TEL020.7887 8888 開10:00～18:00 最終入場は17:30 休一部の祝 料無料（特別展は有料） 交⊖Pimlicoより徒歩約8分 駅の出口から路上に標識があるので、それを見ながら歩くといい。リバーボートならミルバンク桟橋下車 URLwww.tate.org.uk/visit/tate-britain

アート関連の書籍、ポスターやカード、布バッグの小物など、おしゃれな品揃えのショップもある

テムズ河南岸の名所的存在

テート・モダン

Tate Modern

マティス、ピカソ、デュシャン、草間彌生など、20世紀以降の現代美術にテーマを絞った美術館。新しい芸術表現ともいわれるビデオアートやオブジェも興味深い。レベルごとにテーマを設定し、さまざまな作家の作品を展示しており、テーマなどによって作品は入れ替わる。ミレニアム・ブリッジの前に建つ旧火力発電所を再利用した力感あふれる建物も魅力的。

天井が高い空間に刺激的なアートが並ぶ

Map P.157-D2、P.168-A2

サザーク 住Bankside, SE1 9TG TEL020.7887 8888 開10:00～18:00（金・土～22:00） 最終入場は閉館30分前 休一部の祝 料無料（特別・企画展示は有料） 交⊖Southwarkより徒歩約8分 セント・ポール大聖堂（→P.106）方面からミレニアム・ブリッジを渡っていくのもおすすめ URLwww.tate.org. uk/vitit/tate-modern

Plus! もっと観たい!

個性的なミュージアム&ギャラリーへ

ロンドンには300を超えるミュージアムとギャラリーがある。個性的な企画も多く、いろいろ巡ってみるのも楽しい。

嗅ぎたばこ入れ

ウェアの大ベッド

デザインや工芸品のコレクションも豊富

ヴィクトリア・アンド・アルバート博物館

Victoria and Albert Museum

芸術作品を広めることを目的として設立された。強く支援したヴィクトリア女王と夫アルバート公の名を取り、1899年に現在の名称となった。絵画、工芸品、舞台芸術、ファッション、写真、家具など、さまざまな展示が魅力的な大きな博物館。

1 ミケランジェロの『ダビデ像』など、ヴィクトリア時代に作られた、ヨーロッパの有名な彫刻のレプリカが並ぶカストコート 2 ペインティング・ギャラリー 3 ファッション展示も刺激的 4 ラファエロ・カートゥーン

Map P.156-B3、P.171-C1

サウス・ケンジントン 住Cromwell Rd., SW7 2RL TEL020.7942 2000 開10:00～17:45(金～22:00だが17:45以降閉鎖する部屋もある) 休12/24～26 料無料(特別展は有料) 交⊖South Kensingtonより徒歩約5分 URL www.vam.ac.uk/south-kensington

ジュエリーの原石もある

自然史博物館 *Natural History Museum*

動く恐竜がいる展示室が、何といっても人気No.1。あらゆる角度から恐竜の時代を解明している。ほかにも、鉱石や動植物の標本など、興味深い展示品がめじろ押し。地質に関する展示コーナーには地震体験スペースも設置されている。

1 Cromwell Rd.側の入口から入ると巨大なクジラの骨格も 2 地質関連の展示室に近いExhibition Rd.側入口

Map P.156-B3、P.170-B2

サウス・ケンジントン 住Cromwell Rd., SW7 5BD TEL020.7492 5000 開10:00～17:50 最終入場17:30 休12/24～26 料無料(特別展は有料) 交⊖South Kensingtonより徒歩約5分 URL www.nhm.ac.uk

©Derry Moore ©Derry Moore

1 ところ狭しと並ぶコレクション 2 ピクチャールーム

写真提供ジョン・ソーン博物館

建築家のコレクションを集めた

ジョン・ソーン博物館

Sir John Soane's Museum

イングランド銀行を設計したことでも知られる建築家ジョン・ソーン卿の邸宅が博物館になっている。ソーン卿が集めたオブジェや絵画など、おびただしい数の収集品がところ狭しと並ぶさまは圧巻。小規模ながらも、訪れてみる価値がある。

Map P.167-C・D1

ホルボーン 住13 Lincoln's Inn Fields, WC2A 3BP TEL020.7405 2107 開水～日10:00～17:00 最終入場16:30 休バンクホリデーを除く月・火、1/1、12/24～26 料無料 英語のハイライトツアー毎日12:00と土・日11:00、£18 交⊖Holbornより徒歩約2分 URL www.soane.org 通路が狭いため、小物以外のバッグは預ける(スーツケースなど大型荷物預けは不可)

ロセッティ、ミレイなど、ラファエル前派の絵画は、テート・ブリテン（→P.22）でも観ることができる。

TODO LIST 03

William Morris

近代芸術へもつながる
ウィリアム・モリスとラファエル前派

産業革命を迎え、時代が移り変わるなか、
生活と美の調和を夢見たウィリアム・モリス。
モリスゆかりの地を訪ねたり、
ラファエル前派の絵画も鑑賞してみたい。

モダンデザインの父
ウィリアム・モリス
William Morris

詩人、作家、デザイナー、思想家と、多彩な才能を見せた。モリスが主導した職人による工芸品などに目を向け、日常生活とアートの一体化を目指すアーツ&クラフツ運動は、後のデザインにも大きな影響を与えた。植物が描かれた壁紙やステンドグラスなど、モリス商会Morris & Co.のインテリアでも実現されている。

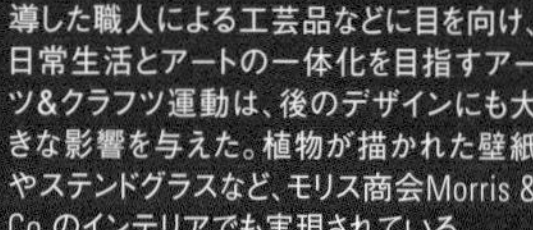

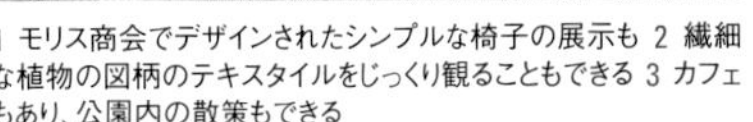

1 モリス商会でデザインされたシンプルな椅子の展示も 2 繊細な植物の図柄のテキスタイルをじっくり観ることもできる 3 カフェもあり、公園内の散策もできる

公園の中に建つ

ウィリアム・モリス・ギャラリー

William Morris Gallery

モリスが少年〜青年時代を過ごしたロンドン北部にある家が、ギャラリーになっている。椅子やタペストリーといった工芸品とともに、生い立ちからモリス商会についてまで、モリスの活動を追っていくことができる。

Map P.155-D1外　ウォルサムストウ

住Lloyd Park, Forest Rd., Walthamstow, E17 4PP TEL020.8496 4390 開火〜日 10:00〜17:00 休月(バンクホリデーの月曜を除く)・祝、1/1、12/24〜26・31 料無料(寄付金歓迎) 交⊖Walthamstow Centralから徒歩約15分。または駅前のバスターミナルから34、97、215、357のバスでBell Corner下車後、徒歩約5分 URLwww.wmgallery.org.uk

モリスのセンスを感じる

レッド・ハウス *Red House*

ジェーンと結婚して5年ほど住んだ家。友人だった画家バーン=ジョーンズやロセッティらもよく訪れていた。中世風のネオ・ゴシック様式を模していて、室内やステンドグラスなどは、モリスの趣味で彩られている。

Map P.155-D3 イギリス全図内　ベクスリーヒース

住Red House Lane, Bexleyheath, DA6 8JF TEL020.9303 6359 開木〜土11:00〜16:30 休日〜水、11〜2月　不定期開館する日もあるのでウェブサイトなどで要確認 料£12 交列車でロンドンVictoria/Charing Cross/Cannon St.駅からBexleyheath駅まで所要35〜45分。Bexleyheath駅から徒歩約15分 URLwww.nationaltrust.org.uk/visit/london/red-house

\Check!/

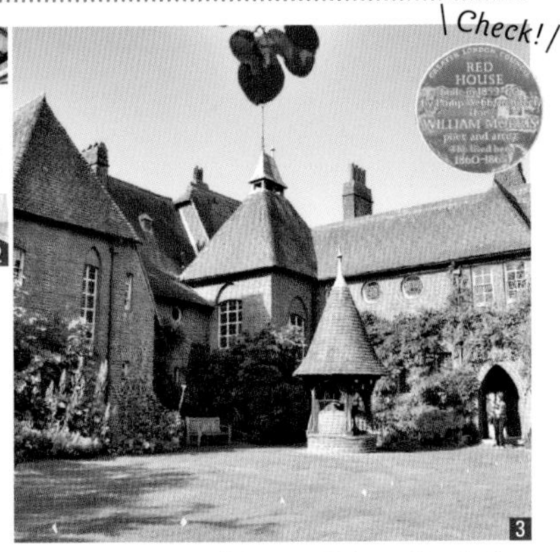

1、2 モリスがデザインした家具のほか、壁面にはエドワード・バーン=ジョーンズらによって描かれた絵画も 3 仲間の建築家フィリップ・ウェッブが設計を担当

Column

ラファエル前派とは？

Pre-Raphaelite Brotherhood

1848年に芸術革新を唱える青年たちによって結成されたグループ。形式的になってしまったアカデミーの芸術に反発し、中世や初期ルネサンス、フランドル芸術の素朴さに立ち返ろうとした。その後のヨーロッパ美術や文学にも大きな影響を与えている。

ラファエル前派の創設者たち

ダンテ・ゲイブリエル・ロセッティ

画家・詩人として活躍。左上の絵「プロセルピナ」のモデルとなったモリスの妻ジェーンと恋愛関係にあったといわれる

ジョン・エヴァレット・ミレイ

最年少の11歳でロイヤル・アカデミーに入学した神童。『オフィーリア』(テート・ブリテン所蔵→P.22)で高い評価を得る

ウィリアム・ホルマン・ハント

エルサレムに何度も行きキリストの生涯を描いた写実主義者。代表作『世の光』はセント・ポール大聖堂→P.106にもある

後期ラファエル前派

ウィリアム・モリス

ラファエル前派創設の立役者ロセッティを師とし、ともに活動したため、後期ラファエル前派といわれる

エドワード・バーン=ジョーンズ

オックスフォード大学で出会ったモリスとは終生の友人に。緻密なステンドグラスや耽美な絵を描き続けた

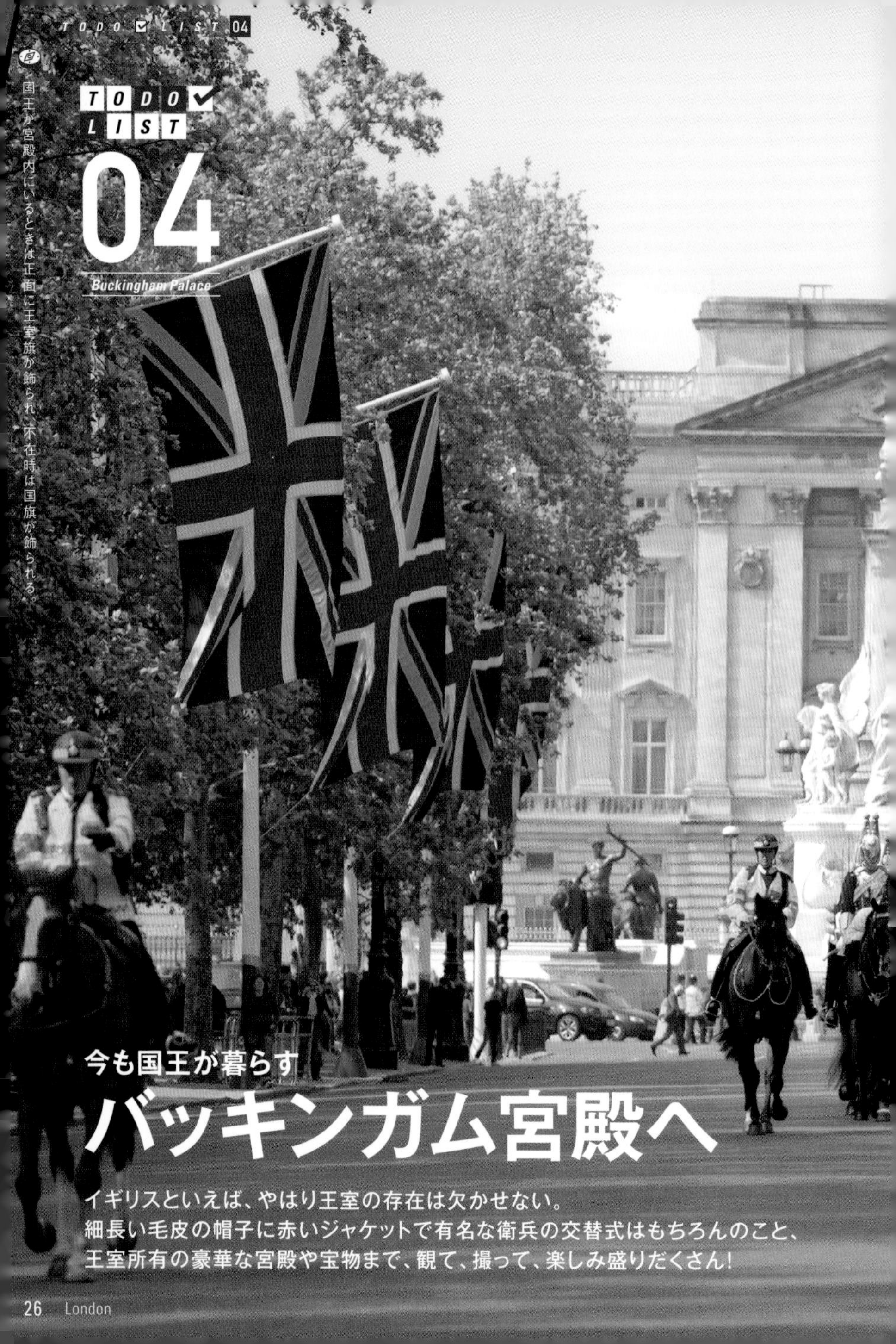

国王が宮殿内にいるときは正面に王室旗が飾られ、不在時は国旗が飾られる。

TODO ☑ LIST

04

Buckingham Palace

今も国王が暮らす
バッキンガム宮殿へ

イギリスといえば、やはり王室の存在は欠かせない。
細長い毛皮の帽子に赤いジャケットで有名な衛兵の交替式はもちろんのこと、
王室所有の豪華な宮殿や宝物まで、観て、撮って、楽しみ盛りだくさん!

Column

エリザベス女王の像もお目見え ロイヤル・アルバート・ホール

2023年11月、エリザベス2世とフィリップ殿下、ヴィクトリア女王とアルバート公の彫刻の除幕式が行われた。いずれの女王も最愛の夫君とともに壁面に立っている。このホールは、芸術や文化を大切にしたアルバート公が考案したもの。後援者でもあったエリザベス2世は、最後に訪問した2019年11月までに130回も訪れたという。

Data P.101

1 女王たちの像があるロイヤル・アルバート・ホール 2 南側の壁面にあるエリザベス2世の像。左側にはフィリップ殿下の像が立つ

バッキンガム宮殿の見学は夏季のハイシーズン限定のため混雑することも多く、日時指定の事前予約が推奨されている。

Royal Collection © 2012, Her Majesty Queen Elizabeth II

バッキンガム宮殿

Buckingham Palace

王室の居所であり執務室でもある現役の宮殿。1703年にバッキンガム公の私邸として建てられ、後に王室が買い上げたもの。内部は莫大な経費をかけて改装され、社会批判の的となったほど贅を尽くしたもので、公式晩餐会や叙勲式の会場にもなる。ウィリアム王子とキャサリン妃の公式記念撮影が行われた「王座の間（スローン・ルーム）」など、775もあるという部屋のうち、公式広間19室を夏の間だけ公開している。

Map P.157-C3、P.172-A・B1

ベルグラヴィア 住Buckingham Palace Rd., SW1A 1AA TEL0303.123 7300 開7月中旬～9月下旬 9:30～19:30（9月は～18:30） 最終入場は8月まで17:15、9月は16:15 日時指定制入場 所要2時間～2時間30分 休火・水、9月下旬～7月中旬予定。不定休あり。ウェブサイトなどで要確認 料£35（事前購入£32） マルチメディアガイド（日本語可）を含む スタンプをもらって1年パスにすることもできる 交⊖St. James's Park／Green Park／Victoriaより徒歩約10分 URL www.rct.uk

Royal Collection © 2009, Her Majesty Queen Elizabeth II　Royal Collection © 2009, Her Majesty Queen Elizabeth II

1 宮殿正面 2 庭園に面した旧館が見学できる 3 ホワイト・ドローイング・ルーム 4 ブルー・ドローイング・ルーム 5 ブロンズ鋳造に金メッキを施した手すりが見事な大階段

Pick Up!

1 テーマによる企画展示
2 神殿のような入口

王室ゆかりの絵画を鑑賞

キングス・ギャラリー *King's Gallery*

1962年に開設された、450点余りの王室所有の美術品を集めたギャラリー。さまざまなテーマにより、展示の仕方や展示品が変わる。

Map P.172-A・B1

ベルグラヴィア 住Buckingham Palace Rd., SW1A 1AA TEL0303.123 7300 開10:00～17:30 最終入場16:15 日時指定制入場 休火・水、展覧会閉会時。不定休あり。ウェブサイトなどで要確認 料£19 交⊖Victoria／Green Park／Hyde Park Cornerより徒歩8～15分

王室使用の馬車や車がたくさん

ロイヤル・ミューズ *Royal Mews*

王室で使う馬車の保管、展示をしている。このミューズの一角には、今も王室の馬や馬車の手入れをする人々が暮らしているのだそう。

Map P.172-A1

ベルグラヴィア 住Buckingham Palace Rd., SW1A 1AA TEL0303.123 7300 開3月～11月初旬10:00～17:00 最終入場16:00 休火・水。不定休あり。ウェブサイトなどで要確認 料£19（事前購入£17） マルチメディアガイド（日本語可、所要約45分）を含む 交⊖Victoria／Green Park／Hyde Park Cornerより徒歩5～15分

※バッキンガム宮殿、キングス・ギャラリー、ロイヤル・ミューズの3館ともセキュリティチェックあり。

© Visit England / Diana Jarnis

数々の馬車が用途によって使い分けられている

格好のシャッターチャンスがいっぱい！

衛兵交替

Photo Spot!

The Changing of the Guard

ウェリントン兵舎から新しい衛兵がバッキンガム宮殿にやってきて交替をする儀式。オールド・ガーズが宮殿の鍵をニュー・ガーズに手渡し、衛兵の交替が行われる。交替式には、鼓笛隊の行進と演奏もある。正門内で演奏される曲目は、映画の主題歌など、どこかで聞いたことがあるようなものが多く、この親しみやすさも英国王室の人気の秘密なのかも。

▶Map P.172-B1

ベルグラヴィア 開11:00～（行進開始10:45くらいから） 原則として月・水・金・日。時期や天候、王室行事などで変更されることもあるので、必ず事前に確認を 休火・木・土。不定休あり。王族のイベントなどにより休止することもある
URL householddivision.org.uk
※混み合う中でのスリが多いので要注意。

交替式の流れをつかんでおこう！

鼓笛隊の行進から

10:40頃から鼓笛隊の行進が始まる。その後、騎兵隊が馬に乗って現れる。

交替儀式

オールド・ガーズとニュー・ガーズが行進してきて、正門内で交替儀式が行われる。

演奏→行進

交替儀式のあと、正門内で演奏が行われる。最後は、衛兵たちの行進により終了。

目的別ベストポジション！

正門内での交替儀式や演奏まで見たい場合は正門横へ。鼓笛隊など衛兵の行進を写真に撮りたいならクイーン・ヴィクトリア・メモリアルの前か上あたりがベスト。チラッと見られればいいという人は、ウェリントン兵舎近くか、ザ・マルThe Mallに陣取ってザックリ見るのも手。

行進のおもなルート

Time Schedule

10:43	オールド・ガーズがセント・ジェームズ宮殿から出発
10:45	騎兵が交替式のためホース・ガーズ・パレードへ向かうため通過
10:57	ニュー・ガーズがウェリントン兵舎からバッキンガム宮殿へ
11:00	バッキンガム宮殿正門内での交替儀式開始
11:10	セント・ジェームズ宮殿へ交替兵が出発
11:25	セント・ジェームズ宮殿からオールド・ガーズが出発
11:40	オールド・ガーズがバッキンガム宮殿からウェリントン兵舎へ
11:45	騎兵のオールド・ガーズが通過
11:45	交替兵がバッキンガム宮殿からセント・ジェームズ宮殿へ

※合間に楽隊の行進もある。以上は予定。変更もあり。

Royal Family

映画やドラマで知る イギリス王室

王室関連の映画やドラマは、衣装や撮影場所など、どれもリアリティがある。ほぼ史実にのっとって作られているので、歴史的な建物を巡る前に観ておくと、旅がいっそう楽しくなる。

女王エリザベス2世の大好物は、シンプルなレシピのチョコレートビスケットケーキだった。

最長在位の女王

エリザベス2世

Elizabeth II

2022年、96歳で崩御。イギリス史上最高齢の女王として、90歳を超えても公務に励む姿に、国民の支持は厚かった。在位期間は70年を超え、最長を誇る。カナダやオーストラリアなどの元首でもあった。父王は映画『英国王のスピーチ』でも知られるジョージ6世。愛犬家でコーギー犬がお気に入り。馬も大好きで競走馬の馬主でもあった。

エリザベス女王関連の映画やドラマ

©2016 Left Bank Pictures (Television) Limited. All Rights Reserved

ザ・クラウン

25歳の若さで女王に即位したエリザベス2世。その知られざる素顔が、王室のロマンスなども交えて描かれるドラマシリーズ。

『ソフトシェル ザ・クラウン シーズン1 BOX（4枚組）』
DVD:4743円（税別）
発売・販売元:ソニー・ピクチャーズ エンタテインメント

©2010 See-Saw Films. All rights reserved.

英国王のスピーチ

兄エドワード8世の突然の退位で王になった、ジョージ6世の苦悩を知ることができる。吃音に悩む王をコリン・ファースが好演。

DVD:1143円（税別）
発売・販売元:ギャガ
2019年3月8日発売

ロイヤル・ナイト 英国王女の秘密の外出

19歳の王女エリザベスは宮殿を抜け出し、終戦に沸く町へ。そこで人生を変える一夜を過ごす。
DVD:1143円（税別） 発売・販売元:ギャガ 2017年12月2日発売

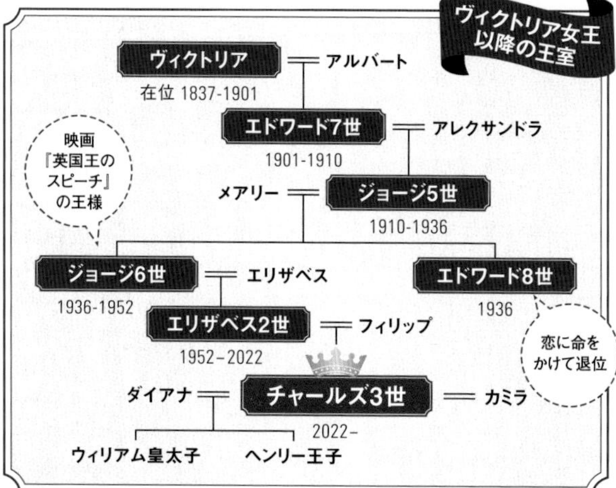

Column

©2017 Focus Features LLC. All Rights Reserved.

ヴィクトリア女王 最期の秘密

愛する夫アルバート公を亡くし、孤独に耐えていた大英帝国の女王ヴィクトリア。インドから来た若者から言葉や未知の文化を知り、次第に心を開き、絆を深めていく。

Blu-ray: 2075 円（税込）/DVD: 1572 円（税込） 発売元: NBC ユニバーサル・エンターテイメント（2024年2月の情報です）

6人の妃をもった
ヘンリー8世
Henry VIII

カトリックからの離脱、修道院解体、跡継ぎの男児を望んで妃を次々に変え、妻や側近らを断頭台に送るなど、話題に事欠かないが、政治手腕を発揮した全盛時には、教養ある魅力的な王ともいわれた。ロンドン塔→P.36で斬首された妃アン・ブーリンについては、映画『1000日のアン』『ブーリン家の姉妹』で描かれている。

19世紀の絵画にも国王とアンの出会いが描かれている

『1000日のアン』でアンを演じたジュヌヴィエーヴ・ビュジョルド。1969年制作で、当時の時代背景や衣装などもよくわかるコスチュームプレイの名作。

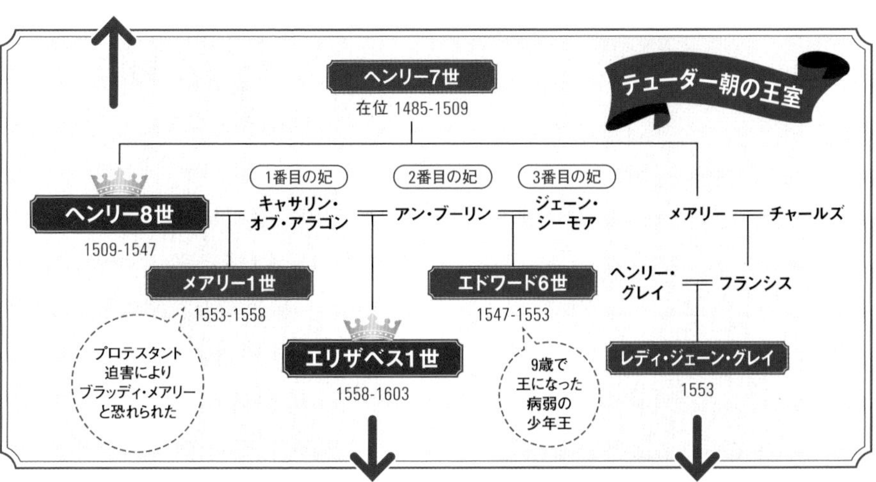

黄金時代を築いた
エリザベス1世
Elizabeth I

ヘンリー8世の2番目の妃アン・ブーリンの娘として生まれ、生涯結婚しなかったことから、ヴァージンクイーンとも呼ばれた。プロテスタントとカトリックの対立を終わらせることにより、国力も向上。シェイクスピアら文豪のイギリス文学や演劇も、この時代に花開いた。スペインの無敵艦隊を破り、強硬なイメージがあるが、女王としての苦悩は、映画『エリザベス』や続編『エリザベス:ゴールデン・エイジ』でも観ることができる。

エリザベス
Blu-ray:2075円(税込)/DVD:1572円(税込)
発売元:NBCユニバーサル・エンターテイメント(2024年2月の情報です)

Column

9日間の悲劇の女王
レディ・ジェーン・グレイ

策略に利用され、わずか9日間だけイギリス初の女王となった。反逆罪のためロンドン塔で斬首され、その亡骸は塔内の礼拝堂に葬られている。ナショナル・ギャラリー→P.20にある絵(上)の、16歳の若さで散った無垢なジェーンの姿が痛ましい。

レディ・ジェーン/愛と運命のふたり
DVD:1572円(税込)
発売元:NBCユニバーサル・エンターテイメント(2024年2月の情報です)

ビッグ・ベンに上ることができるツアーもある。予約制£30。

図解でまるわかり

ロンドンが誇る世界遺産

TODO LIST

05

World Heritage

ロンドン中心部にある世界遺産は、
そのどれもが、ロンドン名物としておなじみ。
歴史と伝統を感じながら、じっくりと見学してみよう。

国会議事堂

Houses of Parliament

正式名はウェストミンスター宮殿The Palace of Westminsterという。世界の模範となる議会政治が生まれた場所で、今も昔ながらの伝統を守って、歴史ある儀式が行われることもある。部屋数1100以上、階段約100ヵ所、中庭11ヵ所という大規模建築だが、見学できるのは一部の部屋のみ。ツアーでは、ウェストミンスター・ホールから入り、豪華な装飾の部屋や美術品についての話を聞きながら、下院や上院も見学する。

Map P.157-C3、P.173-C1

ウェストミンスター 住Westminster, SW1A 0AA TEL020.7219 3000 開原則として土曜と議会がない平日。不定期開催、不定休もあるので詳細は要確認 休上記以外 料オーディオツアー£26、ガイドツアー£33 チケット購入はウェブサイトまたはVictoria Embankmentにあるチケットオフィスで 交⊖Westminsterより徒歩約3分 URLwww.parliament.uk/visiting 入場前に空港同様のセキュリティチェックがある

パーラメント・スクエア側の中央あたりに見学用入口がある

ツアーのポイント

主要な部屋のみの見学だが、それでも豪奢な内装を堪能できる。

© VisitEngland/UK Parliament

1 ハウス・オブ・コモンズ *House of Commons*

上院に比べて飾り気のない議場で、通路を挟んで向かい合って座席が並ぶ。議員数に比べて席数が少ないので、階段や手すりに腰をかける議員がいることも。

© VisitEngland/UK Parliament

2 セントラル・ロビー *Central Lobby*

八角形のロビーでは19世紀の政治家たちの彫像が出迎えてくれる。文字どおり中心に位置しているため、議員たちの待ち合わせや取材などにも使われる。

写真:robertharding/アフロ

3 ハウス・オブ・ローズ *House of Lords*

聖職者や貴族などで構成される上院の議場。下院に比べて、赤の座席と金の装飾が豪華な印象。国王が国会開会宣言を読み上げる天蓋付きの玉座もある。

Check!

ビッグ・ベン

ロンドンのシンボルでもある時計塔。ビッグ・ベンの名は、もとは鐘だけにつけられた名前で、15分ごとに鐘の音が鳴り響く。正式名称は「エリザベス・タワー」。2022年に5年にわたる改修工事を終え、きれいになった。

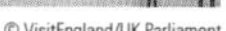

© VisitEngland/UK Parliament

5 ウェストミンスター・ホール *Westminster Hall*

11世紀に建てられ、現在の姿は14世紀末頃のもの。1834年の大火災で唯一消失を免れた部分で、木造で架けられた梁天井が見事。かつては裁判所もおかれていた。

© VisitEngland/UK Parliament

4 ロイヤル・ギャラリー *Royal Gallery*

上院議員たちの休憩にも使われ、左右にはウォータールーとトラファルガーの戦いの絵がかけられている。歴代君主や妃たちの像や肖像画も飾られた長い通廊。

寺院内部を上部から望めるクイーンズ・ダイヤモンド・ジュビリー・ギャラリー（別料金・£5）もある。

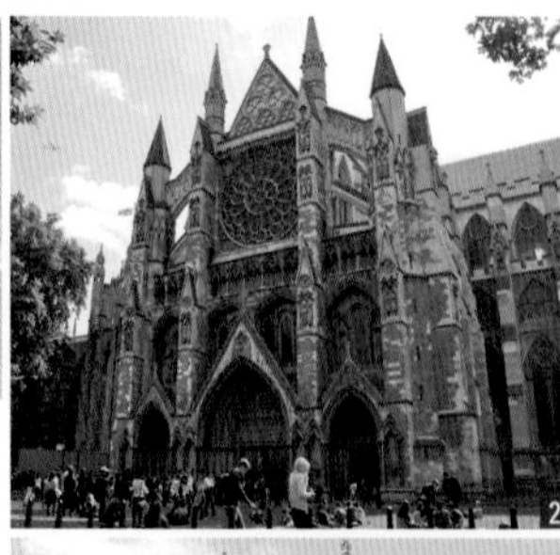

1 西側正面の2本の塔は18世紀のもの 2 壁を支える飛梁=フライング・バットレスが架けられている
3 ヘンリー7世礼拝堂がある東側
4 入口の奥には政治家の記念碑が置かれている

ウェストミンスター寺院

Westminster Abbey

960年にベネディクト派の修道院として建立され、ウィリアム征服王が1066年にここで戴冠して以来、国王の戴冠式を執り行ってきた。13世紀後半にはヘンリー3世がフランス風に改築し、王室ゆかりの教会として現在にいたっている。近年では、エリザベス2世崩御とチャールズ国王戴冠の式典が記憶に新しい。内陣には王室の墓所がひしめき合い、詩人のコーナー、科学者たちの墓が集められたコーナーには、著名な人々の墓石や記念碑がある。

▶Map P.157-C3、P.173-C1

ウェストミンスター　住20 Deans Yard, SW1P 3PA TEL020.7222 5152 開月～金9:30～最終入場15:30 土9:00～最終入場15:00 チャプター・ハウス入場は月～金10:00～15:00、土9:30～14:30 行事により閉館することもあるので詳細は要確認 休日（一般見学不可） 料£29 マルチメディアガイド（日本語可）を含む オンライン予約可能 交⊖Westminsterより徒歩約5分 URL www.westminster-abbey.org

Pick Up!

セント・マーガレット教会

ウェストミンスター寺院の隣に建つ小さな教会。ウェストミンスター寺院が修道士たちに使用されていた頃、一般の信者が祈りをささげる場所として使われていたとのこと。元首相チャーチルが挙式した教会としても知られている。

Westminster Abbey

寺院内部徹底解剖！

英仏のゴシック建築が融合。
院内はお墓の展示場?!

1 ヘンリー7世の墓と聖母チャペル
Tomb of Henry VII and Lady Chapel

「キリスト教教会のなかで最も美しい霊廟」ともいわれる。16世紀初頭に建てられたもので、精緻な細工の円形天井は息をのむ美しさ。祭壇の後ろにヘンリー7世の墓がある。

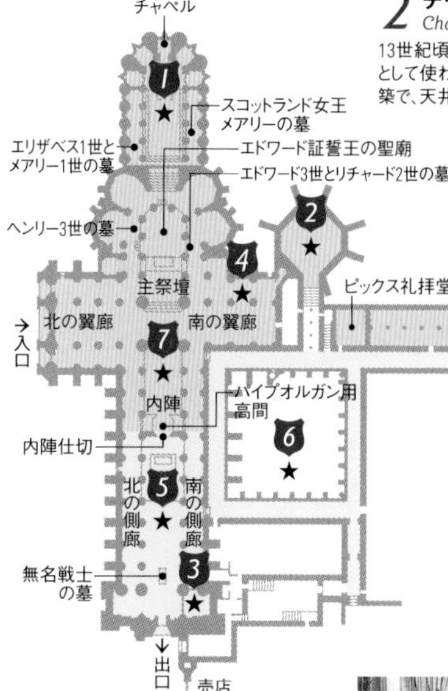

3 戴冠式の椅子
Coronation Chair

女王エリザベス2世も、この椅子に座って戴冠式を行い、史上初のテレビ中継が行われた。4頭の獅子が支える戴冠椅子で大司教から王冠を頂く。

2 チャプター・ハウス
Chapter House

13世紀頃に建てられたもので、かつては下院の議場として使われたこともある。イギリス独特のゴシック建築で、天井を支える放射状に延びる支柱が印象的。

4 詩人のコーナー
Poets' Corner

『カンタベリー物語』で有名なチョーサー、ディケンズなど、多くの作家や詩人が埋葬されている。また、シェイクスピアなど、墓所とは別に記念碑のみ置かれていることも。

©Westminster Abbey

5 身廊
Nave

イギリスの教会で最も高い31mの天井のアーチが見事。無名戦士の墓のほか、聖歌隊席がある内陣との仕切りの場所には科学者ニュートンの墓も置かれている。

6 歩廊
Cloisters

13～14世紀に建てられた、本堂と礼拝堂をつなぐ回廊。かつては窓にガラスがはめられ、修練士が教えを受ける場や学習の場、洗い場としても使われていた。

©Westminster Abbey

7 聖歌隊席
Quire

この場所は、かつて修道院だった頃、修道僧が祈りのために使っていたとされる。現在のものは19世紀に形作られ、今では聖歌隊が日々の礼拝式で賛美歌をささげている。

『ユートピア』などの著作でも有名なトマス・モアも、ヘンリー8世によって反逆罪とされ現在のタワー・ヒル駅近くの処刑場で斬首された。

1 ホワイト・タワーは国内城塞の見本にもなった 2 ジュエル・ハウス 3 今も衛兵たちと家族が住むキングス・ハウス 4 キングス・ハウス前では衛兵交替も

ロンドン塔

Tower of London

ウィリアム征服王が1066年に築いたのが始まりとされるが、当初は木造の砦のようなものだった。その後、1078年から石造りの宮殿が建設され、歴代の王が建物を加えていった。王室の居城にもなったが、牢獄として使われた時代が長かったため暗いイメージがつきまとっている。王族のほか、ジェフリー・チョーサー、トマス・モアなど、多くの著名人が投獄された。ガイドツアーでは、退役軍人によるロンドン塔の衛兵ビーフィーターたちが、塔にまつわる伝説や歴史を案内してくれる。

▶Map P.157-D2、P.169-C・D2

シティ 住Tower of London, EC3N 4AB TEL0333.320 6000 開9:00～17:30 最終入場15:30（冬期は火～土9:00～16:30、日・月10:00～で最終入場15:00） 休1/1、12/24～26予定 イベントなどにより閉館することもある 料£34.80 オーディオガイド（日本語可）£5 交⊖Tower Hillより徒歩約5分 URLwww.hrp.org.uk/tower-of-london

Column

ロンドン塔に伝わる伝説

「ロンドン塔からカラスがいなくなったとき、王政は没落し、塔が崩れ落ちる」という言い伝えは有名。今でも塔の敷地内でカラスが飼われており、繁殖プログラムも実施されている。

©Historic Royal Palaces

Tower of London

ロンドン塔大図解

血塗られた歴史を秘めた場所

1 ジュエル・ハウス
Jewel House

王室所有の数々の宝物が納められている。戴冠式や国会開会で使用される王冠のほか、世界最大級のカットダイヤモンド「コイヌール」や「アフリカの星」といった宝石がはめ込まれた王冠や王笏なども見ることができる。

2 ホワイト・タワー
White Tower

甲冑や武具といった展示がメインだが、中世に王族の結婚式が行われたセント・ジョン礼拝堂もある。

バス停留所

タワー・ヒルへ

歩兵連隊博物館

レストラン&カフェ

入口

3 セント・ピーター・アド・ビンキュラ教会
Chapel Royal of St. Peter ad Vincula

教会の設立は12世紀とされるが、現在の建物は1520年に建造。アン・ブーリン、キャサリン・ハワード、ジェーン・グレイ、トマス・モアなど、塔で処刑された著名な人々の埋葬場所として知られている。

4 処刑場跡
Scaffold Site

ヘンリー8世の2番目の妃アン・ブーリンは世継ぎの男子を生まなかったため姦通罪の名目で、「9日間の女王」レディ・ジェーン・グレイは反逆罪でそれぞれ捕らえられ収監された。彼女たちのように高貴な人が処刑された場所。

5 トレイターズ・ゲート
Traitors' Gate

「反逆者の門」という意味で、多くの囚人たちがテムズ河からこの門をくぐり、塔内の牢獄に入れられた。上部にはエドワード1世の居所があるミディーバル・パレスも。

6 ブラディ・タワー
Bloody Tower

幼いエドワード5世とその弟が、父王亡きあと、即位を待つ間に行方不明に。その後ふたりは遺体で見つかったが、リチャード3世として即位した叔父が少年ふたりを暗殺した場所と言い伝えられる。

チャールズ・ディケンズの墓はウェストミンスター寺院の詩人コーナーにある。

作家の家に見る

ロンドン生まれの名作を訪ねる

TODO LIST 06 Masterpiece

文化の中心ロンドンには、さまざまな文化人が移り住んだ。実際に訪れてみると、作家が暮らした場所の空気を感じとることができる。

1 12歳から靴墨工場で働いていた苦労人。25歳でこの家に移った年にヴィクトリア時代が始まった 2 夕食会にも使われたダイニングルーム

『オリヴァー・ツイスト』を執筆した家

1 チャールズ・ディケンズ博物館

The Charles Dickens Museum

父親の借財で困苦の少年時代を過ごし、新聞記者を経て、作家になったディケンズ(1812～1870)。目まぐるしく変わる19世紀のロンドンの町と人を、社会的弱者の視点から克明に綴った。ここはディケンズが結婚して娘が生まれ、作家として活躍し始めた頃の家で、出世作『ピクウィック・クラブ』『オリヴァー・ツイスト』が執筆された。各部屋は使われていたときの姿に復元されている。

Map P.161-D3

ホルボーン 住48-49 Doughty St., WC1N 2LX TEL020. 7405 2127 開水～日10:00～17:00(12月はイベントが多く不定期営業になる) 最終入場16:00 休月・火、12/25・26、不定休あり 料£12.50 交⊖Russell Sq.／Chancery Laneより徒歩約10分 URL www.dickensmuseum.com

ブルー・プラークBlue Plaqueとは?

\ Check! /

歴史的建造物を保護する組織English Heritageが、著名人が住んだ家や歴史的なできごとがあった場所に設置する銘板。青く塗装していることからブルー・プラークと呼ばれる。市民団体や地方自治体、研究団体などによって設置されたものもある。

ディケンズのプラーク

Column

『骨董屋』の世界の古い建物

ディケンズがインスピレーションを得た店といわれ、小説『骨董屋The Old Curiosity Shop』から名前をつけた16世紀の建築が残っている。修復され、現在はロンドン・スクール・オブ・エコノミクスの所有。

Map P.167-D1

ホルボーン 住12es, 13-14 Portsmouth St., WC2A 2ES

1 ヴィクトリア時代のベーカー街は使用人がひとりいるくらいの中流階級エリア 2 ヴィクトリア時代の暮らしがわかる 3 地上階にはショップもある

ホームズの世界から19世紀の暮らしを見る

2 シャーロック・ホームズ博物館

The Sherlock Holmes Museum

眼科医から作家となったアーサー・コナン・ドイル(1859〜1930)が1887年から40年間執筆したシャーロック・ホームズ。全60編に19世紀末の暮らしぶりが凝縮された人気シリーズだが、その時代を再現しているのがこの博物館。ドイルが住んだ家は公開されていないので、その時代や世界観を知るにはこの博物館で。パブのシャーロック・ホームズ(→P.60)の2階でもホームズの部屋を再現しており、愛用品や事件に関連する品々が観られる。

Map P.159-C3
マリルボン
住221B Baker St., NW1 6XE TEL020.72243688 開毎日9:30〜18:00 最終入場17:30 休12/25 料£16 交⊖Baker St.より徒歩約3分 URL www.sherlock-holmes. co.uk

そのほかの作家のロンドンの家

有名作家のゆかりの地にはプラークが付けられている。中には入れないが、通りの雰囲気は実感できる。以下はEnglish Heritageによるブルー・プラークの一例。

19世紀に多くの文学者や音楽家が住んだ通り

3 オスカー・ワイルド (1854〜1900)

ダブリン出身の詩人ワイルドが住んだ家。同じ通りの44番地にも恋人と同居していた。

Map P.171-D3
チェルシー 住34 Tite St., SW3 4JA 交⊖Sloane Sq.より徒歩約11分

キングス・ロードの1本奥

4 A.A.ミルン (1882〜1956)

『クマのプーさん』を書いた、ロンドン生まれのスコットランド人作家、ミルンが住んだ家。

Map P.170-B3
チェルシー 住13 Mallord St., SW3 6DT 交⊖Sloane Sq.より徒歩約19分／South Kengsinton より徒歩約14分

大通りから1本入った静かな通り

5 ヴァージニア・ウルフ (1882〜1941)

ウルフが1907年から5年間住んだ家には、劇作家のバーナード・ショー(1856〜1950)も1887〜1898年に住んでいた。

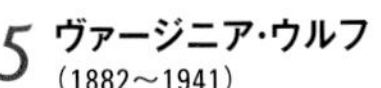

Map P.160-A3
フィッツロヴィア 住29 Fitzroy Sq., W1T 5LP 交⊖Warren St.より徒歩約4分

現在サービスアパートメントで宿泊可

6 サマセット・モーム (1874〜1965)

『月と六ペンス』『人間の絆』など、日本にもファンの多いモームが1911年から1919年に住んだ家、Shaw House。

Map P.165-D3、P.166-A3
メイフェア 住6 Chesterfield St., W1J 5JQ 交⊖Green Parkより徒歩約7分

大英博物館のグレート・コートもノーマン・フォスターの設計

TODO LIST

07

London's Architecture

Theme 1

ノーマン・フォスターで巡る現代建築

2000年のミレニアム事業やオリンピックをきっかけにロンドンには新しい建物が続々登場。なかでも、ノーマン・フォスターらが手がけたハイテク建築はロンドンの景観にインパクトを与え、ランドマークになっている。

N.フォスターと建築様式で観る

ロンドン新旧建築巡り

ゴシックの重厚な建物から斬新なガラスのビルまで新旧さまざまな建築が不思議と調和している大都市ロンドン。現代建築家と様式に注目して、有名建築の数々を観てみたい。

ロンドンをガラスの都市に変えた ノーマン・フォスター(1935〜)

マンチェスター郊外出身。市役所の経理部から英空軍、建築事務所を経て、マンチェスター大学、イェール大学で建築を学び、建築家となる。転機はロンドン埠頭のオルセン社のアメニティビル(1968〜1970)で、見通しのよいガラス壁の建物で港湾の労働環境を改善し、注目を浴びる。建築家の妻と組み、香港上海銀行本店、スタンステッド空港などの代表作を生み出す。1999年に男爵の称号を授かる。

タワー・ブリッジとのコントラストが見られる元ロンドン市庁舎

内部のらせん階段からの景色

斬新でエコな元市庁舎
元ロンドン市庁舎
former City Hall　1998~2002

以前はロンドン市庁舎として使われていたが、現在は政府機関の建物として利用されている。球状で効率よく自然光を取り込み、空調に地下水を利用、その地下水はトイレで再利用といったエコ設計で、エネルギー消費量は通常の4分の1。ガラス張りの職場が見渡せるらせん階段とスロープが有名だが、現在、内部見学不可。

Map P.169-C3

サザーク　住The Queen's Walk., SE1 2AA　交⊖London Bridgeより徒歩約9分

サザークへのアクセスが便利に

新旧の名所をつなぐ
ミレニアム・ブリッジ
Millennium Bridge　1996~2000

ロンドンでおよそ100年ぶりにテムズ河に架けられた橋で、セント・ポール大聖堂と南側サザークのテート・モダンを一直線で結ぶ。彫刻家アンソニー・カロ、構造設計のアロップとの共同プロジェクトで、フランク・ゲーリーや彫刻家リチャード・セラなどそうそうたるメンバーが参加したコンペを勝ち取った。

Map P.168-A2

サザーク　住Thames Embankment, EC4V 3QH
交⊖Mansion Houseより徒歩約7分

ロンドンのランドマーク
30セント・メリー・アクス
*30 St. Mary Axe (The Gherkin)
1997~2004*

ロンドンのスカイラインを変え、摩天楼ブームを引き起こした40階建てのビル。通称ガーキン（小形キュウリのピクルスという意味）。らせん状の吹き抜けが外観デザインのアクセントになるだけでなく、換気も促す省エネ設計。360度の視界が開けるトップフロアはテナントとそのゲスト向けのスペース。1階のカフェは誰でも利用可。

Map P.169-C1

シティ　住30 St. Mary Axe, EC3A 8BF
交⊖Aldgateより徒歩約5分
URL thegherkin.com

エコとデザインを両立

ウオーターフロント再開発のシンボル
カナリー・ワーフ駅
*Canary Wharf Underground Station
1991~1999*

金融街のターミナルとして乗降客がロンドンで一番多い地下鉄駅。入口に楕円状のガラス屋根が設置され、自然光が差し込む。フォスターが手がけた香港上海銀行イギリス本社ビルのHSBCタワーもすぐ。

Map P.155-D2

カナリー・ワーフ
住Heron Quays Rd., Canary Wharf, E14 4HJ　交⊖Canary Wharf　URL tfl.gov.uk

アンビルドの女王、ザハ・ハディッドを観る

建築家ザハ・ハディッドは権威あるロンドンの建築学校AAスクール出身。流線的なフォルムを特徴とするその作品はロンドンでも観られる。

サーペンタイン・サクラー・ギャラリー
Serpentine Sackler Gallery

ギャラリー別館のカフェを設計

Map P.164-B3

ハイド・パーク　住West Carriage Dr., W2 2AR　TEL 020. 74026075　開火～日10:00～18:00　休月、一部の祝、不定休あり　料無料　交⊖Lancaster Gate／Marble Arch　URL www.serpentinegalleries.org

Pick Up!

フォスターと同世代のポストモダン建築家
リチャード・ロジャース (1933～2021)

内部の設備を外にさらす姿は賛否あった

フォスターとともにハイテク建築で世界を牽引。ともにアメリカのイェール大学で学び、「チーム・フォー」を設立。その後イタリア人レンゾ・ピアノとパリのポンピドゥー・センターを設計、配管やエレベーターなどを外部にむき出すスタイルを確立。これらの作品はロンドンでも観られる。

ロイズ・オブ・ロンドン *Lloyd's of London*

Map P.169-C1・2

シティ　住1 Lime St., EC3M 7HA　交⊖Bank／⊖Monumentより徒歩約6分　URL www.lloyds.com

ウェストミンスター寺院は国の霊廟でもあり、ここにニュートン、ダーウィン、ケルヴィンなどの科学者が眠る。

・Theme 2・

建築様式で観る ロンドン名建築

イギリスの大聖堂は
修道院と関わりが深く、
都市の景色と融合して発展してきた。
ほかの西ヨーロッパと比べて
高さは低めだが、
天井の装飾に特徴がある。
※時代区分はイギリスの場合

ロマネスク（ノルマン様式）

9世紀〜12世紀

中世ヨーロッパで巡礼の道に造られたキリスト教建築。柱が太く、厚い石壁、窓が小さく内部は暗い。

ロンドン塔のセント・ジョン礼拝堂

The Chapel of St. John, Tower of London ▶P.37

ホワイト・タワーにある礼拝堂で、初期アングロ・ノルマン様式で造られたロンドン最古の教会。ウィリアム征服王が1078年に造り始めた宮殿のうち、礼拝堂はほぼ当時のまま。

Data P.36

太い円柱とシンプルな柱頭、円筒ヴォールトの天井が観られる

ゴシック

12世紀〜
16世紀

大都市に造られた巨大な聖堂建築。石の柱が支える円形の高い天井、とがったアーチが特徴。壁が薄く、ステンドグラスをはめ込んだ光あふれる堂内となる。イギリスでは華麗さを加えた装飾式、垂直の桟が並ぶ垂直式へと変遷していく。

壁を支えるフライング・バットレス（飛梁）が備わる

ウェストミンスター寺院

▶P.34

Westminster Abbey

10世紀創建の修道院に付属する大聖堂で、13世紀に中世ゴシック様式に改築。東側のヘンリー7世礼拝堂は垂直式で16世紀に造られ、天井の扇形ヴォールトの装飾が見事。西側正面の2塔は18世紀に完成。

Data P.34

ルネッサンス

16世紀〜17世紀

古代文化を模範に新しい文化を生み出すルネッサンスの影響がイギリスで現れるのは、16世紀のテューダー朝時代から。

1 イタリア建築らしく均整が取れている 2 ゴージャスな天井画

バンケティング・ハウス（ホワイトホール宮殿）

▶P.99

Banqueting House, Whitehall Palace

1622年完成。設計したイニゴー・ジョーンズは16世紀のイタリア建築家パラディオに傾倒し、イタリア建築を紹介した。2階のバンケット・ルームは当時国内最大規模の部屋で、ルーベンスの天井画がある。グリニッジ（→P.54）のクイーンズ・ハウスもジョーンズの設計。

Map P.167-C3

ホワイトホール 住Whitehall, SW1A 2ER 電0333.320 6000 開内部見学はガイドツアーのみ。1ヵ月に1回程度。不定期開催のため、ウェブサイトで要確認 料£12.50 交 ⊖ Westminster／Embankmentより徒歩約5分 URL www.hrp.org.uk

イギリスの大聖堂でドームを使った唯一の建築

バロック

18世紀

教会や王の勢力が盛り返し、大聖堂や教会などの豪華絢爛な大型建造物が造られる。室内は彫刻と絵画で装飾するなど手の込んだものに。

セント・ポール大聖堂

▶P.56、106

St. Paul's Cathedral

1666年のロンドン大火後、建築家クリストファー・レンにより再建され、1710年に完成。レンは寺院を中心としたバロック構造の都市再建を目指したがかなわなかった。天井画はジェームズ・ソーンヒルによるもの。

Map P.157-D2、P.168-A1

シティ 住St Paul's Churchyard, EC4M 8AD 電020.7246 8350 開月〜土8:30〜16:30（水10:00〜） 休日。礼拝やイベントで変更や休館あり 料£25 マルチメディアガイドを含む 交⊖St. Paul'sより徒歩約3分 URL www.stpauls.co.uk

新古典主義
(クラシック・リバイバル様式)
19世紀半ば〜20世紀初め

産業革命で中産市民階級が台頭したヴィクトリア時代。古代への回帰志向が高まり、ゴシックなど古代建築復興を目指した。

ゴシック・リバイバル

国会議事堂 P.33

Houses of Parliament
1835~1860

ウェストミンスター寺院に調和させた造り

中世のウェストミンスター宮殿が1834年に焼失後、ゴシック・リバイバル様式で再建。コンペで97案からチャールズ・バリーによるゴシック様式の案が選ばれ(バリーはドラマ『ダウントン・アビー』ロケ地のハイクレア城も設計)、ヨークシャー産の石灰石が使われた。

Data P.33

セント・パンクラス駅

St. Pancras Station
1866~1868

オリジナルの建物は、ホテルと駅舎の一部をジョージ・ギルバート・スコット、プラットホームを覆う駅をウィリアム・バーローと、ヴィクトリアン・ゴシックの大家が設計。ユーロスター乗り入れの2007年の改築時の基本計画はノーマン・フォスター。

Map P.157-C1、P.161-C1・2

セント・パンクラス 住Euston Rd., N1C 4QP
交⊖Kings Crossより徒歩約2分 URLstpancras.com

尖頭アーチがゴシック風

グリーク・リバイバル

大英博物館 P.17

British Museum
1823・1828~1847

ロバート・スマークが設計したギリシア神殿のような正面入口に、柱の頭に羊の角のような飾りが付いたイオニア式の柱が立つ。館内にはパルテノン神殿の本物の彫刻群が展示されている。

Data P.17

1ギリシア建築を再現した入口 2この柱頭がイオニア式

ビザンティン・リバイバル

ウェストミンスター大聖堂 P.99

Westminster Cathedral
1895~1903

英国カトリック教会の総本山。ジョン・フランシス・ベントリーがヴェネツィアのサン・マルコ大聖堂などを参考に設計、ネオ・ビザンティン様式で造られた。内部のモザイクが美しく、高さ90mのセント・エドワード・タワーもある。

Map P.172-B2

ウェストミンスター 住42 Francis St., SW1P 1QW TEL020.7798 9055 開開館時間は決まっていないが、おおむね毎日8:00〜17:00くらい 現役の教会としてミサなども行われているため変更もあり 料無料(寄附金歓迎) タワーは有料 交⊖Victoriaより徒歩約5分 URLwestminstercathedral.org.uk

本格的ビザンティン様式

Column

住宅の建築様式にも違いが見える

棟続きの集合住宅タウンハウスはロンドンの典型的な家。多いのは、ジョージア様式(1714〜1830)とヴィクトリア様式(1837〜1901)。

ジョージア様式

ローマ様式などを取り入れたため、左右対称のバランスの取れた外観。大きな上げ下げ窓が特徴。

ヴィクトリア様式

2、3階建てで大きな出窓がある。1階と2階の天井の高さが同じ、玄関ドアなどに装飾を施している。

TODO ☑ LIST

08

Musical

レ・ミゼラブルを上演する劇場がある通りシャフツベリー・アベニュー周辺は劇場街になっている。

歌と踊りに酔いしれる

ミュージカルを観に行こう！

すごい声量の歌声やダンスも
観客の盛り上がり方も
本場ならではの迫力。
新作からロングランまで、
話題のミュージカルをご紹介。

1 幕間に飲み物を買うこともできる 2 Tシャツなどのグッズ選びも楽しみ

レ・ミゼラブル

Les Misérables

ご存じヴィクトル・ユゴーの小説のミュージカル化。トレヴァー・ナン演出で力強い舞台を見せる。フォンティーヌの歌う「夢破れて」は好ナンバー。また、革命派の若者たちによる「民衆の歌」は圧巻。2012年に公開されヒットしたミュージカルの映画版を観て予習をしておくのもいい。

ソンドハイム・シアター *Sondheim Theatre*

▶Map P.166-B2

ソーホー Shaftesbury Av., W1D 6BA 0344.482 5151 月～土19:30 マチネ水・土14:30 £25～ ⊖Piccadilly Circusより徒歩約5分 [illegible]

劇場内の装飾も見事

Check!

チケットの買い方

劇場のボックスオフィスで買う場合、当日では席がかぎられるが、早めにウェブサイトなどで購入すると、いい席を確保しやすい。演劇業界を代表する団体が運営している下記ウェブサイトでも購入可能。サイト内の「TKTS」では、売れ残りの当日チケットなどがお値うち価格で販売されている。

URL officiallondontheatre.com

オペラ座の怪人

The Phantom of the Opera

アンドリュー・ロイド=ウェーバーの傑作。19世紀末のパリのオペラ座で、クリスティーヌという若手歌手に怪人が恋をする。神出鬼没の怪人と、続発する怪事件。怪人の魔力にクリスティーヌは魅せられていく。

ヒズ・マジェスティーズ・シアター *His Majesty's Theatre*

▶Map P.166-B2

セント・ジェームズ [illegible]

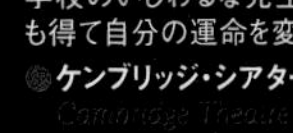

©Manuel Harlan

マチルダ・ザ・ミュージカル

Matilda The Musical

児童文学者ロアルド・ダールの名作。「勉強なんか必要ない!」と天才児マチルダを学校に行かせない成金でミーハーな両親に加えて学校のいじわるな先生。味方の先生の応援も得て自分の運命を変えていく少女の物語。

ケンブリッジ・シアター *Cambridge Theatre*

▶Map P.167-C1・2

コヴェント・ガーデン [illegible]

© Disney

ライオン・キング

The Lion King

もとはディズニー映画で、全世代を魅了する衣装や演出が見事。キリンがバルコニー席から、象が通路から、たくさんの鳥が観客席の背後から飛び出してくるオープニングも圧巻。

ライシアム・シアター *Lyceum Theatre*

▶Map P.167-C2

ストランド 21 Wellington St., WC2E 7RQ 火～土19:30 マチネ水・土・日14:30 [illegible] ⊖Covent Gardenより徒歩約5分 [illegible]

高級ホテルのティールームには、少しおしゃれして出かけたほうが気後れせずに済む。

隠れ家のようなホテルで
モンタギュー・オン・ザ・ガーデンズ
The Montague on the Gardens

大英博物館近くの秘密にしておきたいようなホテルでのアフタヌーンティー。緑に覆われた裏庭に面したテラス席もあり、このグレードにしては比較的リーズナブル。

Map P.161-C3

ブルームズベリー 住15 Montague St., WC1B 5BJ TEL020.7612 8416 開アフタヌーンティー毎日13:00～17:00 料アフタヌーンティー£60～ Card A.M.V. 予望ましい 服スマートカジュアル 交⊖Russell Squareより徒歩約5分 URL www.montaguehotel.com

TODO LIST 09
Afternoon Tea

紅茶の国イギリスならではの
アフタヌーンティー

お茶の時間は、イギリスの大切な文化のひとつ。なかでも、文句なく優雅なイメージで語られるアフタヌーンティーを味わってみたい。

ティータイムにはどちらを選ぶ？

ボリュームたっぷりな

アフタヌーンティー

Afternoon Tea

観劇前の腹ごしらえとして、上流階級の女性たちの社交場として、1840年頃から始められたといわれている。シンプルな具のサンドイッチ、スコーン、ケーキにお茶というのが定番。

ちょっと休憩というときにいい

クリームティー

Cream Tea

基本はスコーンとお茶のセット。アフタヌーンティー同様、たっぷりのクロテッドクリームやジャムが付く。クリームティーと言わずに、スコーン&ドリンクと書かれていることも。

ティールームでのマナー講座

1 スコーンの食べ方

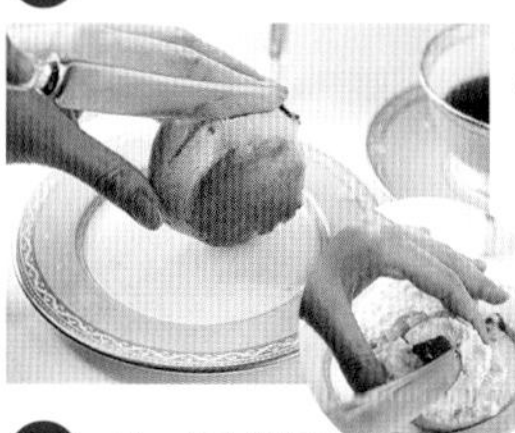

手またはナイフで横半分に割って、中面にジャムやクロテッドクリームをたっぷりのせて食べる。クリームが先かジャムが先かはお好みで。

2 食べる順序

一般的にはサンドイッチから始めて、スコーン、ケーキという順。ただし、カジュアル系の店ほど順序は気にしなくていいようだ。

3 紅茶について

ポットに入った紅茶が濃くなってきたら、お湯を足してもらおう。お代わりを頼むこともできるが、店によっては新たな注文になる場合もあるので確認を。

4 残ってしまったら？

お持ち帰りできる店も多いので聞いてみよう。サンドイッチなど、生っぽいものは傷みやすいので、店で食べてしまいたい。

ロンドンのティールームは観光客も多く堅苦しいマナーはないが、熱いお茶を飲むときに「ズズ〜」とすする音などが響くのは嫌がられるのでご注意を。

1 プレーンとフルーツのスコーンが出てくる
2 ゆったりとした時間を楽しめそう

Traditional Tea Room

優雅な雰囲気の トラディショナル・ティールーム

サービス満点でリッチな気分に浸れるぶん、お値段も高め。
高級ホテルなどに多い。

老舗の風格 フォートナム＆メイソン

Fortnum & Mason

紅茶ブランドとして知られるけれど、実は王室御用達の高級品デパート。豪華なアフタヌーンティーはダイヤモンド・ジュビリー・ティー・サロンで。ブランドカラーでもある「ナイルの水」の食器が何とも上品。甘いものなしのセイボリー・アフタヌーンティーやハイティーも用意されている。

Map P.166-B2

セント・ジェームズ 住181 Piccadilly, W1A 1ER TEL020.7734 8040 開月～木11:30～20:00 金・土11:00～20:00 日11:30～18:00 休一部の祝、12/25・26 料アフタヌーンティー£80～ CardA.M.V. 予望ましい 服スマートカジュアル 交⊖Green Parkより徒歩約5分 URLwww. fortnumandmason.com

最初と最後に小さなひと口サイズの一品も出る

レストランも評判の味

気品を感じさせる ゴーリング

The Goring

バッキンガム宮殿から近く、昔から王族たちに愛用され「王室別館」とも呼ばれる、小さいながらも格式あるホテル。キャサリン妃が、婚礼前日に滞在されたことでも知られる。焼きたてのしっとりしたスコーンが絶品。15種類以上の茶葉から、紅茶を選ぶことができる。

かわいいケーキ。写真はふたり分

Map P.172-A1

セント・ジェームズ 住15 Beeston Pl., SW1W 0JW TEL020.7769 4485 開毎日12:00～18:00 料アフタヌーンティー£70～ CardA.M.V. 予望ましい 服スマートカジュアル 交⊖Victoriaより徒歩約7分 URLwww.thegoring.com

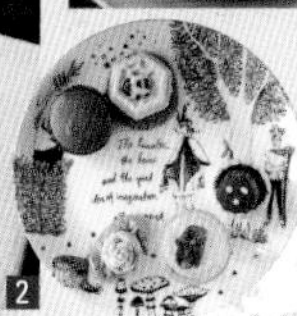

1 イギリス料理を少しずつ味見した気分になれる甘いものなしのアフタヌーンティー 2 3～4ヵ月ごとに物語やテーマが変わる 3 アンティークのような落ち着いた趣のティーポット

Casual Tea Room

気軽に楽しむ カジュアル・ティールーム

服装やマナーを気にすることなく、気軽に利用できるところが多い。料金も比較的リーズナブル。

シェイクスピアの物語で優雅なお茶を

スワン Swan

テムズ河を行き交う船を眺めながらのアフタヌーンティーはいかが？ シェイクスピア・グローブ劇場併設のレストランで、価格も比較的リーズナブル。シェイクスピアの物語や登場人物をモチーフにしたスイーツのほか、甘いものなしのアフタヌーンティーもある。

Map P.168-B2
サザーク 住21 New Globe Walk, SE1 9DT TEL020.7928 9444 開アフタヌーンティー毎日12:00～17:00 休1/1、12/26・27 料£39.50～ 甘いものなしの「Gentleman's Afternoon Tea」も同料金 Card A.D.M.V. 予望ましい 交⊖London Bridgeより徒歩約8分 URL swanlondon.co.uk

ケーキやサンドイッチの種類は入れ替わる

バスで観光名所を巡りながら

アフタヌーンティー・バスツアー Afternoon Tea Bus Tour

ロンドン中心部を旧型の2階建てバスで巡りながら、アフタヌーンティーを楽しめるバスツアー。クラシック・アフタヌーンティーのコースは、国会議事堂、ウェストミンスター寺院、ハイド・パーク周辺、ロイヤル・アルバート・ホールなどのロンドンらしい名所を約1時間30分で一周する。バス内にトイレはない。

TEL020.3026 1188 開クラシック・アフタヌーンティー:Trafalgar Sq.近く、またはVictoria Coach Station発。12:00、12:30、13:00、14:30、15:00、15:30、17:00出発（出発場所の詳細や時間は予約時に確認を） 休一部の祝 料1人£45～ Card A.M.V. 予必要 予約は2人分から URL b-bakery.com

静かで落ち着いた空間

ティー・アンド・タトル Tea and Tattle

気軽に立ち寄れるティールーム。スコーンを温め、クロテッドクリームの上にジャムをのせたものを出してくれる。フレッシュなクロテッドクリームとスコーンの相性もよく、気取らない味と雰囲気がいい。サンドイッチもおいしい。大英博物館近くの専門書店の地下にあるので、博物館見学の帰りに休憩できる。

Map P.167-C1
ブルームズベリー 住41 Great Russell St., WC1B 3PB TEL07722.192703 開月～金11:00～17:00 土12:00～16:00 休日、12/24～31、不定休あり 料アフタヌーンティー£24 クリームティー£9 Card M.V. 予望ましい 交⊖Tottenham Court Rd.より徒歩約5分 URL teaandtattle.com

気に入った紅茶やジャムがあれば購入も可能

テムズの風が気持ちいい!

リバーボートでテムズ河遊覧

テムズ河沿いには数々のロンドン名所が建ち並ぶ。
船の上から見るロンドンに、また違った感動が味わえる。

国会議事堂
ロンドン・アイ・ウォータールー桟橋

セント・ポール大聖堂
ロンドン塔

テムズ河
ウェストミンスター桟橋
エンバンクメント桟橋

テート・モダン
タワー桟橋

タワー・ブリッジ

ロンドン・アイ

ディナークルーズ

Dinner Cruise ウェストミンスター桟橋

フルコースのディナーをいただきながら、幻想的なテムズ河沿いの宝石のような夜景を堪能できる。河沿いのランドマークを眺めながら食事をしたあとは、ミュージカルのヒット曲などを歌手が歌い、それからディスコタイムになって踊りながら帰着。食後には船内を自由に散策できるので、十分に夜景を楽しめる。船内でのガイドなどはない。

1 夜のタワー・ブリッジは昼間とはまた違ったきらめきを見せる
2 エビを使った前菜。メインとデザートまでゆっくりと味わいたい

▶Map P.173-C1

City Experience
TEL 020.7740 0400 開 毎日(冬期は要確認) ウェストミンスター桟橋19:45発、所要約3時間15分 ボートは19:30着予定 詳細は予約時に要確認 料 £89～(4コースの食事とウエルカムドリンク込み) 予 必要 服 スマートカジュアル URL www.citycruises.com/london

カナリー・ワーフ

ビューポイント

River Thames

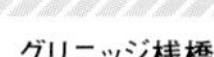
グリニッジ桟橋

グリニッジ

02アリーナ

ロンドン・アイ・リバークルーズ

London Eye River Cruise

ロンドン・アイ・ウォータールー桟橋

ロンドン・アイの横にある桟橋から出発し、ロンドン塔近くまで行ったら乗り場まで引き返す周回タイプのクルーズ。オーディオガイドもあるので中心部の重要ポイントをおさえることもできる。

Map P.167-C3

London Eye
TEL 0871.781 3000 開10:45～16:45、1時間おき(季節により異なる)、所要約40分 料£14～ オーディオガイドあり ロンドン・アイとのセット£46～
URL www.londoneye.com

1 にぎやかな船内 2 メインはベジタリアンもある

ランチクルーズ

Lunch Cruise

タワー桟橋

国会議事堂やロンドン・アイ、ロンドン塔、タワー・ブリッジなどを過ぎたら、カナリー・ワーフの高層ビル群や、リバーサイドの超高級マンションなど、見どころの連続。食事を終えたら、オープンデッキで360度の景色を撮影しながら楽しむことができる。

Map P.169-C2

City Experience
TEL 020.7740 0400 開毎日(冬期は要確認) タワー桟橋11:45発、所要約1時間45分 ボートは11:30着予定 詳細は予約時に要確認 料£46～(2コースの食事付き) 予必要 服カジュアル
URL www.citycruises.com/london

女王が眠る城もある

ロイヤルタウン ウィンザー

TODO LIST 11 Windsor

テムズ河のほとりの小さな町、ウィンザー。
今も当代の国王が住む城や王族の居所も建ち、
緑の中、ゆったりとした時間を楽しむことができる。

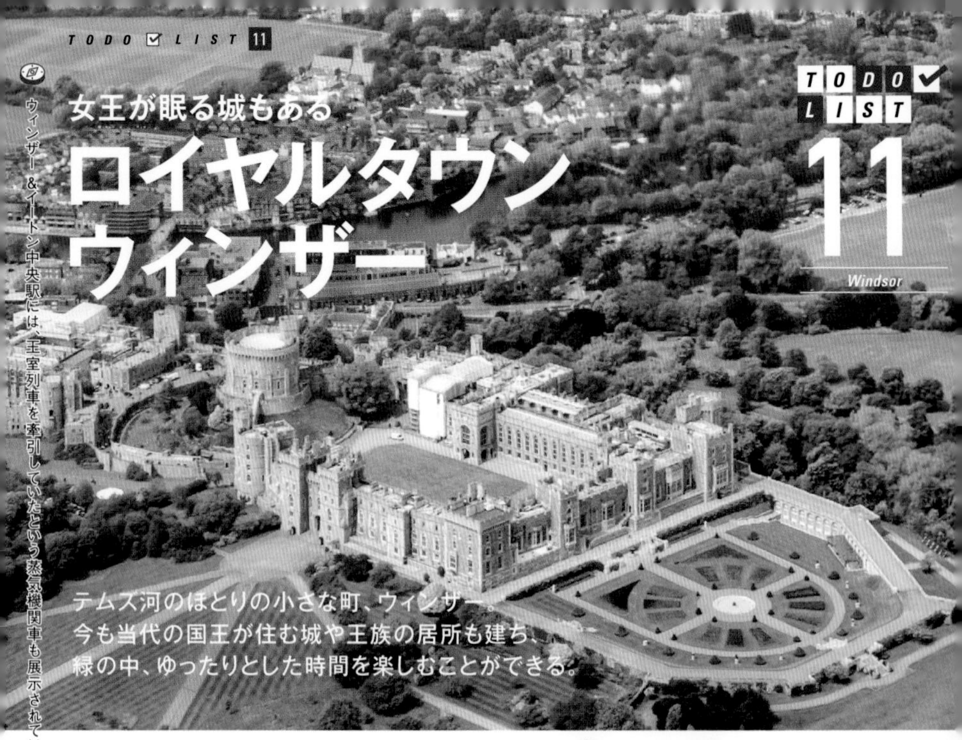

ウィンザー＆イートン中央駅には、王室列車を牽引していたという蒸気機関車も展示されている。ホームを出るとショッピングセンターになっている。

ウィンザー Windsor

王室ゆかりの地として、1000年の歴史をもつウィンザー城をはじめ、王族の居所などもあり、ロイヤルタウンとして知られる。白鳥が遊ぶテムズ河を渡って北側には、ウィリアム皇太子やヘンリー王子も通った名門イートン校もある。

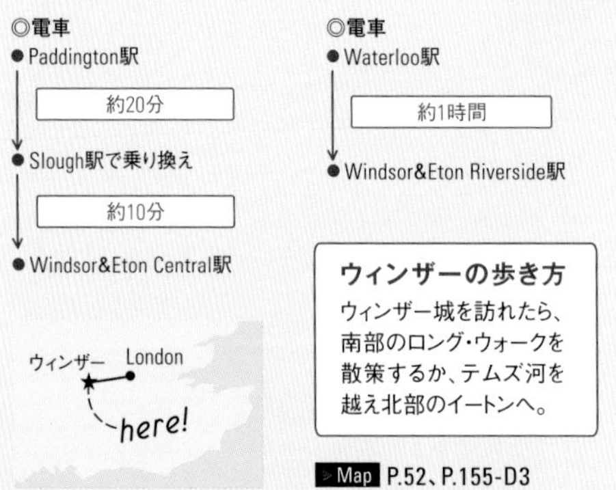

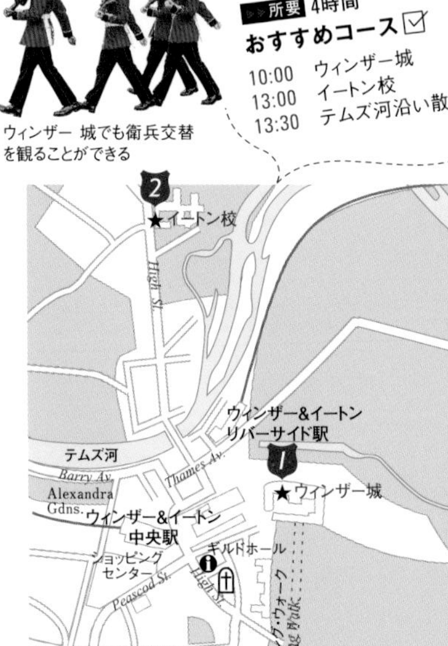

ウィンザー 城でも衛兵交替を観ることができる

所要 4時間

おすすめコース

10:00 ウィンザー城
13:00 イートン校
13:30 テムズ河沿い散策

観光案内所 Royal Windsor Information Centre
住Guildhall, 51 High St., SL4 1LR TEL01753.743900 開水～日10:00～16:00 休月・火、12/24～1月初旬 URLwww.windsor.gov.uk

ACCESS

◎電車
● Paddington駅
↓ 約20分
● Slough駅で乗り換え
↓ 約10分
● Windsor&Eton Central駅

◎電車
● Waterloo駅
↓ 約1時間
● Windsor&Eton Riverside駅

ウィンザーの歩き方

ウィンザー城を訪れたら、南部のロング・ウォークを散策するか、テムズ河を越え北部のイートンへ。

Map P.52、P.155-D3

1 セント・ジョージ礼拝堂では英国ゴシックの壮麗な内部を見学しておきたい
2 ウィンザー城内にある優雅なステート・アパートメントの部屋
© Felix Bensman Dreamstime.com

1 国王の離宮であり世界最大の居城 ウィンザー城

Windsor Castle

イギリス王室の歴史を見てきた城で、エリザベス女王（2世）もお気に入りだったという。ステート・アパートメントにはルーベンス、レンブラントなど、王室所有の名画が並ぶ。女王が眠るセント・ジョージ礼拝堂やクイーン・メアリーの人形館も必見。

住Windsor Castle, SL4 1NJ 電0303.123 7334 開10:00～17:15（11～2月～16:15） 最終入場16:00（11～2月15:00） セミ・ステートルームは秋～春のみ開館 セント・ジョージ礼拝堂は月・木～土（14:30以降は入場制限されることがある） ステート・アパートメントへの入場は最終入場30分前に終了 休火・水、不定休あり 日時変更などもあるため、ウェブサイトなどで要確認 料£33（前売り£30） URL www.rct.uk/visit/windsor-castle

Check! 王室行事の道 ロング・ウオーク

ウィンザー城の南側にあるジョージ4世門から延びる4.8kmの長い一本道で、ジョージ3世の騎馬像まで徒歩で1時間ほど。エリザベス女王（2世）の葬列もこの道を通ってウィンザー城に到着した。気ままにウオーキングを楽しむ人も多い。

2 王族も通った伝統校 イートン校

Eton College

ウィンザー城からテムズ河を渡り、北に歩いて10分ほど。ウィリアム皇太子やヘンリー王子、ボリス・ジョンソン元首相、俳優のエディ・レッドメインなど、数々の政治家や著名人を輩出している名門私立校。

住Eton College, SL4 6DW 電01753.370100 開校内の見学は5～9月開催のツアーのみ 予約や詳細はウェブサイトで要確認 URL www.etoncollege.com

1,2 イートン校の建物
3 イギリスでも珍しい燕尾服のような制服

Column テムズ河沿いの散策も楽しい

ボート乗り場周辺には、たくさんの白鳥が集まっている

時間が許すなら、橋のたもとにある乗り場から、周辺を巡るボートでテムズ河遊覧を楽しみたい。所要約40分のショートコースのほか、2時間ほどのコースもある。ロックと呼ばれる独特の水門のほか、イートン校やウィンザー城、ウィンザー競馬場など、河からの眺めを楽しむことができる。時期によって運航日程は異なるのでウェブサイトや現地で確認を。

住Windsor Promenade, SL41QX 電01753.851900 開40分コース:3月中旬～12月下旬（10月下旬～12月下旬は週末のみ） 料£12（オンライン£10.16） URL www.frenchbrothers.co.uk

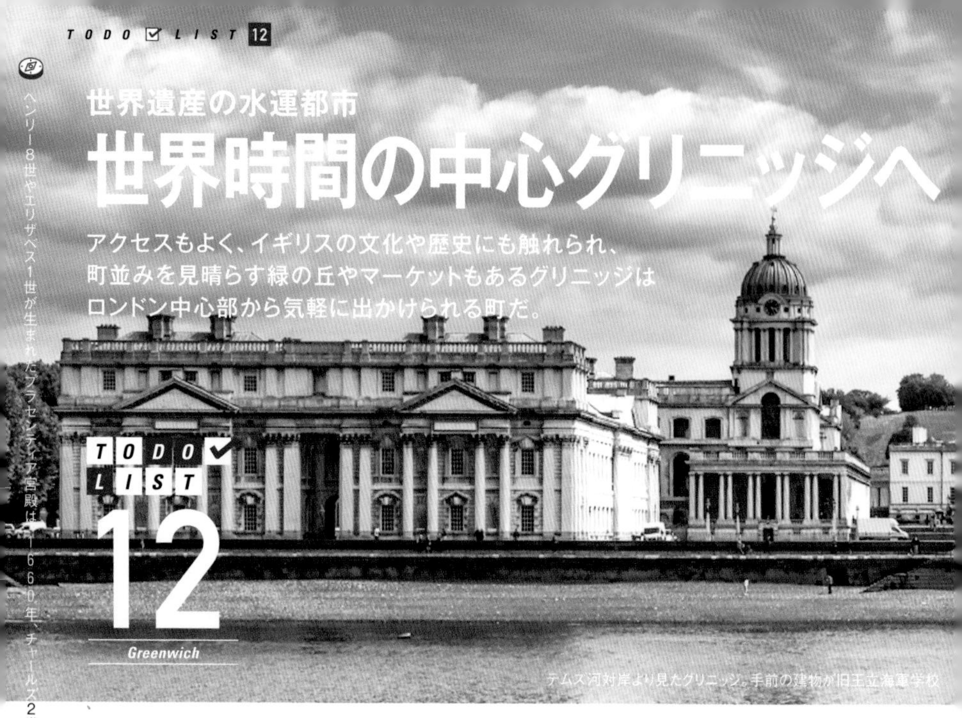

ヘンリー8世やエリザベス1世が生まれたプラセンティア宮殿は1660年、チャールズ2世の治政下で取り壊されている。

世界遺産の水運都市

世界時間の中心グリニッジへ

アクセスもよく、イギリスの文化や歴史にも触れられ、町並みを見晴らす緑の丘やマーケットもあるグリニッジはロンドン中心部から気軽に出かけられる町だ。

TODO LIST 12 Greenwich

テムズ河対岸より見たグリニッジ。手前の建物が旧王立海軍学校

グリニッジ Greenwich

テムズ河口に近い港町として栄えた王室ゆかりの地で、テューダー朝にプラセンティア宮殿があった。世界遺産でもある各施設を訪れることで、航海と測量技術がいかにイギリスの発展につながり、グリニッジがその重要拠点だったかがわかる。

観光案内所 The Visitor Centre内
住Old Royal Naval College, Greenwich, SE10 9LW 電020.8305 5235 開毎日10:00～17:00 休12/24～26 URL www.visitgreenwich.org.uk

ACCESS

◎リバーバス (Thames Clippers) ●London Bridge City Pier／Westminster Pierなど → ●Greenwich Pier 25～50分

◎電車 ●London Bridge駅 → ●Greenwich駅 約10分
※ここから中心部まで徒歩約10分

◎DLR ●Bank駅 → ●Cutty Sark for Maritime Greenwich駅 約20分

◎バス ●Russell Sq. StationのStopE → ●Greenwich Town Centre/Cutty Sark
North Greenwich行き188番でAldwychやWaterlooを経由して約1時間

グリニッジはグレーター・ロンドンの一部。オイスター(→P.140)1枚で気軽に行ける。アクセス方法はいろいろ。

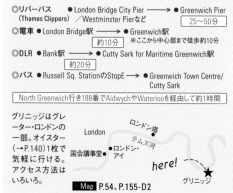

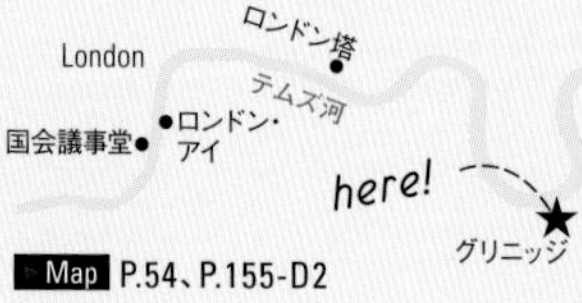

London
ロンドン塔
テムズ河
国会議事堂
ロンドン・アイ
here!
グリニッジ

Map P.54、P.155-D2

セント・ポール大聖堂と同じジェームズ・ソーンヒルが19年かけて描いた

1 ペインティッド・ホールと礼拝堂は必見 旧王立海軍学校

Old Royal Naval College

前身はヘンリー8世などが生まれた宮殿で、1696年に海軍病院、1873年海軍学校となり、現在はグリニッジ大学と音楽大学校舎など。見どころは礼拝堂の天井とペインティッド・ホールのだまし絵。

住Old Royal Naval College, Greenwich, SE10 9NN 電020.8269 4799 開10:00～17:00 最終入場16:30 休一部の祝 不定期営業、不定休あり 料£15～（ペインティッド・ホールとチャペルのほか、ビジター・センターの展示などへも入場できる。登録すれば12ヵ月間有効） URL www.ornc.org

2 紅茶をイギリスへ運んだ カティー・サーク号

Cutty Sark

19世紀に中国から茶を運搬した高速帆船（ティー・クリッパー）で、現存する唯一の船。スエズ運河開通後に蒸気船に取って代わられ、オーストラリアの羊毛輸送船になった歴史がわかる。

住King William Walk, SE10 9HT 電020.8858 4422 開10:00～17:00 最終入場16:15 休一部の祝 料£20～ URL www.rmg.co.uk

陸上にあるカティー・サーク号は船底の下からも観ることができる

3 ネルソンからターナーまで 国立海事博物館

National Maritime Museum

1934年開館。17世紀以降の海事と航海術にまつわる博物館。ターナーの『トラファルガーの海戦』（1822年）も常設。ネルソン提督や、東インド会社の貿易に関する展示も。

住Romney Rd., SE10 9NF 電020.8858 4422 開10:00～17:00 最終入場16:15 休一部の祝 料無料 URL www.rmg.co.uk

4 世界の中心で子午線をまたぐ 旧王立天文台

Royal Observatory

航海での天文測定方法を確立するため1676年に設立。1884年に経度0度に選ばれて以来、世界標準時となる。経度測定に挑戦した時計職人の話や時間の歴史の展示が興味深い。

住Blackheath Av., SE10 8XJ 電020.8858 4422 開10:00～17:00 最終入場16:15 休一部の祝 料£20～ URL www.rmg.co.uk

グリニッジ標準時を示す24時間時計

「スカイ・ガーデン」（→P.107）35〜37階にあるバー、ブラッセリー、レストランからも眺望が楽しめる（要予約）。

／ Column 01 ／ View Spot ／

高さと上り方で見る

ロンドン一望スポット6

見晴らしがいいね！

高い所からの眺めは格別。町の大きさや位置関係を把握するのにもいい。
近年は展望スポットの選択肢が増え、目的に合わせて選べる。※数字は展望エリアの高さ

エレベーターで30秒

244m

ヨーロッパーの高さ

ビュー・フロム・シャード

The View from The Shard

高さ310mとヨーロッパー高いビルから好きなだけ景色を見られる。階下の31階にあるレストラン&バー、アクア・シャードでカクテルを傾けたり、アフタヌーンティーをするのもいい。

Map P.169-C3

サザーク 住Joiner St., SE1 9QU 電0344.499 7222 開6〜8月毎日10:00〜20:00、冬期は日〜木11:00〜19:00と金・土10:00〜20:00が多い　日によって異なることもあるので要確認　最終入場は閉館1時間前 休12/24〜26 料£28.50〜 交⊖London Bridgeより徒歩約3分 URLwww.theviewfromtheshard.com

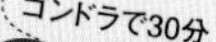

ゴンドラで30分

135m

観覧車から見るロンドン

ロンドン・アイ

London Eye

25人乗りのゴンドラで30分間、景色を楽しむ。晴れた日は、40km先まで見られる。国会議事堂やウェストミンスター寺院といった観光名所に近く訪れやすい。 P.104

Map P.157-C2、P.167-C3

サウスバンク 住Riverside Building, County Hall, Westminster Bridge Rd., SE1 7PB 開10:00〜20:30を基本に日によって変わるので、ウェブサイトなどで確認を　日時指定制だが混雑時には指定時間から乗車までに45分以上かかることもある 休12/25、1月初〜下旬の定期点検日 料£42 オンライン£30〜 交⊖Waterlooより徒歩約7分 URLwww.londoneye.com

階段を528段

85m

苦あれば楽あり

セント・ポール大聖堂

St. Paul's Cathedral

528段の階段を上ると、展望エリアのゴールデン・ギャラリー。聖堂内の見学もできて眺望も楽しめて一石二鳥だが、500段以上の階段を自力で上らないといけない。

Data P.42

ゴールデン・ギャラリー

階段を311段

48.8m

世紀の絶景に思いをはせる

大火記念塔

The Monument

1666年のロンドン大火を追悼するため、1671年から1677年に建てられた復興のシンボル。設計はセント・ポール大聖堂と同じクリストファー・レン。らせん階段を311段上ると展望スペースがある。

Map P.169-C2

シティ 住Fish Street Hill, EC3R 8AH 電020.7403 3761 開9:30〜13:00、14:00〜18:00　最終入場は閉館30分前 休12/24〜26、不定休あり 料£6 交⊖Monumentより徒歩約1分 URLwww.themonument.org.uk

ロープウエイで約10分

90m

ロープウエイでテムズ河越え

IFSクラウド・ケーブル・カー

IFS Cloud Cable Car

ロープウエイでテムズ河の上空を約1km渡る。乗車は約10分。グリニッジやカナリー・ワーフをはじめセント・ポール大聖堂も見える。乗り場に近いO2アリーナにはドーム頂上に上る「Up at The O2」というアトラクションもある。

Map P.155-D2

グリニッジ 住Edmund Halley Way, SE10 0FR／27 Western Gateway, E16 1FA 開月〜金7:00〜21:00（金〜23:00）、土8:00〜23:00、日9:00〜21:00　メンテナンスや天候により不定休あり 料片道£6、周遊（往復）£12 交⊖North Greenwich／Royal Victoriaよりそれぞれ徒歩約3分 URLtfl.gov.uk/modes/london-cable-car
Up at The O2 料£35〜40 URLwww.theo2.co.uk/upattheo2

行きはエレベーター、帰りは階段も

80m

彫刻から見るオリンピック会場

アルセロール・ミッタル・オービット

ArcelorMittal Orbit

2012年のオリンピック会場に建てられた115mのイギリスで最も高い彫刻にも展望エリアがある。ロープで懸垂下降するアブセイリングができ、2016年に世界一長い全長178mの滑り台が完成した。

Map P.155-D1

ストラトフォード 住Queen Elizabeth Olympic Park, 5 Thornton St., E20 2AD 電0333.800 8099 交⊖電車Stratfordより徒歩約12分 URLarcelormittalorbit.com　※2024年4月現在、改装工事中のため閉鎖中。2024年夏頃再開予定。詳細は要確認。

LONDON GOURMET

Pub, Fish & Chips,
British and International Food, etc.

気軽に楽しむロンドングルメ

まずいといわれたのはすでに過去のこと。
定番のパブめしにフィッシュ&チップスから
伝統的なイギリス料理、本場のエスニック料理まで、
おいしくなったロンドンを堪能したい。

パブによって食事のメニューはいろいろ。イングリッシュブレックファストを出すパブもある。

パブに行ってみよう！

イギリスらしい場所、パブ。
独特の雰囲気があるが、思いきって入ってみよう。
町のいたるところにあるから、
休憩場所としても、とても助かる存在。

1 パブってどんなところ？

仕事仲間や友達、あるいは家族とお酒を飲みながら
気軽におしゃべりする場所。日本でいう居酒屋のような存在。
だから難しく考えずに入ってみたい。

ビターもいける！

Tips 1

こんなパブが入りやすい

テムズ河南岸沿いにあるパブは観光客がほとんど。テラスもあるし、比較的入りやすいところが多く狙いめ。

Tips 2

混雑する時間は避けて

木・金曜の夕方5時くらいからは大混雑。カウンターにも大勢並ぶし、立ち飲みの人が多くて入りにくいことも。

教えて！パブ Q&A

Q パブの営業時間は？

A 11:00〜23:00が一般的。飲むだけのバーと食事の時間が違うところも。日曜の営業は店によって違い、シティなどオフィス街では休業の場合も多い。

Q ドレスコードは？

A 歴史ある優雅な内装のパブもあるが、基本的にドレスコードはない。階段や通路など、けっこう狭い場所も多いので大きな荷物は遠慮しよう。

Q お酒が飲めないけど？

A ジュースなど、ノンアルコールの飲み物もいろいろあるので大丈夫。シャンディは、酎ハイと似た感じで、ビールが苦手な人でも比較的飲みやすい。

2 | 注文から支払いまで

カウンターで注文。混んでいるときは待っているということを静かにアピールしつつ、自分の順番が来るまで待つこと。

ビターを1パイント(半パイント)ください。"A pint(half) of bitter, please." というように、ビールの種類と量をはっきり告げよう。

まとめて何人分かを頼むことも多い。つまみを食べる人は少ないが、簡単なものが欲しい場合はクリスプスも頼もう。

支払いを。何人分かまとめて頼んだときには、支払いもまとめて。割り勘はケチ臭いやり方と思われるのだそう。

3 | パブのメニュー

ビールは、イギリスらしいビターやペールエールからギネス、ラガー、樽出しのクラフトまで、さまざまな種類がある。よくわからないときはおすすめを聞いてみるのもいいし、席にメニューがあることも。グラスは、1パイント(568mℓ)か半パイントの2種類。ビール以外にウイスキーやワインなどもある。

Check! Column

サンデーロースト

イギリスでは、日曜のランチに、パブで家族や親しい人とローストした肉を食べる習慣がある。肉の種類はビーフ、ラム、チキンなど。ローストビーフを食べたいなら、日曜のお昼に行ってみよう。

イギリスらしいお酒

ビター bitter	イギリス独特のエールビール。エールではなくビターと頼もう。
エール ale	ペールエールやライトエールなどがある。ビターとは区別される。リアルエールというと、樽出しのイギリスビールのこと。
ラガー lager	日本で飲むビールと同様のもの。
ピルス pils	ラガー系でアルコール度数が高いもの。
スタウト stout	黒ビール。ポーターPorterやギネスGuinnessと注文してもいい。
サイダー cider	日本と違い、ジュースではなくリンゴ酒のこと。
シャンディ shandy	ビールにレモネード(甘味のついた炭酸水)を加えたもの。ビールを選べる。

ノンアルコールなら
レモネードにライムやオレンジを加えたものやジュース、コーラのほか、コーヒーや紅茶も頼めるところが多い。

食事とおつまみ

クリスプス crisps	ポテトチップスのこと。小袋のものを買える。
チップス chips	イギリスでは、ポテトチップスではなく、フライドポテトのこと。
ジャケット・ポテト jacket potato	皮付きジャガイモにチーズやベークドビーンズ、ツナなどをトッピングしたもの。

このほか、イギリス料理の定番フィッシュ&チップス→P.62・63やパイ類など→P.64・65を食べられるパブも多い。

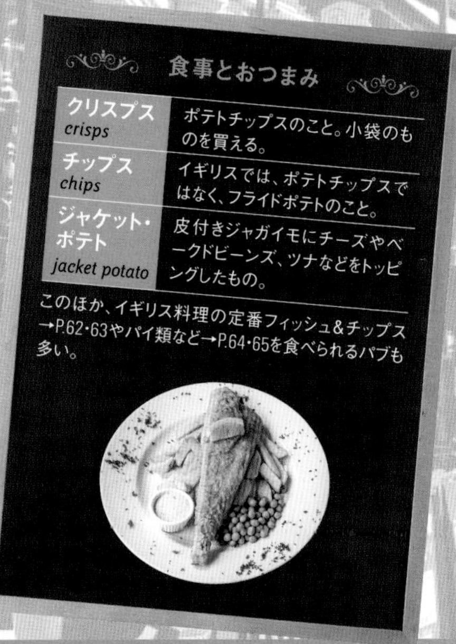

Q たばこは吸えるの？

A イギリスでは、すべての公共施設の屋内が禁煙。テラスや中庭などに喫煙スペースがあるところがほとんど。規則を守らないと罰金が科せられることも。

Q 席はどこに座るの？

A 勝手に中に入って、好きな席に座っていい。食事がおいしいガストロパブや食事のために席が分けてある場合は、表示や店員さんの指示に従おう。

Q チップは必要？

A よほど特別なことを頼まないかぎり不要。ただし、席に着いて食事をした場合、サービス料がかかったり、チップが必要になることもある。

「ガストロ」＝胃のこと。「ガストロパブ」とは、直訳すると胃袋を満足させてくれるパブという意味。なお一般にパブでの食事提供は早めに終了する。

伝統? グルメ?
タイプ別おすすめパブ

優雅な内装のパブでビールを飲んでひと休み、
あるいは、料理が自慢のパブで舌鼓を打つ。
いろいろな楽しみ方があるパブをどんどん活用したい。

歴史を感じさせる クラシック系

ロンドンには、独特の雰囲気をもつパブも多い。
気軽に入っても大丈夫だからぜひ体験してみて。

1 アンティークのほかに、チャーチルに関するものもたくさん置かれている 2 外にも中にも植物があって、癒やされる空間 3 タイ風焼うどん

アンティーク好きなら
チャーチル・アームズ
Churchill Arms

店名はイギリス首相でもあったウィンストン・チャーチルから。天井から壁まで、アンティークの品々がビッシリ詰め込まれている。名門フラー醸造所の生ビールを飲むことができ、奥にあるタイ料理レストランもおいしい。

▶Map P.111、P.156-A2

ケンジントン 住119 Kensington Church St., W8 7LN TEL020.7727 4242 開月～土11:00～23:00 日12:00～22:30 Card A.M.V. 交⊖Notting Hill Gateより徒歩約5分 URL www.churchillarmskensington.co.uk

ホームズゆかりの品々も
シャーロック・ホームズ
The Sherlock Holmes

『シャーロック・ホームズ』シリーズに登場したノーザンバーランド・ホテルの跡地にある。2階では、フィッシュ＆チップスなど伝統的なイギリス料理も食べられる。

▶Map P.167-C3

セント・ジェームズ 住10 Northumberland St., WC2N 5DB TEL020.7930 2644 開毎日11:00～23:00(木～土～24:00) 交⊖Charing Cross／Embankmentより徒歩約3分 URL www.greeking.co.uk/pubs/greater-london/sherlock-holmes

修道院のような
ブラックフライアー
The Blackfriar

「ブラックフライアーズ」という地名は、13世紀にあった修道院が由来とのこと。その名前どおり、修道僧のレリーフで飾られた、小さいながらも雰囲気のあるパブ。

▶Map P.168-A2

ブラックフライアーズ 住174 Queen Victoria St., EC4V 4EG TEL020.7236 5474 開月～土11:30～23:00 日12:00～18:00 Card A.M.V. 交⊖Blackfriarsより徒歩約1分 URL www.nicholsonspubs.co.uk/restaurants/london/theblackfriarblackfriarslondon

1 野菜がたっぷり入ったスープ
2 フェタチーズ入りのサラダ
3 赤スグリとアーモンドのケーキ

グルメもうなるガストロ系

気軽においしく
食事をしたいときにいい。
レストランをしのぐ味と
評価が高い店も多い。

おいしいしヘルシーよ！

UK初のオーガニック認定パブ

デューク・オブ・ケンブリッジ

The Duke of Cambridge

ビールやお茶、料理の食材はもちろん、キッチンで使う洗剤まで、すべてオーガニック。食材を無駄にしないために、メニューもその日に入荷した食材から創作する。自給自足をモットーに育ったオーナーの努力が実った店。

▶Map P.162-A1

イズリントン 住30 St. Peters St., N1 8JT TEL020.7359 3066 開食事 月〜金12:00〜15:00、18:00〜21:00（木・金〜21:30）、土・日12:00〜21:30（日〜16:30） 休一部の祝 Card M.V. 料ランチ£25〜 ディナー£40〜 予望ましい 交⊖Angelより徒歩約10分 URL dukeorganic.co.uk

1 前菜のオックステール煮込みとダンプリング 2 タラとキクイモの発酵レモンヨーグルトソース 3 ロンドンの北東エリアにある

気さくなガストロ

ドレイパーズ・アームス *The Drapers Arms*

ごく普通の素朴なパブに見えるが、料理はトップクラスでグルメに人気。お値段もガストロパブとしては手頃でうれしい。メニューは日替わり。

▶Map P.157-C1

イズリントン 住44 Barnsbury St., N1 1ER TEL020.7619 0348 開月〜金12:00〜15:00、18:00〜22:30 土12:00〜15:30、18:00〜22:30 日12:00〜20:30 料ディナー£35〜 Card A.M.V. 予望ましい（サンデーランチは人気なので必須） 交⊖Highbury & Islingtonより徒歩約13分 URL www.thedrapersarms.com

グルメなホテルパブ

ウィグモア *The Wigmore*

セレブシェフMichael Roux Jr.監修のパブ。ホテルの一角にあり、忘れられたイギリス料理とカクテルをモダンによみがえらせている。パブらしからぬ重厚な入口のドアに怖じけず入ってみよう。

▶Map P.166-A1

ウエストエンド 住15 Langham Pl., W1B 3DE TEL020.7965 0198 開月〜金8:00〜23:00（月・火12:00〜、土9:00〜） 日9:00〜12:00 休一部の祝 料メイン£12.50〜 Card A.D.M.V. 予望ましい 交⊖Oxford Circusより徒歩約5分 URL the-wigmore.co.uk

1 グルメなメニューはシーズンごとに替わるものもある
2 毎週中身が替わるパイ 3 静かな店内

フィッシュ&チップスの衣には、カリッと揚げるために水でなくビール入りのミルクを使うこともあるんだそう。

イギリスといえばコレ!
フィッシュ&チップス食べ比べ

タラなどの白身魚のフライに太めのフライドポテトが付いた庶民の食事フィッシュ&チップス。
付け合わせには緑豆を煮たマッシー・ピーが定番。
衣には独自のレシピがあるから、味や食感が店によって違う。

Column

\ Check! /

塩とビネガーが置いてあるから、好みの量を振りかけて食べよう。イギリスの人はビックリするほどビネガーをかけている。カウンターの近くに超スッパイゆで卵のピクルスがあることも。テイクアウエイと呼ばれる持ち帰りをする人も多い。

Part 1 専門店対決!

イギリス名物のひとつ マッシー・ピー

ロック&ソウル・プレイス
Rock & Sole Plaice

ピーナッツ油でカリッと揚げた、新鮮な魚が自慢。外にもテーブルが出ている。ここのマッシー・ピー(マーローウ豆をトロトロにゆでたサイドディッシュ)は有名。

▶Map P.167-C1

コヴェント・ガーデン 住47 Endell St., WC2H 9AJ 電020.7836 3785 開毎日12:00〜21:00(日 〜22:00) 料£21〜 Card M.V. 予不要 交⊖Covent Gardenより徒歩約4分 URL www.rockandsoleplaice.com

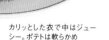

カリッとした衣で中はジューシー。ポテトは軟らかめ

VS

魚はプリッとして衣はカラッと揚がっている

フライヤーズ・デライト
The Fryer's Delight

魚に利かせた下味がポイント。伝統的な厚めの衣で、今でも牛脂を使う頑固一徹な専門店。愛想がいいとはいえないが、下町の店といった感じ。席数は少ない。

▶Map P.161-D3

ホルボーン 住19 Theobald's Rd., WC1X 8SL 電020.7405 4114 開月〜土 11:30〜22:00 休日・祝、不定休あり 料£9.75〜 Card M.V. 予不可 交⊖Russell Sq./Holborn/Chancery Laneより徒歩10〜15分

タルタルソースなどは別料金。ゆで卵のピクルスもある

ここのマッシー・ピーは小さめの豆

この店では付け合わせにする豆はガーデン・ピーというふっくらとしたタイプ

Part 2 マリルボンの老舗で

ゴールデン・ハインド
The Golden Hind

1914年創業のフィッシュ&チップスの老舗的存在。タラ以外にも魚は何種類かあり、魚によっては、グリルにしたり、小さいサイズにすることもできる。チップスやガーデン・ピーは別料金で選択自由。

▶Map P.165-D1

マリルボン 住71a-73 Marylebone Lane, W1U 2PN 電020.7486 3644 開月～土12:00～15:00、18:00～22:00 休日、一部の祝 料£16.50～ Card A.M.V. 予不要 交⊖Bond St.より徒歩約8分 URL www.goldenhindrestaurant.com

Part 3 ガストロパブで

アダム&イヴ
Adam & Eve

伝統的なイギリス料理をおしゃれに仕上げるのが得意な店。フィッシュ&チップスは、自家製タルタルソースもおいしい。魚もジャガイモも植物油でサクッと揚がっている。

▶Map P.166-B1

オックスフォード・サーカス 住77a Wells St., W1T 3QQ 電020.7636 0717 開食事 毎日12:00～21:00（日～20:00） 料£19.50～ Card A.M.V. 予不要 交⊖Oxford Circusより徒歩約5分、Tottenham Court Rd.より徒歩約7分 URL www.theadamandevew1.co.uk

どの品も手がかかっている感じでおいしい

オリジナルソースあり
ポピーズ
Poppies

オリジナルソースが付いていて、マッシー・ピーは自家製。ラージサイズにすることもでき、イカリングなども頼んでシェアすればいろんな味を楽しめる。

▶Map P.163-D3

スピタルフィールズ 住6-8 Hanbury St., E1 6QR 電020.7247 0892 開毎日11:00～22:00（木～土 ～23:00） 休祝 料£18.95～ Card M.V. 予不要 交⊖Liverpool St.より徒歩約8分 URL poppiesfishandchips.co.uk

軽くモダンなテイスト
メイフェア・チッピー
The Mayfair Chippy

フィッシュ&チップスをはじめ、コッテージパイなど、おしゃれにアレンジした伝統的なイギリス料理を食べることができる気軽に入れるレストラン。

▶Map P.165-D2

メイフェア 住14 North Audley St., W1K 6WE 電020.7741 2233 開毎日10:30～22:30（日～21:45） 料£20～ Card A.M.V. 予望ましい 交⊖Bond St.より徒歩約5分 URL mayfairchippy.com

アットホームな
ノース・シー・フィッシュ
North Sea Fish

薄めの衣で、あまり油っこく感じない。魚も新鮮。自家製チップスのジャガイモは甘くてホクホク。魚はグリルにもできる。

▶Map P.161-C2

セント・パンクラス 住7-8 Leigh St., WC1H 9FW 電020.7387 5892 開月～土12:00～14:30、17:00～21:30（月17:00～） 休日、一部の祝、年末 料£16.95～ Card M.V. 交⊖Russell Sq.より徒歩約5分 URL www.northseafishrestaurant.co.uk

魚専門のレストラン
シーフレッシュ
Seafresh

その日に取れた新鮮な魚を使った庶民的な雰囲気の店。サケ、小エビ、ロブスター、舌ビラメのムニエルなどもあり、フィッシュ&チップスもおいしい。

▶Map P.172-B2

ピムリコ 住80-81 Wilton Rd., SW1V 1DL 電020.7828 0747 開11:30～22:30（日～22:00） 休祝 料£20～ Card M.V. 予望ましい 交⊖Victoriaより徒歩約5分 URL www.sfdining.co.uk

ソーセージ&マッシュは、バンガーズ&マッシュと呼ばれることもある。

ステーキ&エールパイ

パイ生地の中にエールビールで煮込んだビーフステーキを包み込んで焼いたもの。マスタードを付けて。チキンやサーモン、ホワイトソースのパイがある場合も。

ローストビーフ

イギリス料理の代表。牛肉のなかでも、最もおいしいといわれるサーロインの塊を太い糸で巻いてオーブンで焼いたもの。グレイヴィー(肉汁)ソースをかけて食べる。

フィッシュ&チップスにプラスして

食べておきたいイギリスの名物料理

代表的なイギリス料理も、やっぱりおさえておきたい。
肉料理が多いから、スタミナがつきそう。

ソーセージ&マッシュ

ゆでたジャガイモにバターやミルクを加えたマッシュポテトの上にソーセージをのせ、グレイヴィーソースをかけたもの。日本とはひと味違うソーセージにトライしてみよう。

コッテージパイ

ひき肉、タマネギ、ニンジンなどを混ぜ合わせ、それにマッシュポテトをのせて焼いたもの。ブラウンソースをかけて食べる。ラム肉の場合はシェパーズパイ、牛ひき肉だとコッテージパイということも。

イギリスらしいデザート Dessert

1 ベイクド・ライス・プディング 2 ベリーとクランブルを使ったデザート

Pick Up!

ビタミンたっぷりのベリーが詰まったプディングやホロサクな食感のクランブルを使った物も多い。ミルクと砂糖とお米でできたデザート、ベイクド・ライス・プディングはイギリス人でも好き嫌いが分かれるデザート。

これも食べておきたい

イギリスならではの朝ゴハン！

English Breakfast

かつては1日2食だったために生まれたボリュームたっぷりの朝ゴハン。

2 マフィンにホウレン草、ポーチドエッグをのせてオランデーズソースをかけたエッグス・フロレンティンエッグス。ホウレン草でなくハムをのせたエッグス・ベネディクト、スモークサーモンをのせたエッグス・ロイヤルなどバリエーション豊富

1 目玉焼き、ビーンズ、焼きトマトとマッシュルーム、ソーセージに薄切りのカリッと焼けたトーストがイングリッシュ・ブレックファストの定番。ポテトが付くのは少しアメリカン

気楽なカフェ

ブレックファスト・クラブ

The Breakfast Club

フルイングリッシュのメニューは、ポテトソテーも付いていて、少しアメリカンでボリュームたっぷり。朝食メニューのほか、パンケーキもおすすめ。飲み物には新鮮な果物のスムージーをどうぞ。

パンケーキなどもある

▶Map P.162-A1

イズリントン 住31 Camden Passage, N1 8EA TEL020.7226 5454 開8:00～15:00（土～17:00、日～16:00） 料イングリッシュ・ブレックファスト£13.50～ Card M.V. 交⊖Angelより徒歩約4分 URL thebreakfastclubcafes.com

イギリスらしい料理も味わえるレストラン

P.61のウィグモアなどのパブ、P.63のアダム&イヴやメイフェア・チッピーでもイギリス料理を食べられる。

老舗の味

ルールズ

Rules

1798年にオイスター・バーとして開店。メインは伝統的なイギリス料理が中心でパイ料理もある。ローストビーフは2人前～、ひとり£49.50。

▶Map P.167-C2

コヴェント・ガーデン 住35 Maiden Lane, WC2E 7LB TEL020.7836 5314 開火～日12:00～ラストオーダー22:00（金・土～ラストオーダー23:00） 休月、12/25・26、不定休あり 料平均£70～ Card A.M.V. 予必要 交⊖Covent Garden／Charing Crossより徒歩約5分 URL rules.co.uk

素材の味を引き出す

セント・ジョン

St. John

骨髄や内臓などまで使った肉料理が多い。定番イギリス料理というより、イギリスらしい食材や伝統的な調理法を使った濃厚な味わいが評判。

▶Map P.162-A3

バービカン 住26 St. John St., EC1M 4AY TEL020.7251 0848 開月～金12:00～15:00、月～土18:00～22:30 日12:00～16:00 休一部の祝、クリスマス前後～年始 料平均£50～ Card A.M.V. 予望ましい 交⊖Farringdon/Barbicanより徒歩約4分 URL stjohnrestaurant.com

テムズ河沿いにある

チョップ・ハウス

Butlers Wharf Chop House

吟味された新鮮な素材が、優れたシェフの手にかかれば、フィッシュ&チップスやパイだって豪華な一品になる。

▶Map P.169-D3

サザーク 住36e Shad Thames, SE1 2YE TEL020.7403 3403 開月～金12:00～15:00、17:30～21:00、土・日12:00～21:00（日～15:00） 休一部の祝 料平均£45～ セット£25と£30 Card M.V. 予望ましい 交⊖Tower Hill／London Bridgeより徒歩約10分 URL www.chophouse-restaurant.co.uk

劇場街のパブで

ラム&フラッグ

Lamb & Flag

劇場街にあり、観劇前にグラスを傾ける人でにぎわう。2階に食事席があり、パイやフィッシュ&チップスを食べられる。

▶Map P.167-C2

コヴェント・ガーデン 住33 Rose St., WC2E 9EB TEL020.7497 9504 開毎日12:00～23:00（土 11:00～、日～22:30） 食事 12:00～22:00（日～19:00） 休一部の祝 料£35～ Card A.M.V. 予望ましい 交⊖Covent Gardenより徒歩約3分 URL www.lambandflagcoventgarden.co.uk

インド料理のナンとタンドーリは北インド名物。南インド料理はライスや魚が多い。

1 1 小籠包もいろいろな種類がある 2 豆腐の揚げ春巻き

2 1 ひき肉とエビの甘辛春雨炒め
2 豚肉のパイ皮包み
3 ジューシーなカニ入り小籠包

どちらもおいしい！

中華料理も

どちらもロンドンへ移住してきた人たちが
中華料理なら中華街に行くのもいい。
インド料理は高級なところから
「インド料理ってこんなにおいしかった？」

3 少しずついろいろな味を楽しめる
飲茶と焼きそば、野菜炒め

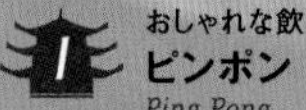

1 おしゃれな飲茶なら ピンポン

Ping Pong

シンプルでシックな内装の店でいただく、気軽に飲茶を楽しむことができる店。Dim Sum（飲茶）のランチボックスやセットメニューもある。

▶Map P.167-D3

サウスバンク 住Festival Terrace, Southbank Centre, Belvedere Rd., SE1 8XX TEL020.7960 4160 開毎日12:00〜22:00（水〜22:30、木〜23:00、金・土〜23:30） 料飲茶1品£2.15〜22.95 平均£30〜 予不要 Card A.M.V.
交⊖Waterlooより徒歩約4分
URL www.pingpongdimsum.com

2 ひと味違う台湾風 レオン・レジェンド

Leong's Legend

カキのオムレツや豚肉の煮込み、肉まんなどが人気の台湾料理店。小籠包や焼売などおなじみの飲茶メニューも、日本で食べる中華とまた違う味。

▶Map P.166-B2

ソーホー 住39 Gerrard St., W1D 5QD TEL020.7434 0899 開毎日12:00〜23:00（日〜22:00） 料1人約£30〜 Card A.M.V. 予週末の夕食は望ましい
交⊖Leicester Sq.より徒歩約2分
URL chinatown.co.uk/en/restaurant/leongs-legend

3 飲茶もおいしい サン・チュウ・ディム

San Chiu Dim

中華街の大通りGerrard St.の南にあるLisle St.にもおいしい中華の店が並ぶ。夕食にも飲茶を楽しめる。デザートにはカスタードクリームが入った饅頭、黄金流沙包Egg Yolk Custard Bunsをどうぞ。

▶Map P.166-B2

ソーホー 住17 Lisle St., WC2H 7BE TEL020.7437 1719 開毎日12:00〜23:00（木〜土〜23:15） 料1人約£25 Card M.V. 予不可
交⊖Leicester Sq.より徒歩約2分
URL www.sanchiudim.com

3 | 1 パリパリのパパダムとチャツネ 2 レギュラータリ。品数が多いタリの場合も

インド料理も

もたらしてくれた、おいしい文化。
ランチタイムには飲茶が人気。
気軽に入れるところまでさまざまで、
と感嘆する味のよさ。

1 | 1 ダール豆のカレー 2 いろいろ楽しめる小皿料理

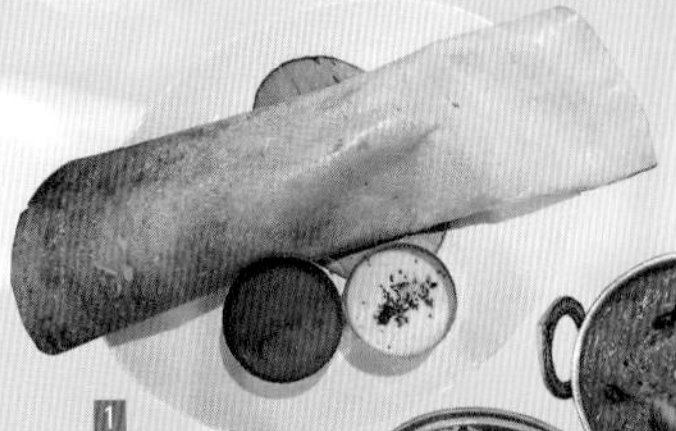

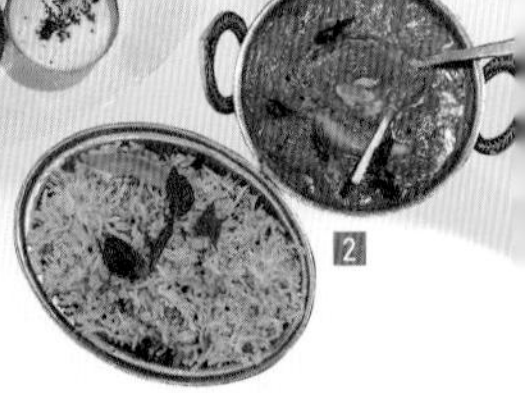

2 | 1 コロッケの中身のようなものが入った米粉のパンケーキ、マサラ・ドーサ 2 魚のカレーとトマトライス

少しレトロでおしゃれな
ディシューム
Dishoom

ボンベイ(今のムンバイ)にあったというレトロチックなカフェ仕様。本格的なインド料理をいろいろ試せる小皿料理とチャイやカクテルで人気。

▶Map P.167-C2

コヴェント・ガーデン 住12 Upper St. Martin's Lane, WC2H 9FB TEL020.7420 9320 開月～金 8:00～23:00(金～24:00) 土・日 9:00～24:00 (日～23:00) 料朝食£5～、小皿料理£3.90～、ディナー£30～ Card A.M.V. 予不要 交⊖Leicester Sq.／Covent Gardenより徒歩約3分 URL www.dishoom.com

南インドの料理が多い
チェティナード
Chettinad

珍しい料理で知られる南インドの小さな村「チェティナード」が店名の由来。その名に違わず、大きなドーサなど、伝統的な南インド料理が味わえる。

▶Map P.166-B1

ブルームズベリー 住16 Percy St., W1T 1DT TEL020.3556 1229 開月～木12:00～15:00、17:00～22:30(木～23:00)、金～日12:00～23:00 (日～22:00) 休一部の祝 料平均£25～ Card A.M.V. 予不要 交⊖Goodge St.／Tottenham Court Rd.より徒歩約5分 URL www.chettinadrestaurant.com

インドの定食も食べられる
マサラ・ゾーン
Masala Zone

4軒の店をもつチェーン店のひとつ。インドの定食といわれるタリのほか、本格的なインド料理もあり、料金は比較的リーズナブル。辛さも好みを言えば、調整してくれる。

▶Map P.167-C2

コヴェント・ガーデン 住48 Floral St., WC2E 9DA TEL020.7379 0101 開毎日 12:30～22:00(木～22:30、金・土～23:00) 料タリ£20.50～ 平均£35～ Card A.J.M.V. 予望ましい 交⊖Covent Gardenより徒歩約2分 URL www.masalazone.com

ショーディッチのブリック・レーン周辺にはバングラデシュ料理のレストランも多い。

韓国料理

さまざまなナムルと目玉焼きがのったビビンバ

本格的な石焼き
ビビンバ
Bibimbap

カジュアルな店なので、気軽に利用できる。牛肉が入ったビビンバのほか、豆腐やキムチのビビンバなども。チャプチェやヌードルメニューもおいしそう。

▶Map P.166-B1

ソーホー 住11 Greek St., W1D 4DJ TEL020.7287 3434 開月～土 12:00～15:00、17:00～22:00(土～22:30) 日12:00～21:30 料ビビンバ£13.50～、ディナー£17～ CardA.M.V. 予不可 交⊖Tottenham Court Rd.より徒歩約5分 URLbibimbapsoho.co.uk

レバノン料理

1 ミントティー 2 7、8種類の前菜(メッツェ)盛り合わせ

食べやすい味
コンプター・レバニーズ
Comptoir Libanais

レバノンの家庭料理をベースにしたタジンなどのヘルシー料理。カジュアルな食堂といった雰囲気で、予約なしで気軽に入れるのもうれしい。テイクアウエイもある。

▶Map P.165-D1

マリルボン 住65 Wigmore St., W1U 1JT TEL020.7935 1110 開11:00～22:00(金～土～23:00、日～20:00) 料平均£20～ CardM.V. 予不要 交⊖Bond St.より徒歩約3分 URLwww.comptoirlibanais.com

多国籍都市ロンドンだから

いろいろな国の料理がおいしい!

さまざまな人種が暮らす町ロンドン。だからレストランも多種多様。その日の気分に合わせて料理を選んでみたい。

イタリア料理

フレッシュトリュフとパルメジャーノのタリオリーニ

比較的お手頃
リナ・ストアズ
Lina Stores

広々とした店内にはレストランのほか、デリカテッセン、地下にはバーもある。朝食も取れるし、パニーニやサラダ、パイ、スイーツなどの持ち帰り総菜を買うこともできて便利。

▶Map P.165-D1

マリルボン 住13-15 Marylebone Lane, W1U 2NE TEL020.3148 7503 開8:00～23:30(土・日9:00～24:00) デリカテッセン8:00～21:30 休一部の祝 料パスタ£8～、メイン£19～ CardA.M.V. 現金不可 予不要 交⊖Bond St.より徒歩約3分 URLwww.linastores.co.uk

ベトナム料理

1 生春巻きはわりとボリュームがある
2 エビ入りのフォー。野菜もたっぷり

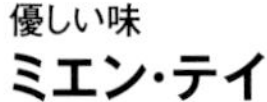

優しい味
ミエン・テイ
Mien Tay

Kingsland Rd.沿いにはベトナム料理店が数軒あるが、ここは老舗。定番のフォーや生春巻きのほか、野菜を包んだベトナム風オムレツなど、メニューも豊富。

▶Map P.163-C1・2

ホクストン 住106-108 Kingsland Rd., E2 8DP TEL020.7739 3841 開12:00～ラストオーダー22:30(金・土～23:00) 休無休 料£10～25 CardM.V. 予望ましい 交⊖Hoxton(地上線)より徒歩約3分 URLmientay.co.uk

スコッチエッグにサラダを付けて

いい感じに焼けてるよ

インドのストリートフード、サモサやドーサのベジタリアン

イタリアンのブルスケッタの屋台には手作りピザも

フードマーケットが楽しい!

イタリアン、エスニック、グルメバーガーなど、野菜たっぷりなものがあるのもうれしい。だいたいランチタイムの11:00〜15:00くらいが盛況。P.88〜90のマーケットの多くにも食べ物屋台が出ている。

イギリスらしいポークパイやソーセージロールも

ファイン・フードマーケットにはフレッシュな生ガキの屋台が出ることも

チキンとサラダにタコスが入ったメキシカン

おいしくなあれ!

フードマーケット4選

サウスバンク・センター・フードマーケット

Southbank Centre Food Market

▶Map P.167-D3

サウスバンク　住Belvedere Rd., SE1 8XX 開金〜日 交⊖Waterlooより徒歩約5分 URL www.southbankcentre.co.uk/visit/cafes-restaurants-bars/scfood-market

ファイン・フードマーケット

Fine Food Market

▶Map P.171-D2

チェルシー　住Duke of York Sq., SW3 4LY 開土曜のみ 交⊖Sloane Sq.より徒歩約3分 URL www.dukeofyorksquare.com/food-and-dining/categories/fine-food-market

バーウィック・ストリート・マーケット

Berwick Street Market

▶Map P.166-B2

ソーホー　住6 Berwick St., W1F 8SG 開月〜土 交⊖Piccadilly Circusより徒歩約5分 URL www.thisissoho.co.uk/food-drink/berwick-street-market/

モルトビー・ストリート・マーケット

Maltby Street Market

▶Map P.157-D3

バラ　住Ropewalk, SE1 3PA 開土・日 交⊖Bermondseyより徒歩約13分 URL maltbystmarket.squarespace.com

/ Column 02 / Tea Break /

紅茶に関する
エトセトラ

知ると楽しい イギリスの紅茶文化のお話

1 イギリスの喫茶は「緑茶」から始まった!?

イギリス人とお茶の出合いは、17世紀半ば。お茶は東洋から伝わる「神秘薬」としてオランダ、ポルトガル経由でイギリスに持ち込まれました。人々はお茶を飲めば病気にならないと信じて、お茶を口にしました。その後、英国王チャールズ2世のもとに、ポルトガルよりキャサリン・オブ・ブラガンザがお嫁入りし、宮廷内で茶会を催すようになったことにより、薬としてのお茶は贅沢な嗜好品に変わります。東洋テイストに設えられた部屋でお茶を楽しむことは、「シノワズリー（東洋趣味）」と称賛され、富の象徴となりました。ちなみに当時イギリスに輸入されていたのは紅茶ではなく「緑茶」や「烏龍茶」でした。

18世紀の絵画。すべて当時の貴重品です

2 受け皿でお茶を飲んでいたって本当？

イギリス人はお茶や茶器を中国から輸入していました。中国のカップには持ち手がありません。熱い飲み物を飲む習慣をもち合わせていなかったイギリス人にとって、持ち手のない湯飲みに注がれたお茶を飲むことはとても困難でした。そのため、いつしか「お茶を受け皿に移して冷ましてから飲む」という習慣が広まります。この奇妙なエチケットはオランダから伝わったとされていますが、カップに持ち手が付く18世紀後半まで続きました。

小説『嵐が丘』にも受け皿でお茶を飲む場面が登場します

3 軟質磁器「ボーンチャイナ」は牛の骨でできている!?

中国から運ばれてくる器はカオリンという白い鉱石を原材料とした「磁器（チャイナ）」でした。当時の西洋には、磁器を作る技術がなかったため、各国は磁器窯の開設を競い合います。結果、ドイツにはマイセン窯、フランスにはセーブル窯など、多くの磁器窯が開設されました。しかし、イギリスでは原材料のカオリンが採掘できず、磁器作りが不成功に終わります。イギリス人はカオリンを使わず磁器が作れないものかと、日夜研究をします。そしてとうとう1799年、現在のストーク・オン・トレントに拠点をおく「スポード窯」が、牛の骨灰を50％以上使用した軟質磁器の製品化に成功す

イギリス最古のお茶会社は1706年に創業したトワイニング。本店ではテイスティングもできる。

るのです。この素地は、原材料の牛の骨灰（ボーン）に由来し、「ボーンチャイナ」と名づけられました。これをきっかけに、イギリスでも美しい茶器が製造できるようになり、カップには持ち手が付くようになりました。

19世紀後半に作られたティーカップ

4 アフタヌーンティーの流行

1840年頃、イギリス貴族ベッドフォード公爵夫人アンナ・マリアが、自身のカントリーハウス「ウーバン・アビー」で夕方にお茶と小菓子を客人に振る舞う午後のお茶会「アフタヌーンティー」を流行させます。おいしいお茶を飲みながら、たわいのないおしゃべりをするアフタヌーンティーは、厳しいしきたりに縛られていた当時の貴婦人たちにとって、心が癒やされる時間となりました。ホテルのアフタヌーンティーでは、フードが3段のケーキスタンドで提供されることが多いのですが、初期の頃のアフタヌーンティーはビュッフェ、または平置きスタイルでした。そのため今でも家庭のなかではそのような形で楽しまれることが通常です。

貴婦人たちは白いティードレスを着ています

5 ヴィクトリア朝のベストセラー『ビートンの家政本』

19世紀半ばになると、お茶の栽培地域はイギリスの植民地となったインドやスリランカに広がります。熱帯地方でも生育する新しいお茶の品種「アッサム種」がインドのアッサム地方で発見されたことがきっかけでした。製茶の機械化も進み、もみ込みが強くできるようになったため、お茶は発酵度を高め、現在の「紅茶」に近い製茶方法が確立していきます。低価格化も進み、喫茶の習慣は中産階級、労働者階級層にまで裾野を広げます。なかでも、中産階級の婦人たちは、上流の生活に憧れ、自宅でアフタヌーンティーを楽しむようになります。そんな中産階級の婦人向けに1861年、出版されたのが『ビートンの家政本』です。この本には「紅茶の淹れ方」や「必要な茶道具の一覧」を含む、料理の基礎知識、もてなしの仕方、使用人の扱い方など、たくさんの情報が掲載されました。欧米で200万部もの売り上げを誇った『ビートンの家政本』。ヴィクトリア・アンド・アルバート博物館（→P.23）には、家政本で紹介された食卓を再現したコーナーもありますので、ぜひ探してみてください。

朝食用におすすめの食器一覧

/ Column 02 / Tea Break /

6 口ひげ紳士の必需品 ムスタッシュカップ

ヴィクトリア朝、立派な口ひげをはやすことは、紳士の証とされました。しかしこの口ひげは、紅茶を飲む際には厄介な存在でした。なぜならば、ミルクティーが口ひげにつくと、ミルクが乾いたときに自慢のひげがごわごわになってしまうからです。そこで考案されたのが、口ひげ受けが付いた「ムスタッシュカップ」。男性用のカップですが、当時は女性と一緒にお茶を楽しむことも多かったため、茶器のデザインは女性好みに作られました。

口ひげ受けがわかりますか?

7 ミルクが先、紅茶が先!? 淹れ方で階級が見える!?

お茶は初期の頃、高額な舶来品としてイギリスに紹介されたため、上流階級の人々は、まずお茶を器に注ぎ、色や香りを楽しみ、その後飲みやすいように砂糖やミルクを後入れする習慣を身に付けました。しかし19世紀に入ると、「カップにいきなり熱い紅茶を注ぐと、カップが割れてしまう心配がある」「ミルクを先に入れると茶渋がカップに付きにくい」「ミルクのあとにたっぷりの紅茶を注ぐことでスプーンがなくても両者が自然に混ざる」などの理由で、ミルクを先入れする労働者階級が台頭してきます。

貴婦人気分でミルクを後入れしてみても?!

イギリスの映画やドラマのなかでも、階級によるミルクの注ぎ方は明確に描き分けられています。ドラマ『ダウントン・アビー』の伯爵家の面々は、もちろんミルクは後入れ、使用人たちは先入れです。アガサ・クリスティのミステリーでも労働者階級の刑事はミルクを先入れしているんですよ。

8 紅茶で未来を占おう

イギリスのどの階級でも日常的に紅茶を楽しむようになった19世紀後半。カップに残った茶殻の形で運勢を占う「紅茶占い」が流行します。当時は茶こしを使う習慣がなかったため、ポットから紅茶を注ぐと最後のほうには、茶殻の一部がカップの中に入ってしまいましたが、紅茶占いは一般的にこのように行われていました。占いたいことを願いながら紅茶をいただきます。ひと口分の紅茶をカップに残し、カップを左回りに3回転させ、カップをソーサーの上に裏返しに置き、底を軽く叩いて残った茶液を捨てます。しばらくして、カップを表に戻し……カップの内側に張り付いた茶殻の形で占いをするのです。鳥は幸運、帽子は成功、蛇は不幸、蜘蛛は予期せぬ遺産など、モチーフの意味をまとめた本も出版されました。紅茶占いを専門とするロマの占い師も登場し、お金を払って鑑定をしてもらう人もいたそうですよ。映画『ハリー・ポッターとアズカバンの囚人』でもハリーが魔法学校の授業で紅茶占いをするシーンが登場します。紅茶を占いにしてしまうなんて、まさにイギリス人らしいと思いませんか？

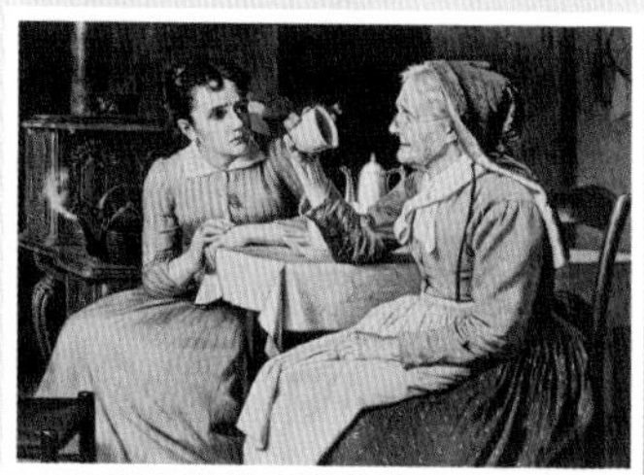

占いの結果はどうだったのでしょう?

文・写真　ChaTea紅茶教室代表　立川碧

LONDON SHOPPING

British Brands, Gentlemen's Goods, General Goods, Department Store, Supermarket, Drugstore.

Coolなロンドンをお持ち帰り

伝統を守り続ける一方で新しいものも生み出す。
そのバランスが最高にいいのがメイド・イン・UK。
王室御用達からプチプライスのグッズまで
センスのいい品物が勢揃い。

ポール・スミスがあるフローラル・ストリート周辺は、たくさんのショップが並ぶショッピングエリア。

クールなイギリスブランド

ロンドンならでは!

トラディショナル、ベーシック、シンプルななかに、
不思議といつまでも古くならない、イギリスらしさがある。

1、3 バーバリーチェックのマフラーにはイニシャルを入れられる 2 ブランドの代名詞トレンチコート 4 おみやげにもよさそうな財布などの小物類もある

コートといえばココ!

バーバリー *Burberry*

定番のコートやチェックのマフラーのほか、新作のワンピースやバッグなども並んでいる。イギリス製の小物を扱うギフトコーナーでおみやげを買うのもいい。

▶Map P.166-A2

リージェント・ストリート 住121 Regent St., W1B 4HT TEL020.7806 8904 開月〜土10:00〜20:00 日12:00〜18:00 休12/25 CardA.D.J.M.V. 交⊖Piccadilly Circusより徒歩約5分 URLuk.burberry.com

ブリティッシュファッション
British Fashion
ベーシックだけどどこか新しい

トラディショナルでもクール!

ポール・スミス *Paul Smith*

ここはポール・スミスがロンドンで初めてショップを開いた場所。トラディショナルなようで、ちょっと粋なデザインはポール・スミスならでは。小物の品揃えも充実。

▶Map P.167-C2

コヴェント・ガーデン 住40-44 Floral St., WC2E 9TB TEL020.7379 7133 開10:30〜18:30(日〜18:00) 休一部の祝 CardA.D.J.M.V. 交⊖Covent Gardenより徒歩約2分 URLwww.paulsmith.com

1 シルクの柔らかなワンピース 2 鮮やかなブルーが印象的なバッグ 3 店内にはポール・スミス自ら集めたという絵画も飾られている 4 財布などの小物も扱う

Column

\ Check! /

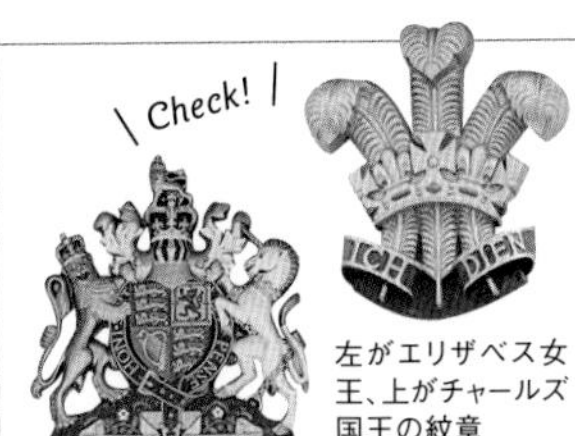

左がエリザベス女王、上がチャールズ国王の紋章

王室御用達とは?

現在、王室御用達The Royal Warrantを認定しているのは、左の紋章を頂く2王族だけ。ふたつを同時に持つのが最高とされる。ロイヤルワラント委員会の厳密な審査に通ればお墨つきとなる。5年ごとに更新の審査があり、資格が取り消されることもある。

王室御用達
The Royal Warrant

老舗の伝統を感じさせてくれる店も多い

イニシャルを入れますよ

1　シンプルなバッグや小物も扱っている 2 この道40年以上のベテラン 3 名前入り便箋のデザインカタログ。紙や書体を選ぶことができる 4 ポケットサイズのダイアリー

文具好きの永遠の憧れ

スマイソン *Smythson*

19世紀にスマイソンによって創設された、高級文具と革製品の老舗。2王族すべての認定を受けている。便箋から手帳などの革製品まで、金箔の名前入れを頼める。

Map P.166-A2

メイフェア　住131-132 New Bond St., W1S 2TB TEL020.3535 8009 開10:00～18:00(日12:00～) 休一部の祝 Card A.D.J.M.V. 交⊖Bond St.／Oxford Circusより徒歩約6分 URL www.smythson.com

創業当時から変わらない「ウィンザー」の品揃え

イギリスらしい老舗

DRハリス *DR Harris*

1790年にオリジナル香水を売る薬局として始まり、エリザベス女王とチャールズ国王から御用達認定を受けている。紳士用の身だしなみ用具のほか、コロンや石鹸、ハンドクリームもある。

Map P.166-A3

セント・ジェームズ　住29 St. James's St., SW1A 1HD TEL020.7930 3915 開月～金8:30～18:00、土9:30～17:00 休日・祝 Card A.D.M.V. 交⊖Green Parkより徒歩約3分 URL www.drharris.co.uk

ベストセラーのひとつブルー・レディ・ティー

コーヒーと紅茶の専門店

H.R.ヒギンス *H.R. Higgins*

高級住宅街メイフェアにあるエリザベス女王御用達認定の店。独自の焙煎によるコーヒーやイギリスらしいブレンドティーの人気が高い。ひと休みできるカフェもある。

Map P.165-D2

メイフェア　住79 Duke St., W1K 5AS TEL020.7629 3913 開月～金8:00～17:30、土10:00～18:00 休日、祝 Card A.M.V. 交⊖Bond St.より徒歩約3分 URL www.hrhiggins.co.uk

ウィッタードのコヴェント・ガーデン店の地下には試飲コーナーもある。

コスメ
Cosmetics

ナチュラル&オーガニックブランドで

1 カウンターの奥には乾燥ハーブや薬用スパイスが並ぶ 2 すぐ近くにあるセラピールーム 3 ハンドウォッシュ、ワイルドローズ配合のハンドクリーム 4 ラベンダーオイル

新製品のお試しもできる

ニールズ・ヤード・レメディーズ
Neal's Yard Remedies

天然素材だけで作られた品がずらりと並ぶ。ブランド名にも使われた場所にある本店では、ホメオパシー、薬用ハーブやオリジナルオイルの調合などもしてくれる。

▶Map P.167-C1

コヴェント・ガーデン 住15 Neal's Yard, WC2H 9DP TEL020.7379 7222 開月～土10:00～19:00 日11:00～18:00 休一部の祝 Card A.M.V. 交⊖Covent Gardenより徒歩約3分 URL www.nealsyardremedies.com

靴
Shoes

イギリスらしいブーツを手に入れよう

1 バラ模様のブーツやソックスもある 2 人気が高い定番のショートブーツ

ロック好きなら必須!

ドクター・マーチン・ストア
The Dr. Martens Store

ブリティッシュ・ロック好きなら1足は持っていたい定番のブーツなど、ドクター・マーチンの総ラインアップが並ぶ。昔ながらの方法でていねいに縫い上げられている。

▶Map P.167-C2

コヴェント・ガーデン
住17-19 Neal St., WC2H 9PU TEL020.7240 7555 開月～土10:00～19:00(金・土～20:00) 日11:00～18:00 休一部の祝 Card A.M.V. 交⊖Covent Gardenより徒歩約1分 URL www.drmartens.com/uk

紅茶
Tea

おみやげにもいいイギリスらしい絵柄

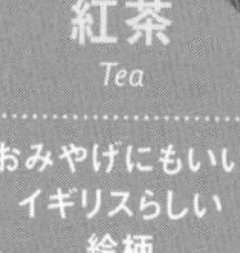

1 アリスの物語をモチーフにした小さな缶の紅茶 2 イングリッシュローズのティーバッグ

老舗の紅茶ブランド

ウィッタード *Whittard*

1886年創業の紅茶やコーヒーを扱う専門店。アリスや花柄模様など、イギリスらしい絵柄のパッケージも魅力。このコヴェント・ガーデンが旗艦店。

▶Map P.167-C2

コヴェント・ガーデン 住9 The Marketplace, WC2E 8RB TEL020.7836 7637 開10:00～20:00(日～水～19:00) 休一部の祝 Card A.M.V. 交⊖Covent Gardenより徒歩約3分 URL www.whittard.co.uk

ショッピングセンター
Shopping Center

ショッピングも食事も全部できちゃうから超便利!

5、6、7 アクセサライズには手頃な値段のポーチや財布、バッグのほか、シンプルなリングやネックレスなどもたくさん

1 大部分がオリジナル商品のスーパーマーケット、マークス&スペンサーもある 2 アクセサリーや小物類が手に入るアクセサライズ 3 別棟のデパートのジョン・ルイスも合体している 4 広々としたアクセサライズの店内にはセール品も

巨大なショッピングセンター

ウエストフィールド・ロンドン

Westfield London

ウエストフィールド自体はイギリス発ではないけれど、イギリスブランドのショップがたくさん入っている。食事ができるフードコートもあり、カフェやレストランも充実。

▶Map P.156-A2

シェパーズ・ブッシュ 住Ariel Way, W12 7GF TEL020.3371 2300 開月～土10:00～21:00 日12:00～18:00 店ごとに異なる場合もある 休一部の祝 Card店により異なる 交⊖Wood Lane／Shepherd's Bushより徒歩約3分 URLwww.westfield.com/united-kingdom/london

8 吹き抜けのフードコート 9 煮込んだ豆とライス
10 メキシコ料理、タコスのサラダ

Column

お得にゲット!

ロンドンのセール情報

日本同様、夏と冬に大規模なセールが行われる。夏のセールは6月25日前後から7月中旬まで。冬はクリスマス明けの12月26日が1年で最大のセール開始日。デパートは7～8時には開店し、早朝から行列ができる。ストリートマーケットもセールに。ただ、近年はクリスマス直前に値下げをスタートするショップもある。

1 オックスフォード・サーカスあたりは、すごい混雑 2 戦利品を抱えてウキウキ!

英国紳士御用達ショップへ

イギリスといえば紳士の国。
女性に負けず劣らず身だしなみに気を使う
英国紳士たちが愛用するショップを訪れてみよう。

これが私のオススメです

シャツ&ネクタイ

1 ベーシックから鮮やかな色まで多彩な品揃え 2 いろいろと相談に乗ってもらえる 3 シックな格子柄のシャツ

ノンアイロンタイプもある

チャールズ・ティリット

Charles Tyrwhitt

1986年創業の伝統ある紳士服専門店。昔からのスタイルにほどよく流行も取り入れていて、誰にでも合いそうなデザイン。価格も中堅どころで比較的買いやすい。

Map P.166-B2

セント・ジェームズ 住100 Jermyn St., SW1Y 6EE TEL020.7839 6060 開月〜土9:30〜19:30 日11:00 〜17:00 休一部の祝 CardA.M.V. 交⊖Piccadilly Circus／Green Parkより徒歩3〜8分 URLwww.charlestyrwhitt.com/uk

小物

紳士のたしなみ

ジオ・エフ・トランパー

GEO F. Trumper

男性用のシェービングジェルや香水など、紳士の身だしなみ用品を扱う老舗。サンダルウッドのコロンが人気。店内で散髪とシェービングをしてくれる。

Map P.166-B2

セント・ジェームズ 住1 Duke of York St., SW1Y 6JP TEL020.7734 6553 開月〜土9:00〜17:30(土〜17:00) 休日、一部の祝 CardA.M.V. 交⊖Piccadilly Circus／Green Parkより徒歩約5分 URLwww.trumpers.com

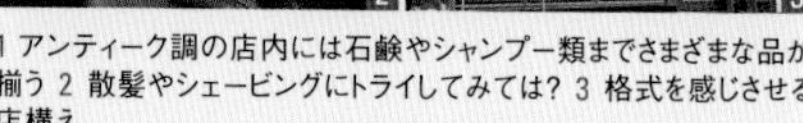

1 アンティーク調の店内には石鹸やシャンプー類までさまざまな品が揃う 2 散髪やシェービングにトライしてみては? 3 格式を感じさせる店構え

1 木彫りの杖は定番商品。柄を選ぶのも楽しみ 2 ここで買った物は修理の相談もできる 3 フルトンのバードケージの傘もある

ここでしか買えない品も

ジェームズ・スミス&サンズ

James Smith & Sons Ltd.

雨が多いイギリスらしい、傘と杖の老舗。1830年創業のジェームズ・スミスの品の多くは、現在もお店の地下にある工房で、職人の手によって日々作られている。

Map P.167-C1

ホルボーン 住53 New Oxford St., WC1A 1BL TEL020.7836 4731 開月〜土10:30〜17:30(土〜17:15) 休日・祝 CardA.M.V. 交⊖Tottenham Court Roadより徒歩約3分 URLwww.james-smith.co.uk

トラディショナルなアウトドア用品が揃う

ファーロウズ *Farlows*

釣り用品以外にも、シャツやジャケット、ブーツや帽子、カフリンクスなど、洋服から小物まで、イギリスらしい品が揃っている。ここでおみやげ探しもできそう。

Map P.166-B3

セント・ジェームズ 住9 Pall Mall, SW1Y 5NP TEL020.7484 1000 開月～土9:00～18:00（土10:00～） 休日、一部の祝 CardA.M.V. 交Piccadilly Circusより徒歩約5分 URLwww.farlows.co.uk

1 釣りをするイギリス人なら誰でも知っているというほど有名な店 2 イギリスらしい服や小物も並ぶ 3 老舗のスタッフは知識も完璧 4 古いリールや資料から歴史を感じる

スポーツ

観戦にも行ってみたい

アーモリー

The Armoury

言わずと知れたロンドンのビッグサッカークラブ「アーセナル」のスタジアムショップ。お気に入りの選手のゲームシャツをおみやげにするのもいい。

Map P.155-C1

ホロウェイ 住The Armoury, Emirates Stadium, Hornsey Rd., N7 7AJ TEL020.7704 4120 開月～土9:00～18:00 日10:00～16:00 試合日は時間変更もあり CardA.M.V. 交Arsenalより徒歩約3分 URLwww.arsenal.com

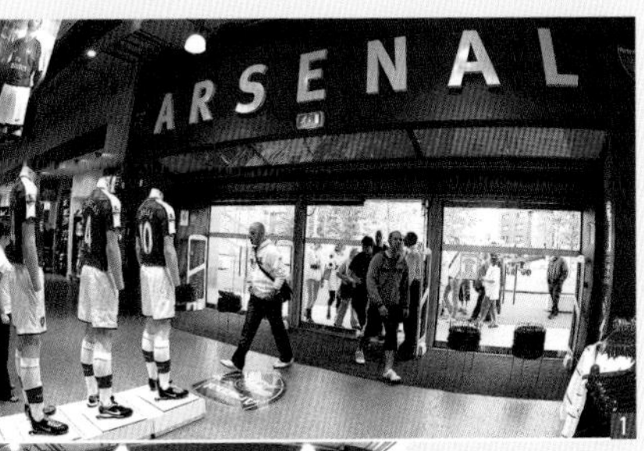

1 スタジアムで試合を観た記念に 2 シャツのデザインはシーズンごとに変わる

1 イングランド代表チームのホームスタジアムでもあるトゥイッケナム・スタジアム 2 シャツやソックスなどが並ぶ

ラグビーの聖地へ

ラグビー・ストア

The Rugby Store

イギリスではサッカーと並ぶ人気スポーツのラグビー。ラグビーの聖地として有名なトゥイッケナム・スタジアムには、ショップとともにラグビー博物館もある。

Map P.154-A3

トゥイッケナム 住Twickenham Stadium, Whitton Rd., TW2 7RE TEL0333.138 5064 開月～土9:30～17:30 日11:00～17:00 イベント時など変更もあり 休一部の祝 CardA.M.V. 交Waterloo駅から列車でTwickenham駅下車。徒歩約15分 URLwww.englandrugbystore.com

店によっては、雑貨や小物の品揃えがどんどん変わっていく。

1、2 ヴィクトリア・アンド・アルバート博物館のトートバッグとビスケット 3、4 地下鉄マークのマグと交通機関の椅子に使われている布地で作ったクッション。ロンドン交通博物館で

Check!

あれもこれも欲しくなる!

おみやげにもいい ロンドン雑貨

花柄、ロンドンバス、イギリス国旗などなど、
かわいかったり、おもしろかったり、少しクールだったり。
お気に入りのモノが見つかりそう。

ミュージアムのショップで

ヴィクトリア・アンド・アルバート博物館やロンドン交通博物館などのミュージアムショップは、イギリスっぽいグッズの宝庫。ミュージアムに入場せず、ショップだけ立ち寄ることもできる。

ヴィクトリア・アンド・アルバート博物館
Data P.23

ロンドン交通博物館
Data P.95

The London

1、4 赤いバスや電話ボックスなど、ロンドンらしいモチーフの缶紅茶 2 クールなイギリス国旗と電話ボックスのキーリング 3 地下鉄のアイコンと2階建てバスのマグネット

町なかのみやげもの屋で

大英博物館(→P.17)周辺やエロスの像があるピカデリー・サーカス周辺(→P.94)など、多くの観光客が集まるエリアには、「ザ・ロンドン」なグッズを集めたみやげもの屋が集まっている。

\ Lovely /

1 ホームウエアグッズが並ぶ 2 ほっこりあたたかな色合いのカップ 3 すてきなティータイムを演出できるカップ&ポット 4 かわいいキノコのマグや園芸用品も

ラブリー雑貨が揃う

サス&ベル

Sass & Belle

コヴェント・ガーデンのマーケット中庭に面した地下にある。キッチンウエア、ホームウエアのほか、ポーチといった雑貨も豊富。動物や植物の絵柄のマグやショッピングバッグもかわいい。

▶Map P.167-C2

コヴェント・ガーデン 住31 The Market, WC2E 8RE 電020.7497 0001 開10:00～18:00 休一部の祝 Card M.V. 交⊖Covent Gardenより徒歩約3分 URL www.sassandbelle.co.uk

\ Chic & Cute /

1 ジェリーキャットのウサギのぬいぐるみと魚のポーチ 2 ところ狭しと置かれた雑貨はどんどん入れ替わる 3 レトロなアラームクロック

ホームウエアがたくさん

アフター・ノア

After Noah

聖書に登場する「ノアの方舟」の「ノア」の「あと」の品物を揃えたというところから、この店名がつけられたとのこと。インテリア小物やおもちゃのほか、ビンテージ家具なども扱っている。

▶Map P.157-C1

イズリントン 住121-122 Upper St., N1 1QP 電020.7359 4281 開月～土10:00～18:00 日・祝11:00～17:00 休一部の祝、クリスマス～年末年始 Card A.M.V. 交⊖Angel／Highury & Islingtonより徒歩約10分 URL afternoah.com

\ from East /

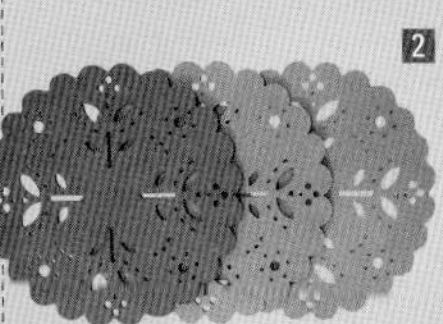

インテリア好きなら

SCPイースト

SCP East

ショーディッチの人気が高くなる前からあった、気軽に入れる店。地元デザイナーの個性的な作品やSCPオリジナルのインテリア用品と小物、家具が置かれている。

▶Map P.163-C2

ショーディッチ 住135-139 Curtain Rd., EC2A 3BX 電020.7739 1869 開火～土9:30～18:00 休日・月、一部の祝 Card A.M.V. 交⊖Old St.／Shoreditch High St.より徒歩約8分 URL www.scp.co.uk

1、2 お皿やマグカップ、コースターなどのホームウエアも並ぶ 3 家具やライトの品揃えが豊富 4 ドナ・ウィルソンのぬいぐるみ

ハロッズは総面積が広いので、オリジナルグッズが目当てならグランドフロアのフードホールと地下のギフトホールへ直行するのがおすすめ。

独自のカラーをもつ デパート徹底比較

少しグレードアップしたおみやげが欲しい。そんなときにはスーパーよりもリッチなイメージで品揃え豊富なデパートに出かけてみよう。

品格あるパッケージもいい
フォートナム&メイソン
Fortnum & Mason

王室御用達の高級食料品店として、300年以上も続いている老舗中の老舗。有名な紅茶はもちろんのこと、ビスケットやケーキなど、おみやげの定番がたくさん。

Map P.166-B2
セント・ジェームズ 住181 Piccadilly, W1A 1ER TEL020.7734 8040 開月〜土10:00〜20:00 日11:30〜18:00(12:00までは見るだけのブラウジングタイム) 休一部の祝 Card A.D.M.V. 交 Green Parkより徒歩約5分 URL www.fortnumandmason.com
ティールーム 詳細 P.48

1 人気ナンバーワンの紅茶ロイヤル・ブレンド 2 ドライフルーツがたっぷり入ったダンディーケーキ 3 数種類あるマーマレードジャム 4 ショートブレッドなど、各種ビスケットも並ぶ

いい商品取り揃えております

1 ロンドン塔の衛兵ビーフィーターの服装をしたクマのぬいぐるみ 2 ハロッズオリジナルのマグカップ 3 ショートブレッドのセレクト缶 4 ハロッズらしい優雅な缶の紅茶

老舗デパート
ハロッズ *Harrods*

山高帽をかぶりステッキを持った英国紳士や、手袋をした貴婦人が通ったという世界を代表するデパート。おいしそうな食品が並ぶフードホールやギフトホールもある。

Map P.156-B3、P.171-C・D1
ナイツブリッジ 住87-135 Brompton Rd., SW1X 7XL TEL020.7730 1234 開月〜土10:00〜21:00 日11:30〜18:00(12:00までは購入不可) 休一部の祝 Card A.M.V. 交 Knightsbridgeより徒歩約3分 URL www.harrods.com

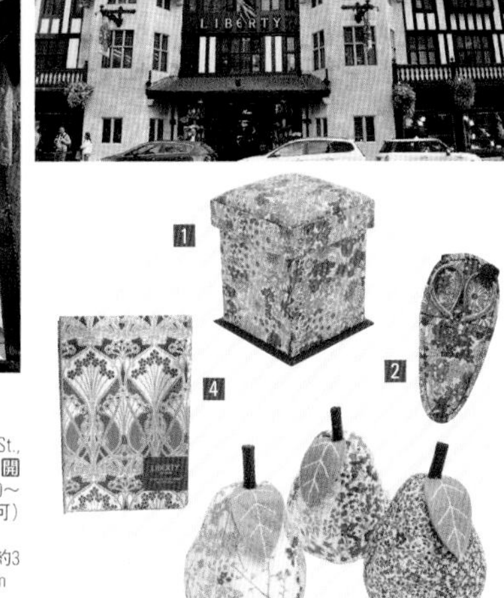

リバティプリントなら

リバティ *Liberty*

内部も落ち着きのある木造りのフロア。おしゃれな文具やセレクトされたチョコレートなどを集めた地上階のミニフードホールも便利。リバティプリントのある階では裁縫グッズも。

Map P.166-A1・2

ウエスト・エンド 住Regent St., W1B 5AH TEL020.3893 3062 開月～土10:00～20:00 日11:30～18:00（12:00までは購入不可） 休一部の祝 CardA.D.M.V. 交⊖Oxford Circusより徒歩約3分 URLwww.libertylondon.com

1、2、3 リバティプリントのソーイングボックス、ハサミ、針山 4 アールヌーヴォー柄のリバティオリジナルのノート

1 イギリスらしいパッケージのチョコレート 2 セルフリッジオリジナルのセレクトチョコレートとピンク・シャンパン・トリュフ

売り場面積はロンドン最大!

セルフリッジ
Selfridges

ハロッズよりは庶民的なムードと品揃えで広く愛されている。オリジナルブランド、ミス・セルフリッジスも人気。地下階のチョコレートなどのセレクトコーナーも買いやすい。

Map P.165-D1

ボンド・ストリート 住400 Oxford St., W1A 1AB TEL020.7160 6222 開月～土10:00～22:00（土～21:00） 日11:30～18:00（12:00までは購入不可） 休一部の祝 CardA.D.M.V. 交⊖Bond St.より徒歩約3分 URLwww.selfridges.com

1、2 おみやげにもいいティーバッグやチョコビスケット 3 ローズ&ピスタチオなどのナッツバター3種

クールに決めたいなら

ハーヴィー・ニコルズ
Harvey Nichols

ハロッズの近くだが、まったくタイプが違う。ここならではの若手デザイナーの商品も魅力。食品売り場のカラフルなパッケージの紅茶やビスケットもおいしい。

Map P.171-D1

ナイツブリッジ 住109-125 Knightsbridge, SW1X 7RJ TEL020.7235 5000 開月～土10:00～20:00 日11:30～18:00（12:00までは購入不可） 休一部の祝 CardA.M.V. 交⊖Knightsbridgeより徒歩約1分 URLwww.harveynichols.com

スーパーマーケットではBuy one get one free（1個買うと1個おまけ）といった安売りサインをチェックしよう。

Supermarket
スーパーマーケット活用術

中心部にもいくつかあるスーパーマーケットは、気軽に使えて、とにかく便利。ロンドンらしいおみやげも手に入るし、簡単に済ませたいときの食事にも使える。

イギリスの家庭で焼き菓子やデザートに使われるというゴールデンシロップ

ビスケットにマシュマロをのせてチョコをかけたお菓子ティーケーキ

トーストに塗るマーマイトというスプレッド。好き嫌いが分かれる味

ロンドン生まれの醸造所フラーズのビール

ジンジャーブレッドと呼ばれる人型をしたジンジャービスケットのミニ版

人気が高いウエイトローズの麻のショッピングバッグ

シェフも愛用するというイギリス南東部モルドンのシーソルト

老舗ブランド、コールマンのマスタード

ランチに夕食に

サンドイッチ

イギリス人の定番ランチ。日本のものよりも食べ応えがあるから1パックでもけっこうおなかいっぱい。いろいろな具材を試してみたい。

総菜

大きめのスーパーマーケットには、セルフサービスの総菜やサラダのコーナーがあることも。スコッチエッグや、イギリス産のチーズも買える。

飲み物

スムージーなどのフレッシュジュースの種類が豊富。イギリスならではのブランドビールやジンジャービールなども各種揃っている。

デザート

チョコレートからムース、ケーキ類まで、たくさんある。米を煮込んだ甘い味のプディングはイギリスでよく見かけるデザート。フルーツも豊富。

紅茶 Tea

1 マークス&スペンサーのイングリッシュ・ブレックファスト 2 チャールズ国王のブランド、ダッチーオーガニックの紅茶 3 日本の軟水でもおいしいといわれるアッサム

ジャム Jam

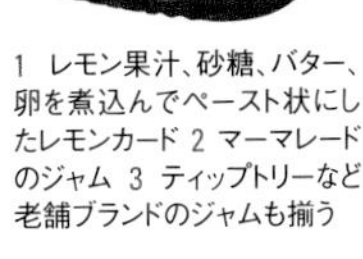

1 レモン果汁、砂糖、バター、卵を煮込んでペースト状にしたレモンカード 2 マーマレードのジャム 3 ティップトリーなど老舗ブランドのジャムも揃う

お菓子 Sweets

1 ミント味のキャンディ 2 おみやげによさそうなマークス&スペンサーのショートブレッド缶 3 キャラメルウエハース 4 シーソルト&バルサミコ酢のポテトチップス 5 ウエイトローズのスコーン 6 チョコと硬めのスポンジの間にオレンジジャムが入ったジャッファケーキ

王室御用達スーパーマーケット

ウエイトローズ
Waitrose

質のいいオーガニック食材やフェアトレード商品などを多く扱い、アッパー層に人気。デリやチーズ、ハムなどの品揃えも豊富。

Map P.159-D3

マリルボン 住98-101 Marylebone High St., W1U 4SD TEL020.7935 4787 開月～土8:00～22:00 日11:00～17:00 休一部の祝 Card A.M.V. 交⊖Bond St.より徒歩約10分 URL www.waitrose.com

シックなパッケージも人気

マークス&スペンサー
Marks & Spencer

M&Sと略して呼ばれることも多い。大部分がM&Sオリジナルの商品で、質が高いことでも知られる。この店舗は大型店で服や雑貨などもある。

Map P.165-D1

マリルボン 住458 Oxford St., W1C 1AP TEL020.7935 7954 開月～土9:00～21:00 日12:00～18:00 休一部の祝 Card A.M.V. 交⊖Marble Archより徒歩約4分 URL www.marksandspencer.com

生活必需品が揃う

セインズベリーズ
Sainsbury's

テスコとはライバル関係。バランスのいい品揃えで人気。ここは中心部にある中規模店で、Finchley Rd.店Map→P.156-A・B1は大型店舗。

Map P.166-B1

フィッツロヴィア 住15-17 Tottenham Court Rd., W1T 1BJ TEL0330.013 7001 開月～土6:00～23:59 日12:00～18:00 休一部の祝 Card A.M.V. 交⊖Tottenham Court Rdより徒歩約2分 URL www.sainsburys.co.uk

安さで勝負!

テスコ
Tesco

安さで勝負しているだけあって、セインズベリーズと価格競争をしていることも。ここはロンドンで一番広い店舗でデリや食材も充実している。

Map P.156-A3

ケンジントン 住West Cromwell Rd., W14 8PB TEL0345.677 9388 開月～土6:00～24:00 日11:00～17:00 休一部の祝 Card A.M.V. 交⊖Earl's CourtのExhibition Road出口より徒歩約10分 URL www.tesco.com

ドラッグストアにはミネラルウオーターもあるから、飲み物の調達にも使える。

ハンドクリーム
Hand Cream

プチプラみやげにもなる

1 ソープ&グローリーのハンドクリーム・A 2 フルーツの香りのハンドクリーム・A

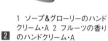

リップケア
Lip Care

乾燥する時期の必需品

1 ピンクグレープフルーツのリップバーム・A 2 フルーツフレーバーのリップグロス・B 3 カーメックスのチェリーリップバーム・B

Daily Cosmetics
プチプライスで満足
ドラッグストア

ブーツとスーパードラッグは
国内を代表するドラッグストア。
コスメやシャンプーなどの日用品から
ビタミンタブレットまで何でも揃うのがうれしい!

バスグッズ
Bathgoods

さまざまな香りも楽しみ

1 オレンジとストロベリーのシャワージェル・B 2 3種の香りのボディミスト・B 3 アサイーベリーのボディスクラブ・B 4 スーパードラッグオリジナルブランド、サンクチュアリのボディスクラブとボディウォッシュ・B

スキンケア
Skin Care

ナチュラルなものも多い

1、2 シミやしわにも効果があると好評なNo7の美容クリームとナイトクリーム・A 3 メイク用品も揃うブーツのオリジナルブランドNo7の棚・A

A どこにでもあって便利な ブーツ
Boots

イギリスで一番親しまれているドラッグストア。ロンドン市内のあちこちにあり、薬のほか生活雑貨も扱う。有名コスメブランドから自社ブランドまで幅広い品揃え。

Map P.165-D1

ボンド・ストリート 住361 Oxford St., W1C 2JG ほかにも多数の店舗あり 電020.7691 2697 開月～土8:30～22:00(土9:00～) 日12:00～18:00 Card A.M.V. 交⊖Bond St.より徒歩約1分 URL www.boots.com

メイクアップ
Make-up

お気に入りの
色を見つけて

1 楽しい絵柄のシャドウパレット・B 2、3 お値打ち価格がうれしいMUAやレボリューションのメイク用品が揃う・B 4 バタフライ柄のリップパレット・B 5 レボリューションのブラッシュパウダー・B

トラベル用
Travel

ミニセットは
おみやげにもいい

1 ソープ&グローリーのミニボディケアセット・A 2 テッドベイカーのハンドクリームやボディウォッシュ、ボディスプレーのミニセット・A 3 旅先でも使いたいポケットティッシュ・A 4 ピーチの香りの除菌ジェル・A 5 旅に便利な小さなサイズの日焼け止めなども並ぶ・A

B 安さも品揃えもグー! スーパードラッグ
Superdrug

若い女の子たちからの圧倒的人気を誇る。自社ブランドは、かなり低価格な設定になっており、コスメやフレグランス、スキンケアなど種類豊富。薬は販売していない。

Map P.165-D2

マリルボン 住508-520 Oxford St., W1C 1NB ほかにも店舗あり 電020.7629 1649
開月〜土8:00〜23:00 日12:00〜18:00
Card A.M.V. 交⊖Marble Archより徒歩約2分
URL www.superdrug.com

／Column 03／Market／

毎日が買い物日和

ロンドンのフリーマーケット8

マーケットは、いかにイギリス人が対面での会話を楽しみながら買い物をし、物を大切にしているかがわかる場所。人が集まる週末は華やかさが増し、食べ物屋台も出て、手軽な食事ができるのもうれしい。ここではストール（屋台）が集まる8つのフリーマーケットをご紹介。

フリーマーケットに出かけるときの心得

1 本気で掘り出し物のアンティークを狙うなら混雑前に。ポートベローの場合、ウェブサイトでは11:30前には到着することをすすめている。早めに片づけるストールもあるので、朝早めに行くのが楽しむコツ。

2 毎日やっているマーケットも一番にぎわうのは週末。にぎやかな雰囲気が楽しいが、スリには十分気をつけること。

3 カードが使えるところも多いが、現金の場合50ポンド札で支払うとおつりがもらえないこともあるので、20ポンド札を用意しておこう。

4 手作りのアート作品を作っているストールなどは、写真撮影を嫌がるところも。写真を撮るときは断ってから。

5 安い物のなかには、ニセモノや粗悪品もあるのでしっかり吟味を。

室内のアンティークマーケット

グレイズ・アンティーク・マーケット
Grays Antique Market

銀、ガラス製品、陶磁器など約200店が並ぶ。

▶Map P.165-D2、P.166-A2

ボンド・ストリート 住58 Davies St., W1K 5LP TEL020.7629 7034 開月～金10:00～18:00 交⊖Bond St.より徒歩約1分 URLwww.graysantiques.com

アルフィーズ
Alfies

1976年創業のアンティーク館。レトロ好きに人気。

▶Map P.158-B3

マリルボン 住13-25 Church St., NW8 8DT TEL020 7723 6066 開火～土10:00～18:00 交⊖Marylebone／Edgware Rd.より徒歩約8分 URLwww.alfiesantiques.com

Pick Up!

お花のマーケットで目の保養

コロンビア・ロード・フラワー・マーケット
Columbia Road Flower Market

コロンビア・ロードの一角は日曜になると花で埋め尽くされてとても華やか。通りにあるガーデニング関連の食器や家具、ビンテージの店も楽しい。

▶Map P.157-D1、P.163-D2

ベスナル・グリーン 住Columbia Rd., E2 7RG 開日8:00～15:00頃 ※店により異なる 交中心部から出るバス26番や55番でHackney Road／Hoxton下車後、徒歩約5分 ⊖地上線Hoxtonからは徒歩約10分 URLwww.columbiaroad.info

観葉植物、ハーブ、切り花と多彩な品揃え

月 火 水 木 金 土 日

観光名所のマーケット

ジュビリー・マーケット (コヴェント・ガーデン)

Jubilee Market

●売っている物

月曜アンティーク、火〜金曜洋服、日用品、おみやげ、土・日曜はアート&クラフト

●こんな人におすすめ

中心部での買い物ついでに寄りたい

雨の日でもマーケット散策がしたい

アンティーク好きには月曜の訪問がおすすめ

●内容

毎日さまざまな市が立ち、屋根があるので雨の日もOK。評判が高いのは月曜のアンティーク市で、ジュビリー・マーケットとともに隣のアップル・マーケットでも開催。曜日により雰囲気は変わり、みやげ物などの店が多い曜日もある。

Map P.167-C2

コヴェント・ガーデン 住1 Tavistock Court, The Piazza, WC2E 8BD TEL020.7379 4242 開月5:00〜17:00、火〜金10:30〜19:00、土・日10:00〜18:00 交⊖Covent Gardenより徒歩約3分 URLjubileemarket.co.uk

1 入口にはおみやげ物も
2 アップル・マーケットも毎日オープン

月 火 水 木 金 土 日

UKロックなマーケット

カムデン・マーケット

Camden Market

●売っている物

古着やTシャツ、ステージ衣装、アート&クラフト、ビンテージの洋服、家具、アンティーク

●こんな人におすすめ

UKロック好き

バンドをやっている人

ゴシックやオルタナ系の服が好きな人

●内容

全体で1000以上の店舗があり、週末はいつも若者で大混雑。カムデン・ハイ・ストリートには古着、パンクやゴシック系の服や靴がずらり。リージェンツ運河を越えた左がカムデン・ロック・マーケットで、フードコートも充実。さらに進むと馬の病院だったステイブルズ・マーケット。こちらはやや落ち着いた雰囲気で、アール・デコ調の雑貨なども並ぶ。

Map P.156-B1

カムデン・タウン 住Camden High St.〜Chalk Farm Rd., NW1 8AF TEL020.3763 9999 開10:00〜18:00 店により異なる 交⊖Camden Town/Chalk Farmより徒歩約4分 URLwww.camdenmarket.com

1 ペイントも派手 2 食も魅力のステイブルズ・マーケット

月 火 水 木 金 土 日

曜日で変わるおもしろさ

オールド・スピタルフィールズ・マーケット

Old Spitalfields Market

●売っている物

衣類、日用雑貨、家具、食料品など

木曜はアンティーク&ビンテージのマーケット。ストールだけでなく、建物内にショップやレストランもある

●こんな人におすすめ

おしゃれなオンリーワンの洋服や小物を探している人

新しいデザインの服が見たい人

●内容

17世紀からの歴史あるマーケットで建物は第2種指定建造物。若手デザイナーの店を中心に、こじゃれたストールが並びおしゃれ度は高め。アンティークからハンドメイドの洋服やバッグなどがあり、曜日によってストールは入れ替わる。

Map P.163-D3

スピタルフィールズ 住16 Horner Sq., E1 6EW TEL020.7375 2963 開10:00〜20:00(木8:00〜18:00、土〜18:00、日〜17:00) 交⊖Liverpool St./Aldgate Eastより徒歩約9分 URLwww.oldspitalfieldsmarket.com

1 周囲にショップもある
2 アンティークには掘り出し物が出ることも

月 火 水 木 金 休 日

庶民のマーケット

ペチコート・レーン・マーケット

Petticoat Lane Market

●売っている物

衣類、バッグや帽子、日用雑貨、アクセサリー、時計、香水など

日曜がメインでミドルセックス・ストリートも日曜のみ。月〜金曜はウェントワース・ストリートのストリートフード屋台のみ。

●こんな人におすすめ

コヴェント・ガーデンのお店が高いと思う人

庶民の暮らしを見たい人

●内容

17世紀にこのエリアに住み着いたユグノーのフランス人絹織物技術者がペチコート作りのスペシャリストだったことが名前の由来。衣料品や日用雑貨など生活用品が中心で、庶民の暮らしを知るのにいい場所。エスニック系の屋台も出る。

Map P.169-D1

スピタルフィールズ 住Middlesex St., E1 7FJ 開月〜金8:00〜16:00頃、日9:00〜15:00頃 交⊖Liverpool St./Aldgate/Aldgate Eastより徒歩約4分

庶民の暮らしがわかる

ブリック・レーン(→P.90)、オールド・スピタルフィールズ、ペチコート・レーンの3つのマーケットはそれぞれ近く、いずれも日曜開催のため、かけもちも可能。

野外のマーケットで意外に困るのがトイレ。公衆トイレや店などを利用することになるが、行きたいときに必ずあるわけではないので注意を。

／Column 03 ／ Market ／

休 火 水 木 金 土 日

おいしい食のマーケット
バラ・マーケット
Borough Market

●売っている物
オーガニック食品、クオリティフーズ、生鮮食品
●こんな人におすすめ
グルメやオーガニック食材に興味がある人
●内容
1276年からの歴史があるロンドン最古の青果市場。卸売市場から、農薬を使わない安心な地元食材を扱うグルメマーケットに生まれ変わった。今ではオーガニックにかぎらず、ヨーロッパの逸品が集まり、よい食材を求める人がやってくる。食材だけでなく、食べ物屋台もたくさん出ている。

Map P.168-B3
サザーク 住8 Southwark St., SE1 1TL TEL020.7407 1002 開火～金10:00～17:00、土9:00～17:00、日10:00～16:00 交⊖London Bridgeより徒歩約2分 URL www.boroughmarket.org.uk

1 テイクアウエイもできる
2 よい食材が集まる場所に

休 休 休 休 休 土 休

のみの市といえばやっぱりココ
ポートベロー・マーケット
Portobello Market

●売っている物
アンティーク、日用雑貨、衣類、食品など
●こんな人におすすめ
アンティークに興味のある人
ロンドンののみの市を体験したい人
●内容
アンティークだけで1000軒というロンドン最大のアンティークマーケット。ノッティング・ヒル・ゲイト駅側はアンティーク市、中ほどから食や日用品、ラドブローク・グローブ駅近くは古着やアクセサリー。アンティークは銀食器からガラクタまで幅広く、質のいい品物は建物内の店へ。

Map P.156-A2
ノッティング・ヒル 住Portobello Rd., W10 1LJ TEL020.7727 7684 開土8:30～16:00頃 交⊖Notting Hill Gate／Ladbroke Groveより徒歩5～10分 URL visitportobello.com

1 昼近くなると混んでくる
2 陶器のアンティーク

目の肥えたローカルに人気
ブロードウェイ・マーケット
Broadway Market

●売っている物
食材、生鮮食品、テイクアウエイの食事など
●こんな人におすすめ
グルメやクオリティフードに興味のある人
●内容
ブロードウェイの通りにクオリティフードのストールが並ぶ。土曜がメインで屋台も多い。150mほどにストールが135と小規模ながら、服や雑貨もあり、各店のクオリティの高さで目の肥えたローカルに人気。ランチを買って近くの公園ロンドン・フィールズで食べるのがローカル流。時間があれば南にあるリージェンツ運河の散策もできる。

Map P.155-C1
ロンドン・フィールズ
住Broadway Market, E8 4PH 開土 9:00～17:00（日10:00～16:00。日曜は小規模） 交地上線Cambridge Heath／London Fields駅から徒歩約6分 URL broadwaymarket.co.uk

1 1軒ごとがこだわりの店
2 手作りパンもおいしそう

庶民派マーケット
ブリック・レーン・マーケットとアップマーケット
Brick Lane Market & Upmarket

●売っている物
日用雑貨、衣類、食料品、古い電化製品など
●こんな人におすすめ
最近のトレンドが見たい人
●内容
日曜のみのブリック・レーン・マーケットはペット市として始まった庶民派マーケットで、日用雑貨、古着、食料品などが安い。醸造所跡地で行われる室内のアップマーケットは雑貨やクラフト品が並ぶ。ビンテージマーケットもある。多国籍なエリアでエスニックフードが充実。

Map P.157-D1・2、P.163-D2・3
ブリック・レーン・マーケット
ショーディッチ 住Brick Lane, E1 6QR 開日10:00～15:00頃 交Aldgate Eastより徒歩約10分

Map P.163-D3
アップマーケット
ショーディッチ 住The Old Truman Brewery, 83 Brick Lane, E1 6QR 開11:00～18:00頃（日10:00～） 店により異なる 交⊖地上線Shoreditch High St.より徒歩約7分

1 エスニックフードがいろいろ 2 洋服から家具まで見ていて飽きない

LONDON
AREA GUIDE

West End, Buckingham, Kensington, Hyde Park, Southwark, The City, Shoreditch, Notting Hill, Marylebone.

ロンドン エリアガイド

ロンドンはエリアによって表情ががらりと変わる。
王室関連や町の歴史を伝える名所はじめ、
アートやエンターテインメントにショッピングまで、
くまなく歩けば、きっと新しい発見が待っている。

クリスマスには巨大なモミの木が立てられ、キャロルを歌う合唱隊も、ここから出発する。

1 ロンドンの中心！ トラファルガー広場

Trafalgar Square

ロンドンのヘソともいうべき広場。トラファルガーの海戦での勝利を記念して建てられた円柱と上部のネルソン提督の像が目印。イベントが開催されることもあり、多くの人が集う一大名所。広場の北にあるナショナル・ギャラリーとナショナル・ポートレート・ギャラリーは、どちらも見逃せない美術館。

▶Map P.157-C2、P.166•167-B•C2 交⊖Charing Crossより徒歩約3分

ナショナル・ギャラリー ▶詳細 P.20
ナショナル・ポートレート・ギャラリー ▶詳細 P.21

1 円柱の台座の四方を囲むライオン像 2 全体の高さは51.5mだから、円柱の下から見上げても肉眼ではほとんど顔が見えない 3 ロンドンの中心を表すプレートもある

AREA NAVI

どんなところ？

多くの人が行き交う活気あふれるエリア。食事、買い物から観劇までできるから、何度も訪れてしまいそう。

散策のヒント

エリアは歩いて回るにはかなり広い。どんなものを買いたいのかなど、目的を絞って移動するといい。

交通メモ

たくさんの地下鉄駅があるし、バスも多くの路線が経由している。

▶詳細Map P.165-167

AREA GUIDE 01

ウエスト・エンド

West End

すべての楽しみがある!

ロンドンいちの繁華街 ウエスト・エンドへ

ショッピングストリートに、劇場、レストラン、ギャラリー。
ロンドンの中心には、たくさんの人やモノが集まっている。

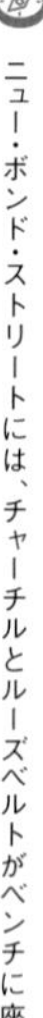

ニュー・ボンド・ストリートには、チャーチルとルーズベルトがベンチに座る彫像もある。

2 シンボル的存在 エロスの像

Eros

ピカデリー・サーカスの円形広場に建つ噴水と像で、正式名はシャフツベリー・メモリアル・ファウンテン。多くの慈善事業をして敬愛された、第7代シャフツベリー伯を記念して建てられたもの。広大なウエスト・エンドの交通の要所でもあり、像の周りは、いつも観光客で大にぎわい。

▶Map P.166-B2 交⊖Piccadilly Circusより徒歩約1分

3 クールな空間 現代写真ギャラリー

The Photographers' Gallery

細い路地に建つ小さめのビルだが、いくつかのフロアに分かれており展示の質は抜群。ブックショップもある。

▶Map P.166-A1

住16-18 Ramillies St., W1F 7LW 電020.7087 9300 開月～土10:00～18:00(木・金～20:00) 日11:00～18:00 休展示準備期間など不定休あり 料£8 オンライン事前予約£4～6.50 金曜17:00から無料 交⊖Oxford Circusより徒歩約3分 URL tpg.org.uk

4 さまざまなレストランがある キングリー・コート

Kingly Court

3階建ての建物の中庭を中心にフードコートになっている。インターナショナルなレストラン、バー、カフェが集まっている居心地のよい空間。

▶Map P.166-A2

住Kingly St., Carnaby, W1B 5PW 開6:00～23:00 休料Card予店により異なる 交⊖Piccadilly Circus / Oxford Circusより徒歩約5分 URL www.carnaby.co.uk/kingly-court-info

West End

ウエスト・エンド

\Check!/

劇場街

シャフツベリー・アベニューとその周囲にたくさんの劇場が集まっている。せっかくだからミュージカルでもいかが？

ミュージカル ▶P.44

\Check!/

ヘンデル＆ヘンドリックス博物館

かつてヘンデルが暮らした家を当時のように再現したもの。ジミ・ヘンドリックスが住んだ部屋もある。

Column

中華街

香港系移民から始まったロンドンの中華街は、ヨーロッパでも一番といわれる規模。今では広東、四川、台湾など、さまざまな地方の中華料理店が集まっている。

肖像画がたくさん

ナショナル・ポートレート・ギャラリー ▶P.21

高級住宅街 メイフェア

れんが造りの落ち着いた町並みが続くこのエリアは、高級ホテルも多く、超高級ブランド店が並ぶ通りもある。

\Check!/

ターナーなど、イギリスを代表する画家が所属した王立芸術院。特別展のほか、毎年開かれるモダンアートのサマー・エキシビションも人気が高い。

見応えたっぷり！

ナショナル・ギャラリー ▶P.20

\Check!/

ランチタイム・コンサートも

歩き疲れたら、セント・マーティン・イン・ザ・フィールズ教会の地下にあるカフェで休憩しては？

5 何でもあり! コヴェント・ガーデン
Covent Garden

1 建物の内外で、いろいろなパフォーマンスが行われている
2 屋内型のアップル・マーケット

おみやげによさそうな紅茶の店など、ショッピングモールのようにショップやレストランがたくさん集まっている。屋台が出ていたり、大道芸人の芸に群がる人たちで、いつもにぎやか。

▶Map P.157-C2、P.167-C2
交⊖Covent Gardenより徒歩約3分
URL www.coventgarden.london

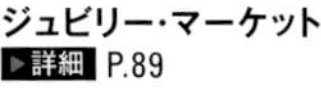

ジュビリー・マーケット
▶詳細 P.89

\Check! /
ニールズ・ヤード
細い小道を入った所にある小さな憩いの空間。ニールズ・ヤード・レメディーズ（→P.76）は、ここの店から始まった。

\Check! /
セブン・ダイヤルズ
7つの通りが交差する場所で、この周辺には個性的なショップも多い

6 乗り物好きに ロンドン交通博物館
London Transport Museum

花市場の跡地を利用した博物館で、馬車からバス、地下鉄まで、ロンドンの交通のすべてがわかる。カフェもあり、ショップにはロンドンらしいグッズも揃っている。

▶Map P.167-C2
住Covent Garden Piazza, WC2E 7BB TEL0343.222 5000 開毎日10:00～18:00 最終入場は17:00 休12/24～26 料£24（オフピーク£22。1年間有効）ショップは入場料金なしで利用可能 交⊖Covent Gardenより徒歩約3分 URL www.ltmuseum.co.uk

1 2階建て馬車など歴史を感じさせる展示も 2 バスや地下鉄のモチーフを使ったグッズがたくさんある

7 雑貨好きなら マグマ
Magma

アート&デザイン系の書籍などもある雑貨屋だけあって、デザインがいいものや遊び心がある小物が並んでいる。

▶Map P.167-C1
住29 Short's Gardens, WC2H 9AP TEL020.7240 7970 開11:00～18:00 休一部の祝 Card A.M.V. 交⊖Covent Gardenより徒歩約3分
URL magma-shop.com

8 占星術ショップの老舗 アストロロジー・ショップ
The Astrology Shop

癒やし系から占いグッズまでギフトも充実。有名占星術師の占いなど、さまざまなタイプの星占いをプリントしてくれる。

▶Map P.167-C1
住78 Neal St., WC2H 9PA TEL020.7813 3051 開11:00～19:00 休祝、不定休あり Card A.M.V. 交⊖Covent Gardenより徒歩約4分 URL www.londonastrology.com

9 コーヒー党ならぜひ モンマス・コーヒー
Monmouth Coffee Company

本格的なコーヒー専門店。限られたスペースながら、店内または屋外でコーヒーを飲むことができる。コーヒー豆を試飲して買うことも可能。

▶Map P.167-C1
住27 Monmouth St, WC2H 9EU TEL020.7232 3010 開8:00～19:00 休日、一部の祝 Card M.V.現金不可 予不要 交⊖Covent Gardenより徒歩約5分
URL www.monmouthcoffee.co.uk

10 にぎやかなフードコート セブン・ダイヤルズ・マーケット
Seven Dials Market

セルフサービススタイルの屋内フードコート。吹き抜けのスペースにいくつもの屋台が入っている。エスニックが多く、回転寿司のようにチーズが回るチーズバーもある。

▶Map P.167-C1
住2 Earlham St., WC2H 9LX 開11:00～23:00（月・火～22:00）日11:00～21:00 休一部の祝 料Card店により異なる 交⊖Covent Gardenより徒歩約3分 URL www.sevendialsmarket.com

Street & Shop West End

ウエスト・エンドのストリート&ショップ案内

オックスフォード・ストリートはバスの主要ルートでもある。

サウス・モルトン・ストリート
South Molton St.
ボンド・ストリート駅からニュー・ボンド・ストリートに抜ける通りで、グレイズ・アンティーク・センターやモダンなブティックが並ぶ歩行者道。

売り場面積 ロンドン最大のデパート
セルフリッジ ▶P.83

マークス&スペンサー ▶P.85
スーパードラッグ ▶P.87
① ★プライマーク
② ★リース
③ ★ジョン・スメドレー
④ ★ポストカード・ティーズ
⑤ ★ジョン・ルイス
ブーツ ▶P.86
メイフェア・チッピー ▶P.63
H.R.ヒギンス ▶P.75
スマイソン ▶P.
Marble Arch / Bond Street / Oxford St. / オックスフォード・ストリート / Orchard St. / North Audley St. / Duke St. / Barrett St. / Weighhouse St. / Davies St. / South Molton St. / Brook St. / Grosvenor St. / New Bond St. / ニュー・ボンド・ストリート / Bruton St. / Marga...

オックスフォード・ストリート
Oxford St.
ショップが両サイドに並ぶ、全長2.5kmにわたる長いショッピングストリート。高級店が並ぶボンド・ストリートに比べてカジュアルな店が多い。

ボンド・ストリート
Bond St.
Old Bond St.、New Bond St.と名を変える。一流ブランド店がずらりと並び、オークションで名高いサザビーズのほか、王室御用達の老舗も多い。

1 お値うち品なら プライマーク
Primark

大型ファストファッションの店だから、とてもお値うち。休みの日には、買い物客でごったがえす人気店。シンプルなものが多く、インテリア小物も揃っている。服や小物などを買い足したいときにも便利。

▶Map P.165-D2
住499-517 Oxford St., W1K 7DA 電020.7495 0420 開月～土8:00～22:00 日11:30～18:00（購入は12:00～）休一部の祝 CardM.V. 交⊖Marble Archより徒歩約2分 URLwww.primark.com

2 ベッカム夫人もお気に入り リース
Reiss

キャサリン妃が公式の婚約写真で着ていたのが、クラシックなラインの「ナネット・ドレス」。問い合わせが殺到して急きょ再販したのだとか。シンプルなイメージのものが多く、アクセサリーや小物探しも楽しい。

▶Map P.165-D1
住10 Barrett St., W1U 1BA 電020.7486 6557 開月～土10:00～20:00 日11:30～18:00 休一部の祝 CardA.M.V. 交⊖Bond St.より徒歩約2分 URLwww.reiss.com

3 上品なニットが揃う ジョン・スメドレー
John Smedley

ベーシックで着心地がいいニットウエアを、1784年から作り続けている老舗。さまざまな色で展開されるタートルネックやシンプルなカーディガンには、イギリスの職人技が生きている。

▶Map P.166-A2
住24 Brook St., W1K 5DG 電020.7495 2222 開月～土10:00～18:00 日12:00～17:00 休一部の祝 CardA.M.V. 交⊖Bond St.より徒歩約3分 URLwww.johnsmedley.com

4 珍しい茶葉もある ポストカード・ティーズ
Postcard Teas

オーナーは、世界各地の茶葉の輸入まで手がけるほどのお茶好きで、各国のお茶が揃う。お茶を入れた小箱を投函できる「ポストカード・ティー」もある。

▶Map P.166-A1
住9 Dering St., W1S 1AG 電020.7629 3654 開月～土12:00～18:30 休日・祝 CardA.M.V. 交⊖Bond St.より徒歩約5分 URLwww.postcardteas.com

リージェント・ストリート
Regent St.

壮大なカーブを描く美しい通りは、バッキンガム宮殿を改築したジョン・ナッシュの設計。通り沿いには、おもちゃのデパートのハムレーズのほか、バーバリーなど高級ブランド店も並ぶ。

リバティプリントで有名なデパート
リバティ ▶P.83

カーナビー・ストリート
Carnaby St.

歩行者天国の短い通りで、キングリー・コートというレストランが集まるフードコートもある。1本東に入った通りなど周辺の小道を探すと個性的な店も見つかるだろう。▶P.12

元アップル・ビル ▶P.14

このビルの屋上で、前触れなくビートルズが演奏を行った「ルーフトップ・コンサート」で有名。この演奏が、ビートルズ最後のライブとなった。

バーバリー ▶P.74

エロスの像 ▶P.94

チャールズ・ティリット ▶P.78

ジオ・エフ・トランパー ▶P.78

紅茶と食料品の老舗
フォートナム&メイソン ▶P.48、82

ジャーミン・ストリート
Jermyn St.

かつて貴族たちが背広やシャツなどをあつらえた、小さいながらも本物のよさを残す店が並ぶ。王室御用達の店も目につく。

サヴィル・ロウ
Savile Row

高級テーラーが軒を連ねる細い道。格式が高く、一見さんお断りの店もある。「サヴィル・ロウ」は、日本語の「背広」の語源といわれる。

5 安心感がある百貨店 ジョン・ルイス
John Lewis

160年の歴史を誇る。中流イギリス人に愛される、質のよいベーシック品が揃う。オリジナルのJLブランドもおすすめ。地下にある傘下のスーパー、ウエイトローズ（→P.85）でおみやげを買うのもいい。

▶Map P.166-A1
住 300 Oxford St., W1C 1DX TEL 020.7629 7711 開 月～土10:00～20:00（木～21:00）日11:30～18:00（購入は12:00～）休 一部の祝 Card A.M.V. 交 ⊖Oxford Circus / Bond St.より徒歩約3分 URL www.johnlewis.com

6 時代を超えて愛される マッキントッシュ

Mackintosh

19世紀からの伝統的な製法で作られるゴム引きコートで知られる。アウターが中心で、伝統的なデザインながらトレンドを取り入れたモダンなトレンチコートなどが人気。メンズもレディスもある。

▶Map P.166-A2
住 19 Conduit St., W1S 2BH TEL 020.7493 4667 開 月～土 10:00～18:00（木～19:00）日 11:00～17:00 休 一部の祝、不定休あり Card A.M.V. 交 ⊖Oxford Circusより徒歩約6分 URL www.mackintosh.com

7 品格漂う老舗の香り フローリス
Floris

1730年から宮廷の出入り業者となり、19世紀の国王ジョージ4世により御用達に認定された。今も同じ場所に店があり、昔ながらの外観。自然のエッセンスだけで調合された品格ある香りはさすがは老舗。

▶Map P.166-B2
住 89 Jermyn St., SW1Y 6JH TEL 0330.134 0180 開 月～土9:30～18:30（木～19:00）日11:00～17:30 休 一部の祝 Card A.D.M.V. 交 ⊖Piccadilly Circus / Green Parkより徒歩5～7分 URL www.florislondon.com

Column

4つのアーケード

ピカデリー通りを挟んで、4つのアーケードがあり、アクセサリー、時計、革製品、宝飾品の店などが並び、ウインドーショッピングだけでも楽しい。ロイヤル・アーケードには王室御用達のチョコレートの店シャボネル・エ・ウォーカーも。

▶Map P.166-A・B2
交 ⊖Piccadilly Circus / Green Parkより徒歩5～10分

衛兵交替が終わったら、セント・ジェームズ・パークでのんびり過ごすのもいい。

AREA GUIDE 02

バッキンガム宮殿周辺

Buckingham

ロンドンといえばココ!

ロイヤルな見どころが集まる バッキンガム宮殿周辺を散策

国王の宮殿のほか、ビッグ・ベンで有名な国会議事堂、世界遺産のウェストミンスター寺院など、ここに来なくてロンドンに来たとはいえない、超王道エリア。

AREA NAVI

どんなところ?

王室関連の見どころが固まっており、国会議事堂など政治の中枢機能が集まる官庁街でもある。

散策のヒント

公園をうまく利用してリラックスして歩きたい。テムズ河沿いに出て、眺望を楽しむのもおすすめ。

交通メモ

バッキンガム宮殿へは、⊖グリーン・パークから公園を抜けていくのもいい。

▶詳細Map P.166-167
P.172-173

3 馬にまたがる姿がりりしい!
ホース・ガーズ

Horse Guards

近衛騎兵の司令部があるホース・ガーズ前の広場、ホース・ガーズ・パレードでも、騎兵隊の交替式を見ることができる。バッキンガム宮殿のものより、人垣も少なく柵もないので、比較的自由に見られる。ホース・ガーズ内の騎兵に関するミュージアムに立ち寄るのもいい。写真は騎兵がザ・マルを通るところ。

▶Map P.167-C3

住Whitehall, SW1A 2ET 開騎兵交替 月～土11:00～ 日10:00～　変更もあるのでウェブサイトなどで要確認　休王族のイベント、天候などにより休みになることもある 交⊖Charing Cross／Westminster／Embankmentより徒歩約5分 URL www.householddivision.org.uk/king-life-guard

Buckingham
バッキンガム宮殿周辺

▶▶所要 5時間
おすすめコース

- 10:30 バッキンガム宮殿衛兵交替見学
- 12:30 セント・ジェームズ・カフェでランチ
- 13:30 ホース・ガーズ
- 13:45 バンケティング・ハウス
- 15:00 ウェストミンスター大聖堂

\ Check! /
ICAギャラリー
最新のアートが楽しめる小さなギャラリー。現代アートに興味があるなら立ち寄ってみたい。

王族ゆかりの教会
ウェストミンスター寺院
▶P.34、42

\ Check! /
南岸からがベスト撮影スポット!
国会議事堂&ビッグ・ベン
▶P.33、43

Column
首相官邸はココ!
ダウニング10
官邸に続く道のホワイトホール沿いには警備の警官もいて、ちょっとした観光名所のようになっている。

1 やっぱり見てみたい! バッキンガム宮殿の衛兵交替
The Changing of the Guard

毛皮の帽子をかぶった衛兵や、金ピカ兜で馬にまたがる騎兵隊。まるでファンタジーの世界に迷い込んだような衛兵交替の見学は、ベストポジションで臨みたい。ただしスリには要注意。

▶詳細 P.29

2 ナチュラルな雰囲気の セント・ジェームズ・カフェ
St James's Café

地元ロンドンの住人にも人気のカフェ。セント・ジェームズ・パーク湖が見渡せる、明るく風通しがいいテラス席もある。イングリッシュ・ブレックファストの朝食やランチ、フィッシュ&チップスなども楽しめる。

▶Map P.166-B3
住St. James's Park, SW1A 2BJ
TEL020.7839 1149 開8:00～18:00（秋・冬は～16:00）休一部の祝
Card A.M.V. 交⊖Charing Crossより徒歩約8分 URL www.benugo.com

4 宴会や儀式に使用される バンケティング・ハウス
Banqueting House

1698年の火事で焼け残ったホワイトホール宮殿の一部。ルーベンスの大天井画が見もの。現在は月1回程度のガイドツアーでのみ見学可能。▶P.42

今も王室の晩餐会やイベントなどに利用されている

5 内部装飾が見事な ウェストミンスター大聖堂
Westminster Cathedral

英国カトリック教会の総本山。一部の壁と天井を覆うモザイク画がすばらしい。鐘楼に上ることもできる。

▶P.43

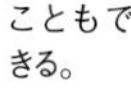

祈りに訪れる人も多い厳かな空間

交通の便がよく、落ち着いたエリアなので、高級ホテルも多い。

3 超有名なハロッズもある ナイツブリッジ

Knightsbridge

地下鉄ナイツブリッジ駅を出ると、優雅な建物のハロッズとクールなセレクトのハーヴィー・ニコルズ、このふたつのデパートがある。ブロンプトン・ロード沿いもブランドショップが並ぶハイソなショッピングエリア。

▶Map P.171-C・D1
ハロッズ ▶詳細 P.82
ハーヴィー・ニコルズ ▶詳細 P.83

AREA GUIDE 03

ケンジントン周辺

Kensington

ハイソな雰囲気のエリア

カルチャーとショッピングどちらも楽しめる

落ち着いた雰囲気の町並みが魅力的。3つの大きな博物館が集まる博物館街とショッピングエリアが隣り合わせに。

1 ロンドンが誇る文化的エリア サウス・ケンジントン

South Kensington

自然史博物館とヴィクトリア・アンド・アルバート博物館、科学博物館の3館が集まっていて、どれも充実した展示の大型博物館。サウス・ケンジントン駅から地下通路で行くことができる。

▶Map P.170-B1～3
自然史博物館 ▶詳細 P.23
ヴィクトリア・アンド・アルバート博物館 ▶詳細 P.23

\Check!/

科学博物館

Science Museum

産業革命当時の蒸気機関や宇宙に関する展示のほか、ゲーム感覚で体験や参加ができるコーナーもあり、なかなか楽しめる。

▶Map P.156-B3、P.170-B1

住 Exhibition Rd., SW7 2DD
TEL 0330.058 0058 開 毎日 10:00～18:00 最終入場17:15 休 一部の祝 料 無料 IMAXシネマ、シミュレーターなどは有料 交 ⊖South Kensingtonより徒歩約5分
URL www.sciencemuseum.org.uk

AREA NAVI

どんなところ?

ハイド・パークのすぐ南、れんが造りのチェルシー風の建物が多く、テムズ河に近い南部は高級住宅街。

散策のヒント

博物館は大規模なので、全部観るには相当な時間がかかる。行きたいところを絞り込んでおこう。

交通メモ

博物館なら⊖サウス・ケンジントン、ショッピングなら⊖ナイツブリッジか⊖スローン・スクエアが最寄り駅。

▶詳細Map P.170-171

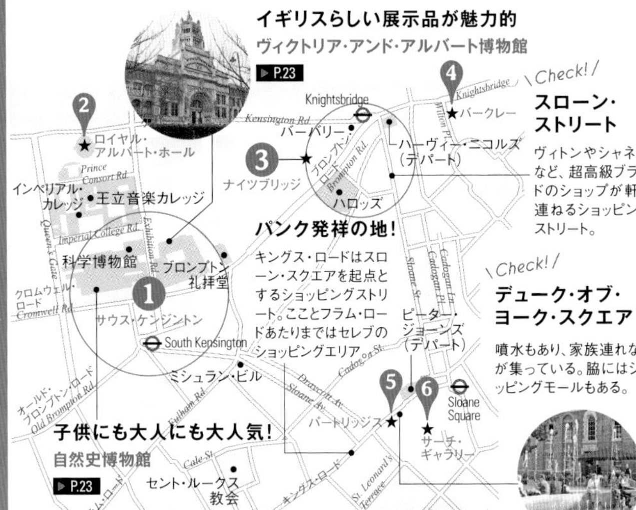

イギリスらしい展示品が魅力的

ヴィクトリア・アンド・アルバート博物館

▶P.23

\ Check! /

スローン・ストリート

ヴィトンやシャネルなど、超高級ブランドのショップが軒を連ねるショッピングストリート。

パンク発祥の地!

キングス・ロードはスローン・スクエアを起点とするショッピングストリート。こことフラム・ロードあたりまではセレブのショッピングエリア。

\ Check! /

デューク・オブ・ヨーク・スクエア

噴水もあり、家族連れなどが集っている。脇にはショッピングモールもある。

子供にも大人にも大人気!

自然史博物館

▶P.23

\ Check! /

チェルシー・フラワー・ショー

園芸好きには見逃せない花の祭典。毎年5月にロイヤル・ホスピタル・チェルシーの敷地で開催される。

Kensington

ケンジントン周辺

Column

文化人が好んだチェルシー

オスカー・ワイルド、マーク・トウェイン、A.A.ミルン、ターナーなど、多くの作家や画家が、かつてチェルシーに居を構えた。テムズ河に近い、この地域を歩けば、れんが造りの家並みや落ち着いた雰囲気のある裏通りなど、ほかのエリアとは違った魅力に触れることができる。

2 一度はここで聴いてみたい ロイヤル・アルバート・ホール

Royal Albert Hall

美しいテラコッタで飾られた赤れんが造りの円形劇場。偉大な音楽家も演奏した音楽の殿堂といえる場所。

▶Map P.156-B3、P.170-B1

住Kensington Gore, SW7 2AP 電020.7589 8212(ボックス・オフィス) 料演目による 交⊖South Kensingtonより徒歩約15分 URL www.royalalberthall.com

ロイヤル・アルバート・ホールは、構造上、最上階ではかなり音が聴きにくいので、できるだけ下のほうの席を取るのがおすすめ。

4 優雅なお茶の時間を バークレー

The Berkeley

高級ホテル、バークレーのティールームでは、服やバッグなどをモチーフにしたスイーツを楽しめるプレタポルテ・アフタヌーンティーもある。

▶Map P.171-D1

住Wilton Pl., SW1X 7RL 電020.7235 6000 開アフタヌーンティー12:00～17:30 休無休 料アフタヌーンティー£85～ Card A.D.J.M.V. 予望ましい 服スマートカジュアル 交⊖Knightsbridgeより徒歩約5分 URL www.the-berkeley.co.uk プレタポルテ・アフタヌーンティーは2024年後半まで休止予定。詳細は要確認。

5 高級感がある品揃え パートリッジス

Partridges

王室御用達の高級食料品店。古きよきイギリスを感じさせる、伝統的なパッケージも魅力的。老舗らしい麻のエコバッグもいい。

▶Map P.171-D2

住2-5 Duke of York Sq., SW3 4LY 電020.7730 0651 開8:00～22:00 クリスマス前～年始は変更もあり 休一部の祝 Card A.M.V. 交⊖Sloane Sq.より徒歩約3分 URL www.partridges.co.uk

6 若手作家の作品に触れる サーチ・ギャラリー

Saatchi Gallery

現代アートのパトロン的存在だったチャールズ・サーチ氏が開館したギャラリー。国内外の若手アーティストの作品を紹介する企画展も開催している。

▶Map P.171-D3

住Duke of York's HQ, King's Rd., SW3 4RY 電020.7811 3070 開10:00～18:00 最終入場17:20 休一部の祝、企画展がないときは閉館 料無料(企画展により有料) 交⊖Sloane Sq.より徒歩約3分 URL www.saatchigallery.com

春から秋にかけてサーペンタイン湖でボートに乗ることもできる。

AREA GUIDE 04

ハイド・パーク周辺

Hyde Park

広大な憩いの場

思いおもいに過ごすことができるふたつの公園で休息を

ロンドン中心部にありながら、花々にあふれ、リスや鳥たちがたわむれ、馬が闊歩する。中心街の喧騒に疲れたら立ち寄ってみよう。

1 ゆったり過ごせそう ハイド・パークとケンジントン・ガーデンズ

Hyde Park & Kensington Gardens

もともとウェストミンスター修道院の領地だったというハイド・パークは、1851年には万国博覧会が開かれ、近いところでは2012年のロンドン五輪のトライアスロン会場にもなった。ケンジントン宮殿も建つケンジントン・ガーデンズにはダイアナ妃のメモリアル・ガーデンもある。

ハイド・パーク ▶Map P.156-B2、P.165-C・D2・3
ケンジントン・ガーデンズ ▶Map P.156-A・B2、P.164-A・B3、P.170-B1

ハイド・パーク
URL www.royalparks.org.uk/parks/hyde-park
ケンジントン・ガーデンズ
URL www.royalparks.org.uk/parks/kensington-gardens

1 乗馬の練習をする姿も見かける 2 子供連れで散歩に来る人も多い

AREA NAVI

どんなところ？

東に繁華街のウエスト・エンド、南にハロッズがあるナイツブリッジや博物館街という便利な立地。

散策のヒント

とにかく広い。全部を歩き尽くそうと思わず、カフェや小さなギャラリーで休みながら気ままに歩きたい。

交通メモ

公園の周囲に地下鉄入口があるので便利。セントラルラインは北側、ピカデリーラインなら南側に駅がある。

▶詳細Map P.164-165 P.170-171

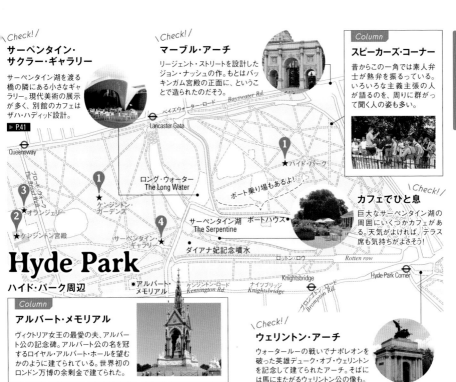

Hyde Park
ハイド・パーク周辺

\Check!/
サーペンタイン・サクラー・ギャラリー
サーペンタイン湖を渡る橋の隣にある小さなギャラリー。現代美術の展示が多く、別館のカフェはザハ・ハディッド設計。

▶P.41

\Check!/
マーブル・アーチ
リージェント・ストリートを設計したジョン・ナッシュの作。もとはバッキンガム宮殿の正面に、ということで造られたのだそう。

Column
スピーカーズ・コーナー
昔からこの一角では素人弁士が熱弁を振るっている。いろいろな主義主張の人が語るのを、周りに群がって聞く人の姿も多い。

\Check!/
カフェでひと息
巨大なサーペンタイン湖の周囲にいくつかカフェがある。天気がよければ、テラス席も気持ちがよさそう!

Column
アルバート・メモリアル
ヴィクトリア女王の最愛の夫、アルバート公の記念碑。アルバート公の名を冠するロイヤル・アルバート・ホールを望むかのように建てられている。世界初のロンドン万博の余剰金で建てられた。

\Check!/
ウェリントン・アーチ

ウォータールーの戦いでナポレオンを破った英雄デューク・オブ・ウェリントンを記念して建てられたアーチ。そばには馬にまたがるウェリントン公の像も。

2 王族の暮らしぶりがわかる ケンジントン宮殿
Kensington Palace

ウィリアム皇太子とキャサリン妃のほか、王室メンバーの居所がある。ここで少女時代を過ごしたヴィクトリア女王に関する展示のほか、王室のドレスコレクションやすばらしい絵画が揃うキングズ・ギャラリーが見どころ。

豪華なドレスコレクションは必見

▶Map P.156-A2、P.164-A3

住Kensington Gardens, W8 4PX 電0333.320 6000 開10:00～18:00（11～2月～16:00） 最終入場は閉館1時間前 休月・火、一部の祝、不定休あり 料£24～ 交⊖Queenswayより徒歩約5分 URL www.hrp.org.uk/kensingtonpalace

3 宮殿に隣接する オランジェリ
The Orangery

かつての温室を利用したティールーム。優雅なお茶やランチを楽しむことができる。屋内スペースのほか、サンクン・ガーデンを眺めることができる屋外のテラスもある。

▶Map P.164-A3

住Kensington Gardens, W8 4PX 電020.3206 7780 開10:00～18:00 不定期営業の日もある。冬期など要確認 休イベントがあるときなど不定休あり、一部の祝 Card M.V. 交⊖Queenswayより徒歩約5分 URL orangerykensingtonpalace.co.uk

4 ちょっとした休憩にも サーペンタイン・ギャラリー
Serpentine Gallery

現代美術を扱う小さなギャラリー。周囲の雰囲気とはまったく違う刺激的なアート空間が広がっていることもあり、なかなかおもしろい。夏～秋には屋外イベントもある。

▶Map P.164-B3

住Kensington Gardens, W2 3XA 電020.7402 6075 開火～日10:00～18:00エキシビション開催時のみ 休月 料無料 交⊖Lancaster Gateより徒歩約10分 URL www.serpentinegalleries.org

テムズ河南岸沿いには、河岸から張り出すように造られた展望場所もある。

1 上からも見てみたい ロンドン・アイ

London Eye

テムズ河沿いにある観覧車からは、対岸の国会議事堂をしっかり上から眺めることができる。テムズ河に沿って広がるロンドンの町並みを360度、ゆっくりと眺めよう。

▶詳細 P.56

AREA GUIDE 05

サザーク

Southwark

テムズ河の風を感じたい

河畔の遊歩道を歩いて ロンドンの 歴史と今を感じる

国会議事堂のあるウェストミンスター橋からタワー・ブリッジまで続く河沿いの道を散策してみたい。

Column

夜景を観に行こう!

ロンドンで夜景がきれいな場所といえば、やはりテムズ河沿い。昼間とは違い、ライトアップされた建物が川面に映り込んで、なんともロマンティック!

1 南岸からライトアップされた国会議事堂を望む
2 ミレニアム・ブリッジを渡るとセント・ポール大聖堂が目の前に

AREA NAVI

▶詳細Map P.167-169、P.173

どんなところ?

コンサートホールや美術館、劇場がある文化エリアでもある。レストランも多く、休憩にも困ることはない。

散策のヒント

ミレニアム・ブリッジを渡って、セント・ポール大聖堂があるシティ方面に抜けてもいい。

交通メモ

ロンドン・アイへは ⊖ ウェストミンスターから出て、ウェストミンスター橋を渡っていくのもおすすめ。

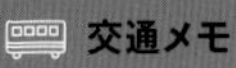

2 シェイクスピアが生きた時代を感じる シェイクスピア・グローブ劇場

Shakespeare's Globe

イギリスが誇る劇作家シェイクスピアの舞台を、昔ながらの木造茅葺き屋根の劇場で観てみたい。ガイドツアー（英語）もある。

▶Map P.168-B2

住21 New Globe Walk, SE1 9DT TEL020.7901 9919 開上演は3月初旬～10月下旬 料立ち見席£5と£10、ギャラリー£25～ 交⊖London Bridgeより徒歩約10分

ガイドツアー TEL020.7902 1500 開2月下旬～11月初旬 上演スケジュールなどにより異なるためウェブサイトなどで要確認 料£26

URL www.shakespearesglobe.com

©Manuel Harlan

1 劇場に隣接する建物にはレストランやショップなども 2 ガイドツアーでは舞台に関わる体験もできる

3 開放感がある空間 ヘイズ・ギャレリア

Hay's Galleria

かつては多くの紅茶運搬船が着く波止場があり、倉庫として使われていた。この建物を1980年代に再開発したもの。カフェやレストラン、バーなどが集まっていて、彫刻や噴水のある中庭で休憩することもできる。

▶Map P.169-C3

住1 Battle Bridge Lane, SE1 2HD TEL020.7403 1041 開8:00～23:00（店舗により異なる） 交⊖London Bridgeより徒歩約5分

4 珍しい構造の二重橋の仕組みがわかる タワー・ブリッジ

Tower Bridge

船の大型化にともない、上げ下げできる跳ね橋をという声を受けて建設されたもの。上部のガラス張りの歩道橋からテムズ河の眺めを楽しもう。

▶Map P.157-D2、P.169-D3

住Tower Bridge, SE1 2UP TEL020.7403 3761 開9:30～最終入場17:00 休一部の祝 料£12.30 交⊖Tower Hillより徒歩約10分 URL www.towerbridge.org.uk

Southwark

サザーク

▶▶所要 5時間

おすすめコース

10:00 ロンドン・アイ搭乗
11:00 テート・モダンで絵画鑑賞
12:30 ヘイズ・ギャレリアでランチ
13:45 タワー・ブリッジ

新しいアートを楽しむ
テート・モダン
▶P.22

\Check!/
ミレニアム・ブリッジ
2000年を記念して架けられた歩道橋。南岸とシティをつなぐルートでもある。
▶P.41

\Check!/
HMS ベルファスト号
軍艦として活躍した船。内部からのタワー・ブリッジの眺めは最高。

セント・ポール大聖堂 ▶P.42、56、106

ロンドン塔 ▶P.36、42

フリート・ストリート Fleet St.
ヴィクトリア・エンバンクメント Victoria Embankment
Temple
Blackfriars
Mansion House
Cannon Street
Monument
Tower Hill
Lower Thames St.
テムズ河 River Thames
シェイクスピア・グローブ劇場
ナショナル・シアター
Embankment
ロイヤル・フェスティバル・ホール
Hatfields
Blackfriars Rd
Southwark St.
サザーク大聖堂
ヘイズ・ギャレリア
タワー・ブリッジ
Goal!
London Bridge
ロンドン・ブリッジ駅 London Bridge Stn.
バトラーズ・ワーフ
Union St.
Southwark
The Cut
ロンドン・アイ
Waterloo
ウォータールー駅 Waterloo Stn.
ウェストミンスター橋
Start!

\Check!/
バラ・マーケット
おいしい食料品のマーケットでランチを買うのもいい
▶P.90

展望階もある高層ビル
ビュー・フロム・シャード
▶P.56

\Check!/
いい音が聴ける！
サウスバンク・センターはコンサートホールや劇場が集まっているエリア。夜景観賞がてらコンサートに出かけてみては？

セント・ポール大聖堂のドームの頂上まで上ると、ロンドンの町が一望できる。

ドームにも上れる!

1 セント・ポール大聖堂

St. Paul's Cathedral

ドームの天井画が見事な英国国教会の大聖堂。1666年のロンドン大火で消失したが、クリストファー・レンの設計で生まれ変わった。ネルソン提督やウェリントン公爵の記念碑などがある地下の納骨堂も見逃せない。

▶Data P.42 ▶P.56

1 直径34mもあるドームの天井画。ドームの周囲を一周することもできる 2 丸いドームが目印。見る角度によって建物の印象が変わる

AREA GUIDE 06

シティ

The City

ロンドン発祥のエリア

ローマ人の足跡も残る歴史あるシティ

シティの始まりは古く、紀元1世紀に遡る。
歴史遺産と現代的なビルとの間を忙しそうに行き交う
ビジネスパーソンを目にすることができる。

AREA NAVI

どんなところ?

歴史ある建物も残るが、ビジネスの中心地ということもあり、新しい高層ビルが続々と建てられている。

散策のヒント

歴史的な建物と近代建築との対比を楽しみながら建築ツアーをしてみるのもおすすめ。

交通メモ

たくさんの地下鉄駅があるので、前後のプランからルートを決めるのもいい。

▶詳細Map P.168-169

The City
シティ

▶▶所要 4時間30分
おすすめコース☑
13:00 セント・ポール大聖堂
15:00 ギルドホール
15:30 王立取引所
16:00 レドンホール・マーケット
16:30 スカイ・ガーデンで休憩

\Check!/
ギルドホール横のラファエル前派やローマ時代の遺跡が展示されたギルドホール・アート・ギャラリーもおもしろい。

\Check!/
イングランド銀行
銀行やお金に関する博物館もある。

\Check!/
眺めが抜群のワン・ニュー・チェンジ
このショッピングセンターの屋上からはテムズ河やセント・ポール大聖堂が見渡せる。

\Check!/
近未来から来たみたい!
30セント・メリー・アクス
5500枚の菱形ガラスに覆われた、「ガーキン=ピクルス」という愛称のビル。
▶P.41

王室の宝物を観に行こう
ロンドン塔
▶P.36、42

\Check!/
マンション・ハウス
ロンドン市長の公邸。1752年に完成した荘厳なパラディオ様式の建物。

ロンドン・ウォール London Wall
Start! St. Paul's
1 セント・ポール大聖堂
Cheapside
2 ギルドホール
Moorgate
Gresham St.
Queen St.
セント・メアリー・ル・ボウ教会
タワー42
Bishopsgate
St. Mary Axe
3 王立取引所
Threadneedle St.
Bank
Cornhill
ロイズ・オブ・ロンドン ▶P.41
Leadenhall St.
4 レドンホール・マーケット
Queen Victoria St.
Lombard St.
King William St.
Gracechurch St.
Fenchurch St.
5 スカイ・ガーデン Goal!
Mansion House
Cannon St.
Cannon Street
Monument
キャノン・ストリート駅 Cannon St. Stn.
大火記念塔 ▶P.56
Great Tower St.
Tower Hill
Lower Thames St.
Southwark Bridge
ロンドン橋 London Bridge
テムズ河 River Thames
Tower Bridge Approach
タワー・ブリッジ ▶P.105
\ウオーキー・トーキーとはトランシーバーのこと/

2 中世からの歴史をとどめる ギルドホール
Guildhall

中世の同業組合の中心として建設されたもの。新しい建築に付随する形になっているが、歴史あるグレート・ホールは今も市長の晩餐会などで利用されている。

▶Map P.168-B1
住Guildhall Yard, Gresham St., EC2 7HH 開グレート・ホール11:00～ガイドツアーでの見学のみ。月1回程度で不定期開催　所要約1時間要予約 料£12 交⊖Moorgate／Bank／St. Paul'sより徒歩約5分 URLwww.thecityofldn.com/directory/guildhall-great-hall

3 かつての経済の中心 王立取引所
Royal Exchange

「悪貨は良貨を駆逐する」という法則で有名なトーマス・グレシャムが、1597年に設立した証券取引所。2001年までは国際金融先物取引所として使われていたが、現在は高級ショッピングモール。レストランやシティのビジネスパーソン御用達の高級ブランド店が軒を連ねている。

▶Map P.168-B1
住The Royal exchange, EC3 3LL 開店舗により異なる 交⊖ Bankより徒歩約1分 URLwww.theroyalexchange.co.uk

4 ハリポタのロケ地にもなった レドンホール・マーケット
Leadenhall Market

もともとは肉類、家禽の市場で、14世紀頃に建てられた歴史あるもの。ヴィクトリア様式の優雅な建築で、カフェやレストランなどがある。

▶Map P.169-C2
住Gracechurch St., EC3V 1LT 開パブリックエリアは24時間オープン。店舗は店により異なる 交⊖Bank／Monumentより徒歩約8分

天井の装飾も見事

5 テラスの展望台 スカイ・ガーデン
Sky Garden

通称ウオーキー・トーキーと呼ばれるビルの35～37階にあるテラスが展望台とバー、レストランになっている。

▶Map P.169-C2
住1 Sky Garden Walk, EC3M 8AF TEL0333.772 0020 開無料訪問は不定期。ウェブサイトで日程を確認して要予約 休不定休あり ※イベントなどでも使用されるため無料訪問できる日程は少ないが、展望階のバーやレストランの予約があれば入場できる。予約なしで入場できるウォークインもあるが有料で、入場が保証されるわけではない。詳細はウェブサイトなどで要確認 交⊖Monumentより徒歩約3分 URLskygarden.london

中心部にはチェーンブランドが多いが、このエリアはインディなショップがおもしろい。

AREA GUIDE 07

ショーディッチ

Shoreditch

母の日によさそうなかわいい手作り石鹸

ロンドンの今を感じる

最新のロンドンカルチャーが生まれる場所を見に行こう

デザイナーやアーティストが移り住んだというロンドンの東の端、イースト・エンドを歩いて、アーティスティックな気分を味わいたい。

1 買い物も食事も! オールド・スピタルフィールズ・マーケット

Old Spitalfields Market

雨の日でも大丈夫な屋根付きのマーケット。もとは野菜市場だったという古い建物と新しい建物を合体させ、モダンな空間にリノベーションしたもの。古いものを上手に使っているのが、ロンドンらしい。シティにも近く、ランチを食べるビジネスパーソンの姿も見かける。

▶詳細 P.89

2 ビンテージのデパート?! アティカ

Atika

セレブもお忍びで来るというビンテージショップ。広大な店内には2万点もの衣類がぎっしり並び、圧巻!

▶Map P.163-D3

住55-59 Hanbury St., E1 TEL020.7377 0730 開月～土11:00～19:00日12:00～18:00 休一部の祝 CardA.M.V. 交⊖Shoreditch High St. ／Liverpool St.より徒歩約10分 URLwww.atikalondon.co.uk

3 移民街としても知られる ブリック・レーン

Brick Lane

このあたりは、フランス系、ユダヤ系などの移民街としての歴史が長く、今ではバングラデシュ系の人々も多く住む。トルーマン・ビール醸造所跡には、ショップやマーケットが入っていて、特にマーケットがある日曜はたくさんの人が訪れる。

▶Map P.163-D2・3
ブリック・レーン・マーケット ▶詳細 P.90

ショーディッチより東のエリアのイベントで

AREA NAVI

▶詳細Map P.163

どんなところ?
マーケットやクラブ、小さな雑貨屋、ビンテージショップが集まる、若者にも人気のエリア。

散策のヒント
日曜にはブリック・レーン沿いのマーケットがあるので、一番にぎやか。週末だけ営業という店もある。

交通メモ
リヴァプール・ストリート駅を経由するバスを利用してもいい。オーバーグラウンドと呼ばれる地上線も走る。

Shoreditch

ショーディッチ

Column

ストリートアート巡りも楽しみ!

このエリアには、ストリートアートがあちこちに。壁一面に描かれた刺激的なものから、小さくてもピリっと風刺が効いたものまでさまざま。ちょっと寄り道して、こうしたアートを探してみては?

遊び心がある絵が多く、明日にはなくなっているかも?という刹那的な感じもいい

ミュージアム・オブ・ザ・ホーム
椅子などの家具や、時代ごとのインテリアの変遷がわかる博物館。小さなハーブ園もある。

花いっぱいのマーケット
コロンビア・ロードが、日曜の朝には花の屋台がずらりと並ぶマーケットになる。
▶P.88

この通り沿いには、ベトナム料理のおいしい店が何軒かある。

\Check!/
近年注目の通り
レッドチャーチ・ストリートには、雑貨やカフェなどよさげな店がチラホラ。

SCPイースト ▶P.81

6 ルナ&キュリアス

ブリック・レーン・マーケット ▶P.90

5 ベーグル・ベイク・ブリック・レーン・ベーカリー

4 チェシャー・ストリート

7 ボックスパーク

Goal!

3 ブリック・レーン

2 アティカ

1 オールド・スピタルフィールズ・マーケット

リヴァプール・ストリート駅 Liverpool St. Stn.

Start!

アップマーケット
食べ物屋台が多い、手作り感あふれる室内マーケット。
▶P.90

▶▶所要 4時間

おすすめコース

- 10:00 オールド・スピタルフィールズ・マーケット
- 10:30 アティカ
- 11:00 ブリック・レーン
- 11:30 チェシャー・ストリート
- 12:00 ベーグル・ベイク・ブリック・レーン・ベーカリーでベーグルを
- 12:30 ルナ&キュリアス
- 13:30 ボックスパーク

4 隠れた小道
チェシャー・ストリート
Cheshire St.

この小道には、小物の店やビンテージショップなど、小さいながらもセンスがよさそうなショップが並んでいるので、ちょっとのぞいてみるのもおもしろい。日曜には、ブリック・レーンのこのあたりに、服、食料品、雑貨、ガラクタ的な物、ストリートフードの屋台が出る。

▶Map P.163-D3

5 下町の元気な老舗
ベーグル・ベイク・ブリック・レーン・ベーカリー
Beigel Bake Brick Lane Bakery

老舗のベーグル屋さん。ソルトビーフを挟んだベーグルはユダヤの味。ぜひ試してみて。

▶Map P.163-D3

住159 Brick Lane, E1 6SB TEL020.7729 0616 開24時間 休無休 Card M.V. 交Shoreditch High St.より徒歩約5分

6 アートな小物なら
ルナ&キュリアス
Luna&Curious

3人のクリエーターが運営する小物の店。文房具、ハウスウエアなどの小物のほか、アートなアクセサリーや服など、ここでしか手に入らない品も多い。

▶Map P.163-C・D2

住24-26 Calvert Avenue, E2 7JP TEL020.3222 0034 開毎日11:00～18:00(日～17:00) 休祝 Card A.M.V. 交Shoreditch High St.より徒歩約5分 URL lunaandcurious.com

7 ポップアップ・セール
ボックスパーク
Boxpark

貨物輸送用コンテナをいくつも並べて造られている。小さなショップやレストラン、カフェがいくつか入っており、イベントが開かれることもある。

▶Map P.163-C3

住2-10 Bethnal Green Rd., E1 6GY TEL020.7186 8800 開11:00～23:00(木～土～23:45、日～22:45)店により異なる 休一部の祝 Card 店により異なる 交Shoreditch High St.駅を出てすぐ URL www.boxpark.co.uk

アンティークばかりでなく、おみやげによさそうな雑貨なども並んでいる。

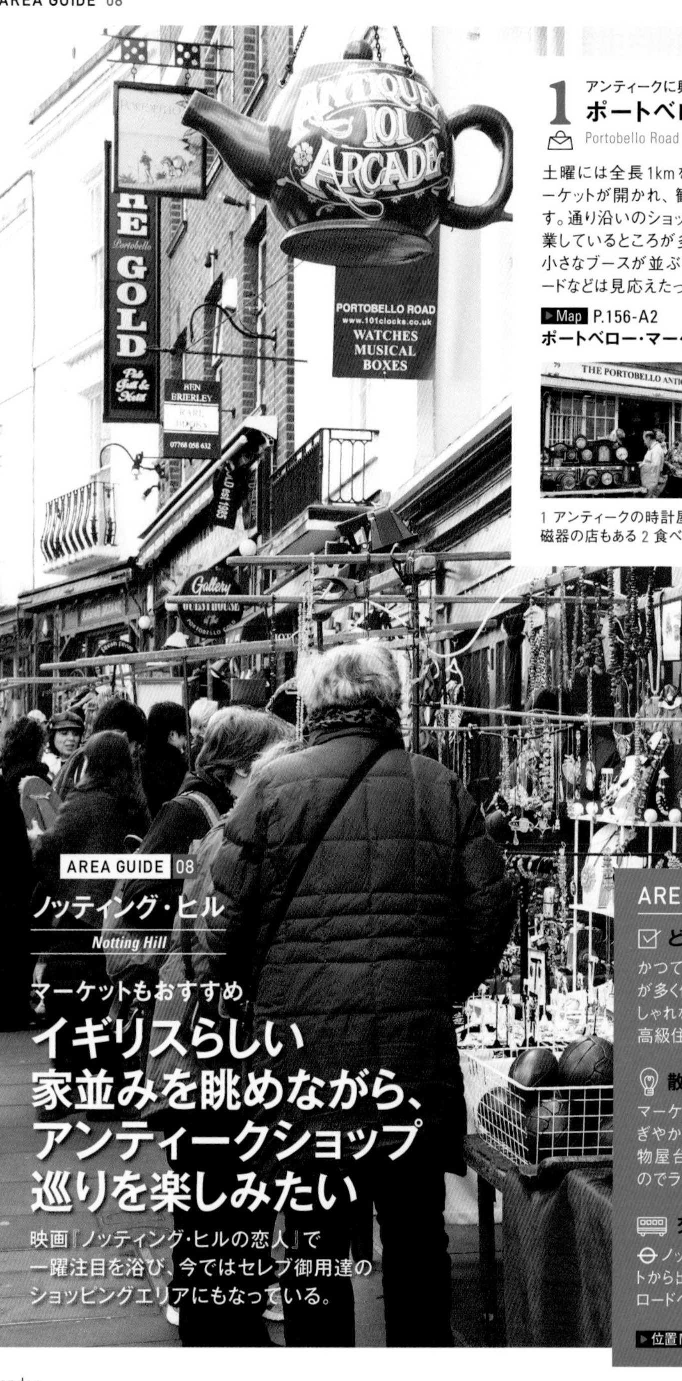

AREA GUIDE 08

ノッティング・ヒル

Notting Hill

マーケットもおすすめ

イギリスらしい家並みを眺めながら、アンティークショップ巡りを楽しみたい

映画『ノッティング・ヒルの恋人』で一躍注目を浴び、今ではセレブ御用達のショッピングエリアにもなっている。

1 アンティークに興味があるなら ポートベロー・ロード

Portobello Road

土曜には全長1kmを超えるストリートマーケットが開かれ、観光客でごったがえす。通り沿いのショップは土曜以外も営業しているところが多く、奥に何軒もの小さなブースが並ぶアンティークアーケードなどは見応えたっぷり。

▶Map P.156-A2

ポートベロー・マーケット ▶詳細 P.90

1 アンティークの時計屋さん。ジュエリーや陶磁器の店もある 2 食べ物屋台も出ている

AREA NAVI

どんなところ？
かつてはカリブ系移民などが多く住むエリアで、今はおしゃれなショップも点在する高級住宅街。

散策のヒント
マーケットのある土曜がにぎやか。通り沿いには食べ物屋台もたくさん出ているのでランチを調達しても。

交通メモ
⊖ノッティング・ヒル・ゲイトから出て、ポートベロー・ロードへ。

▶位置Map P.156

2 カップケーキの店 ハミングバード・ベーカリー

Hummingbird Bakery

散策に疲れて、ちょっとひと息というときに。小さめのカップケーキだけれど、甘さはしっかり。

▶Map P.156-A2

住133 Portobello Rd., W11 2DY TEL020. 7851 1795 開10:00～18:00(月・火～17:30、土～18:30、日～17:00) 休一部の祝 CardM.V. 交⊖Notting Hill Gateより徒歩約15分 URLhummingbirdbakery.com

3 料理好きなら行ってみたい ブックス・フォー・クックス

Books for Cooks

料理本の専門店で、有名シェフも訪れることがあるのだそう。テストキッチンでランチを食べられる日もある。

▶Map P.156-A2

住4 Blenheim Crescent, W11 1NN TEL020.7221 1992 開火～土10:00～18:00 休月・日・祝、12/24～1/1、8月後半の3週間ほど CardM.V. 交⊖Ladbroke Groveより徒歩約10分 URLwww.booksforcooks.com

4 人気のイタリアン オステリア・バジリコ

Osteria Basilico

ピザやパスタで気軽にランチを取るのにいい。時間があれば、新鮮な魚介や肉を使ったメインもいただいてみたい。

▶Map P.156-A2

住29 Kensington Park Rd., W11 2EU TEL020.7227 9957 開12:00～22:30 休一部の祝、不定休あり 料ランチ£30～ ディナー£45～ CardA.M.V. 予望ましい 交⊖Ladbroke Groveより徒歩約10分 URLwww.osteriabasilico.co.uk

5 テーブルウエアの店 サムリル&ビショップ

Summerill&Bishop

ヨーロッパ中から集められた、センスがいい食器やキッチン用品が並ぶ。キャンドルやバスケットといった小物類も充実している。

▶Map P.156-A2

住100 Portland Rd., W11 4LQ TEL020.7221 4566 開月～土10:00～18:00 休日・祝 CardA.M.V. 交⊖Holland Parkより徒歩約10分 URLwww.summerillandbishop.com

Notting Hill

ノッティング・ヒル

Column

セレブが集まるエリア

ウエストボーン・グローブ沿いには、高級ブランドのショップが並び、周辺にはセレブ客が通うおしゃれなセレクトショップも点在している。

▶▶所要 5時間

おすすめコース

- 10:00 ポートベロー・ロード散策
- 11:00 ハミングバード・ベーカリーでお茶
- 12:00 ブックス・フォー・クックス
- 12:30 オステリア・バジリコでランチ
- 13:30 サムリル&ビショップ

\Check!/

『ノッティング・ヒルの恋人』に出てきた本屋さん

現在は、The Notting Hill Bookshopという名でオープンしている。

\Check!/

『ノッティング・ヒルの恋人』で、ウィリアムがひとりで映画を観ていたのは、このコロネットという映画館。現在は劇場になっている。

Ladbroke Grove / Lancaster Rd. / West Way / ブックス・フォー・クックス / オステリア・バジリコ / Colville Ter. / Ledbury Rd. / ハミングバード・ベーカリー / ウエストボーン・グローブ Westbourne Grove / Chepstow Villas / Cornwall Crs. / Blenheim Crs. / Elgin Crs. / ポートベロー・ロード Portobello Rd. / Kensington Park Rd. / Kensington Pk Gdns. / Ladbroke Grove / Walmer Rd. / Sirdar Rd. / Goal! / サムリル&ビショップ / Ladbroke Sq. / Clanricarde Gdns. / Notting Hill Gate / Start! / Portland Rd. / Clarendon Rd. / Lansdowne Rd. / Ladbroke Rd. / Notting Hill Gate / Kensington Palace Gdns. / Palace Gdns. Ter. / Kensington Church St. / Holland Park Av. / Holland Park / チャーチル・アームズ ▶P.60

マリルボン駅はビートルズの映画『ハード・デイズ・ナイト』のロケ地 ↓P.14。

7 バラの季節に行きたい リージェンツ・パーク

Regent's Park

すばらしいバラが咲き誇るクイーン・メアリーズ・ガーデンズ、演劇やコンサートが上演される野外劇場、動物園など、見どころいっぱいの公園。

ボート乗り場やテラスがある気持ちのいいカフェも

▶Map P.156-B1、P.159-C・D1・2

URL www.royalparks.org.uk/parks/the-regents-park

屋外劇場の演目確認やチケット予約 URL openairtheatre.com

AREA NAVI

どんなところ？

オックスフォード・ストリートの北部にあり、ショップやレストランがありながらも、静かな雰囲気。

散策のヒント

シャーロック・ホームズ博物館やマダム・タッソーろう人形館を観てから、ショッピングに励むのもいい。

交通メモ

⊖ボンド・ストリートから北へ向かうのもいいし、⊖ベーカー・ストリートから南下してもいい。

▶詳細Map P.159、P.165

AREA GUIDE 09

マリルボン

Marylebone

おみやげも食事も

質が高い品が揃う マリルボン・ハイ・ストリートへ

趣味がよさそうな小さな路面店が並び、マリルボン・ヴィレッジという愛称もある、落ち着いたエリアを散策してみよう。

1 リボンなら ヴィヴィ・ルーロー

VV Rouleaux

ストライプやユニオンジャック柄など、さまざまなリボンが並ぶ。帽子用の飾りやドレスのケープなども扱っている。

▶Map P.165-D1

住 102 Marylebone Lane, W1U 2QD TEL 020.7224 5179 開 月～土 10:00～18:00 休 日、一部の祝 Card A.M.V. 交 ⊖Bond St.より徒歩約5分 URL www.vvrouleaux.com

2 こだわりの素材を使用した ロココ・チョコレート

Rococo Chocolates

ショコラティエによる手作りトリュフや薄くて丸いチョコなどが並ぶ。レトロなイメージのパッケージも魅力。

▶Map P.159-D3、P.165-D1

住 3 Moxon St., W1U 4EP TEL 020.7935 7780 開 月～土 10:00～18:30 日 11:00～17:00 休 一部の祝 Card A.M.V. 交 ⊖Bond St.より徒歩約10分 URL www.rococochocolates.com

Marylebone

マリルボン

\Check!/

スターに会いに!

今をときめくスターたちや王室の面々に会えるマダム・タッソーろう人形館。憧れの人とのツーショットも夢じゃない!

\Check!/

見逃さないで!

セント・クリストファーズ・プレイスは、人ひとり通れるくらいの細い路地。よく見ると看板もあるよ。

Column

1 映画の撮影が行われた爬虫類館 2 ペンギンたちもたくさん!

世界で初めてできたロンドン動物園

London Zoo

リージェンツ・パーク北東にあり、ゴリラやトラ、ライオンなどの動物たちのほか、バードサファリやバタフライパラダイスなどもある。蛇がいる爬虫類館は、映画『ハリー・ポッター』の撮影が行われたことで有名。

▶Map P.159-D1

住Regent's Park, NW1 4RY TEL0344.225 1826 開10:00～ 閉園時間は季節により異なるのでウェブサイトなどで確認を 最終入場は閉園1時間前 休12/25 料£27～ 曜日や購入方法により料金は異なる。当日券は割高 交⊖Camden Townより徒歩約15分。カムデン・タウンやベーカー・ストリートなどから274番のバス、またはオックスフォード・サーカスなどから88番のバス URLwww.londonzoo.org

▶▶所要 4時間

おすすめコース☑

- 10:00 ヴィヴィ・ルーロー
- 10:30 ロココ・チョコレート
- 11:00 ドウント・ブックス
- 11:30 ベイリー&セージ
- 12:00 コンラン・ショップ
- 12:30 リージェンツ・パークのカフェでランチ

3 チーズとワイン ラ・フロマージェリー

La Fromagerie

イギリスを含む世界各国のチーズのほか、季節の果物や野菜、パン、ワインなどが揃う。ランチが取れるカフェ、チーズ&ワインバーもある。

▶Map P.159-D3

住2-6 Moxon St., W1U 4EW TEL020.7935 0341 開月～土9:00～19:00 日11:30～17:30 休一部の祝 CardA.M.V. 交⊖Bond St.より徒歩約10分 URLwww.lafromagerie.co.uk

4 歴史ある建物を利用した ドウント・ブックス

Daunt Books

書物を愛する人御用達。天窓がある老舗らしい建物も魅力。人気が高いエコバッグやグリーティングカード、ちょっとしたギフト小物もある。

▶Map P.159-D3

住83-84 Marylebone High St., W1U 4QW TEL020.7224 2295 開月～土9:00～19:30 日11:00～18:00 休一部の祝 CardA.M.V. 交⊖Bond St.より徒歩約10分 URLwww.dauntbooks.co.uk

5 こだわりの食材が並ぶ ベイリー&セージ

Bayley & Sage

品質や産地にこだわった新鮮な食材を扱っている。チーズやオリーブ、ペストリーなども並ぶ。ヴィクトリアやケンジントンなどにも店舗あり。

▶Map P.159-D3

住33-34 Marylebone High St., W1U 4QD TEL020.7952 2271 開8:00～21:30 休一部の祝 CardM.V. 交⊖Bond St.より徒歩約10分 URLwww.bayley-sage.co.uk

6 インテリアの質をアップ コンラン・ショップ

The Conran Shop

モダンなデザインの家具や照明が揃う。テキスタイルやカラフルなキッチン、ダイニングウエアもある。上階はフレンチレストランOrrery。

▶Map P.159-D3

住55 Marylebone High St., W1U 5HS TEL020.7723 2223 開10:00～18:00(日12:00～) 休一部の祝 CardA.M.V. 交⊖Baker St.より徒歩約7分 URLtheconranshop.com/pages/marylebone

コッツウォルズに本店があるデイルズフォードは、ノッティング・ヒルやマリルボン、サウス・ケンジントンなど数軒あり。

/ Column 04 / Restaurant /

おいしいもの用意してます!

おいしいロンドンを、もっと楽しむ方法

どんどんおいしくおしゃれに進化しているロンドンのレストラン。
食のイベントプロデュースも手がける、ロンドン在住のナヲさんに、
おすすめや注意点、予約に便利なサイトなどを聞きました。

Q1 軽めで気軽に入れるレストランはある?

いくつか店舗があるチェーン店が便利。フライトでロンドンに着いた日とかにもいいですね。以下のチェーンもおすすめ。

●胃にも優しそうなフォー

フォーカフェPho Cafeはメニューが少なく注文が楽。

URL www.phocafe.co.uk

●ギリシアやトルコ系のメッツェ(盛り合わせ)

ベジタリアン向けのセットメニューもあるタスTas。

URL www.tasrestaurants.co.uk

●ヘルシーなファストフード系

米はすべて玄米を使っているレオンLeon、サラダやスープのトスドTossedやチョップドChop'dなど。持ち帰りもあり。

[レオン] URL leon.co　[トスド] URL tosseduk.com

[チョップド] URL chopd.co.uk

ファストフードなのに体にいい!レオンで

ヘルシーなトスドのサラダメニュー

Q2 今日は少しだけ奮発!というときはどこへ?

例えばビストロ風のLittle Socialとか、やや高級なカジュアルダイニングならジーンズでも平気。ドリンク込みでひとり£50〜60。

URL www.littlesocial.co.uk

盛りつけもおしゃれ

ヘルシーな食料品店のデリを利用するのもいい

[ホールフーズ・マーケット] URL www.wholefoodsmarket.co.uk

[デイルズフォード] URL www.daylesford.com

Q3 ミシュランの星付きの店に行ってみたいんだけど

だいたいの価格とドレスコードをおさえて選ぶといいですね。店によりますが、料金の目安は、ひとり当たり、星1つで£100〜、星2つなら£200〜、星3つだと£300超え。迷いやすい服装は、シェフへの敬意を込める意味もあり、星1つはスマートカジュアル、星2つからは、もう少しおしゃれして。

Q4 レストランで気をつけたほうがいいことは?

メインコースのときにパンを持ってくるよう頼んだり、前菜の前のパンをキープしないこと。こちらでは、肉や野菜(ベジタリアンの場合)は主食であり、ご飯やパンと一緒に食べるおかず、という考えはしないので。

Q5 予約や検索のサイトを教えてください

当日予約も簡単にできる予約サイト、レシーRecyを使うことも。口コミをクラウドソーシングで集計し評価をつけていて、それがTop Ratedのページで見られるほか、予算や予約の入り具合などもわかるので便利。

[レシー] URL resy.com

また、老舗情報誌『タイムアウトTimeout』のレストランページは内容も詳しく、ミシュランの星を獲得したレストラン紹介などもあり、やはり参考になります。

[タイムアウト] URL www.timeout.com/london/restaurants

LONDON SHORT TRIP

Cotswolds, Salisbury and Stonehenge, Lake District, Canterbury and Rye.

ロンドンからのショートトリップ

ロンドンから少し足を延ばせば
羊が草を食むような緑豊かな田園風景が広がる。
今日はロンドンとはひと味違った旅に出かけてみよう。

SHORT TRIP 01 ロンドンからの小旅行

コッツウォルズ

Cotswolds

▶Map P.117

中世に羊毛取引で栄えた

昔ながらの「はちみつ色」の町を巡る

あたたかな色合いの石灰岩ライムストーンの石壁をもつ、かわいらしくて古い家が並ぶ小さな町や村を訪れ、ゆったりと流れる時間を楽しみたい。

バイブリーとアーリントン・ロウの間を流れるコルン川

ロンドンからのツアーはP.124の日系ツアー会社でも扱っている。

コッツウォルズ

Cotswolds

標高300mほどのコッツウォルズ丘陵一帯は、羊や牛がいる牧草地が広がり、イングランドらしい田舎の町や景色を味わうことができるエリア。この地方の歴史は古く、点在する町には、羊毛の取り引きで栄えていた頃をしのばせるマーケットハウスや教会が建つ。

コッツウォルズの歩き方

コッツウォルズ地方は広く、公共交通の便がよくないため、たくさんの村を訪れたいなら、ツアーか車が便利。バスは本数がとても少ないこともあるので事前に確認したい。公共交通を使う場合、1日に行ける村はひとつかふたつ。流しのタクシーをひろうのは難しい。

公共交通の確認　トラベライン URL www.traveline.info

現地ツアー会社　ゴー・コッツウォルズGo Cotswolds URL www.gocotswolds.co.uk
マッド・マックス・ツアーMad Max Tour URL www.madmaxtours.co.uk

ツアーでよく行く村はこの5つ!

1 コッツウォルズ北部の町 チッピング・カムデン Chipping Campden

かつて富裕な商人たちが暮らした家々の中には、はちみつ色の石壁だけでなく、茅葺き屋根のかわいらしい家も多く残されている。交通の要所として栄えた町ブロードウェイBroadwayに立ち寄り、渓谷を一望できるブロードウェイ・タワーまでのウオーキングを楽しむのもいい。

交 ロンドンPaddington駅から列車でMoreton-in-Marsh駅下車、所要約1時間30分。ここからStratford-upon-Avon行きのバス1番か2番で約30分。1番のバスはブロードウェイを経由する。ブロードウェイ・タワーへは1番のバスでFish Hill By Broadway Tower Country Park下車、徒歩約20分。またはブロードウェイ中心部から徒歩約40分

1 チッピング・カムデンのマーケットホール。周囲のショップをのぞくのも楽しい 2 ブロードウェイ・タワー

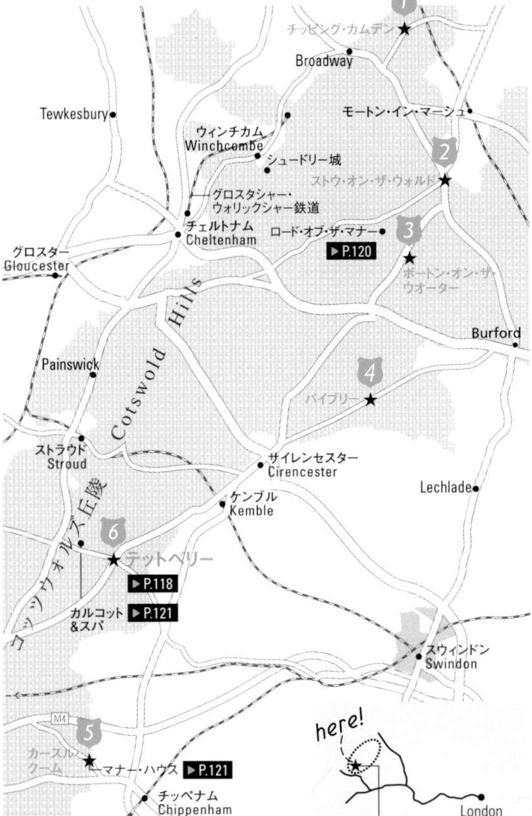

マーケットのシンボルでもあるマーケットクロス

2 7つの道が交わる ストウ・オン・ザ・ウォルド

Stow-on-the-Wold

主要道路が交わる町として、古くから市場が開かれてきた。全盛期には一度に2万頭を超える羊の取引が行われたといい、その中心となった広場がマーケット・スクエア。四方をティールームやショップが取り囲んでいる。

交ロンドンPaddington駅から列車でMoreton-in-Marsh駅下車、所要約1時間30分。ここからCheltenham行きのバス801番で約20分

Column

コッツウォルド・ウェイとは?

ストラトフォード・アポン・エイヴォンからバースまで南北に延びる全長約161kmのフットパス。フットパスとは、風景を楽しみながら歩くことができる道のこと。短いコースもあるので、ウオーキングを楽しむのもいい。

3 コッツウォルズのヴェニス ボートン・オン・ザ・ウオーター

Bourton-on-the-Water

コッツウォルズの中心を流れる小さな川のほとりを歩いたり、ハイストリートにあるショップやカフェに立ち寄るのもおすすめ。モーター・ミュージアムやモデル・ヴィレッジなどのアトラクションも楽しめ、ほかの村よりアクティビティが豊富。

交ロンドンPaddington駅から列車でMoreton-in-Marsh駅下車、所要約1時間30分。ここからCheltenham行きのバス801番で、ストウ・オン・ザ・ウォルドを経由し約35分

4 イギリスが誇る景観 バイブリー

Bibury

ウィリアム・モリスが「イングランドで最も美しい」とたたえた村。羊毛の貯蔵庫や織工たちの住居だった、石造りのコテージ「アーリントン・ロウArlington Row」のほか、バイブリーマス養殖場Bibury Trout Farmもある。

交ロンドンPaddington駅から列車でKemble駅下車、所要約1時間15分。ここから車で約25分
バイブリーマス養殖場 URL www.biburytroutfarm.co.uk

5 小さくて素朴な村 カースル・クーム

Castle Combe

15世紀頃のままの石造りの家々がひっそりとたたずむ小さな村。端から端まで歩いて10分もかからない。かつての織工たちが住んだウィーバーズ・コテージThe Weavers' Cottagesが、バイブルック川沿いに並ぶ。

交ロンドンPaddington駅から列車でChippenham駅下車、所要約1時間10分。ここからCheltenham行きのバス95番で約20分

SHORT TRIP 01
コッツウォルズ
Cotswolds

コッツウォルズは、かつて羊毛産業で財を蓄えた商人や貴族も多く住んだため、良質なアンティークが残るエリアとしても有名。

6 日帰りもできるマーケットタウン
テットベリー Tetbury

お触れ役であ〜る

7世紀頃に修道院が建てられたのが町の起源とされる。町のシンボルでもあるマーケットハウスや中世の石畳チッピング・ステップス Chipping Stepsは、羊毛産業が盛んになった17世紀のもの。ロング・ストリートLong St.を中心にして点在するアンティークショップなどを巡るのも楽しい。

▶Map P.117

交ロンドンPaddington駅から列車でKemble下車、所要約1時間10分。ここからテットベリーTetbury行きのバス882番で約30分

1 マーケットハウスでは今もマーケットが開催される 2 チッピング・ステップスの脇には織工のコテージが建ち並ぶ 3 ゴシック様式の聖メアリー教会 4 マーケットハウスで 5 お触れを告げるタウンクライアー

Shopping

上階まで、雑貨が所狭しと置かれている

雑貨好きなら訪れたい
ドメスティック・サイエンス
Domestic Science

ジョージアン様式のタウンハウス1軒がまるごと雑貨屋になっている。部屋ごとに、キャンドル、陶磁器など、さまざまな品が並ぶ。ビンテージの掘り出し物やナチュラルな衣料品、モダンなハウスウエアの宝庫。隣のカフェもおすすめ。

住 53 Long St., GL8 8AA TEL01666.503667 開月〜土10:00〜17:00 日11:00〜16:00 休一部の祝 URLdomesticsciencehome.co.uk

レトロな文字盤の時計や刺繍がかわいい針刺しなど、一点物を探す楽しみがある

幅広いアンティークを扱う
トップ・バナナ・アンティークス
Top Banana Antiques

少し凝ったギフトにもいいアンティークやビンテージのジュエリーのほか、雑貨、キッチン用品、家具、本、版画や油絵、織物など、さまざまな品を扱うアンティークモール。50人以上の各専門ディーラーが扱っている。

住1 New Church St., GL8 8DS TEL01666.502978 開10:00〜17:30 休一部の祝 URLtopbananaantiques.com

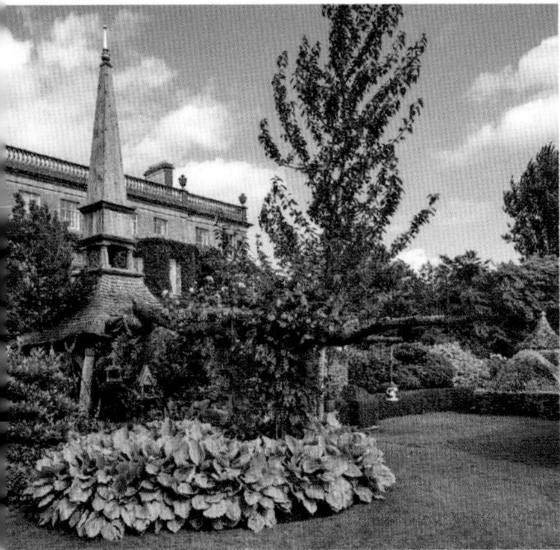

木造の有機的なコテージ、季節によって色合いを考慮して植え込まれた花々など、ガーデナーが育て上げた美しい庭

チャールズ国王の庭

ハイグローブ・ガーデン

Highgrove Gardens

自然派で知られる、チャールズ国王お気に入りの私邸ハイグローブの庭を、ツアーで見学できる。ガーデンツアー開催中は、上品なイメージの園芸用品や生活雑貨のほか、国王のアートワークまで揃ったショップもオープン。クリームティーなども楽しめる。

住 Highgrove House, Doughton, Tetbury GL8 8TN ガーデンツアー 開4～9月　要予約　予約時に詳細の確認を　ツアーは所要約1時間30分　パスポートなど身分証明書が必要　天候などによりキャンセルもあり 料£34.50　ほかにシャンペンティーツアー、アフタヌーンティーが付いたツアーもある 交テットベリーの中心部から徒歩約40分。または69番のバスで約10分、Highgrove Cottages下車後、徒歩約10分 URL www.highgrovegardens.com セキュリティチェックあり

Check!

すてきなおみやげが買えそう

ハイグローブ・ショップ

Highgrove Shop

テットベリーの町の中心部にある、チャールズ国王のブランド「ハイグローブ」のショップ。ビスケットや紅茶、はちみつ、雑貨など、おみやげによさそうな品々が揃っている。ティーカップやマグカップもある。

住 10 Long St., GL8 8AQ
開月～土9:30～17:00　休日、一部の祝
URL www.highgrovegardens.com

国王の紋章をかたどったブランドロゴ入り

いいものがありますよ

ジャムや紅茶、お菓子など、ハイグローブのオリジナル商品も揃う

Column

ロンドンから列車で行ける

ストラウドのファーマーズマーケットへ

週1日、土曜のみだが、日程が合うなら立ち寄ってみたい。ひとりの女性が始めた手作りの品を並べた小さなマーケットが、だんだんと大規模になり、今では人気マーケット。ジャム、ワイン、チーズ、新鮮な食材の数々は、どれもヘルシーでおいしい。

住 Cornhill Market Place, GL5 2HH周辺
開土9:00～14:00 要確認
交ロンドンPaddington駅から列車で約1時間25分。テットベリー～ストラウドは69番のバスで約45分
URL fresh-n-local.co.uk/trader/stroud

1 ファーマーズマーケット。ストラウドはコッツウォルズの中では比較的大きな町 2 いろいろなタイプのチーズを扱う屋台も 3 オーガニックの野菜や果物も並ぶ

憧れのマナーハウスへ

コッツウォルズには、カントリーサイドならではの自然を満喫できるマナーハウスが多い。こうした高級ホテルでは、広々とした庭や優雅な部屋で、特別な時間を過ごすことができる。

ロード・オブ・ザ・マナーがあるアッパー・スローターへは、ボートン・オン・ザ・ウォーター（P.117）から1時間弱のショートウオークで行くこともできる。

1 マナーハウスって何？

かつて貴族や土地の名士たちが所有していた、広大な敷地や邸宅を利用した宿。手入れが行き届いたガーデンや、グルメもうなる食事を楽しめるところも多い。

2 マナーも大切に

マナーハウスの特徴である手厚いもてなしを楽しむには、それ相応の身なりで訪れたい。夕食付きのプランも多く、服装もスマートカジュアルと呼べるレベルで。

3 予約はどうする？

何でもご相談を

英会話が得意でない場合はウェブサイトでの予約もできる。駅や町から離れていることが多いので足の確保を。マナーハウスによっては最寄り駅からの交通機関の手配をしてくれるので予約時に確認を。

おすすめマナーハウス

丹精込めたガーデンも

ロード・オブ・ザ・マナー

The Lord of the Manor

17世紀に牧師館として建てられ、所有者を幾度も変えながらも優雅なたたずまいを保ち続けている。ガーデナーにデザインされた美しい庭園に囲まれているので、ゆっくり散策を楽しむ時間も欲しい。いくつもの賞を受賞しているレストランでの食事も楽しみ。

▶Map P.117

住Upper Slaughter, GL54 2JD 電01451.820243 料£240～夕食・朝食付き CardA.M.V. 交モートン・イン・マーシュMoreton in Marsh駅から車で15～25分
URLwww.lordsofthemanor.com

ゆっくりと楽しんでいってください

1 ガーデナーが日々手をかけて世話をする、広々とした庭も魅力 2 椅子なども置かれ、ゆったりとした客室 3 アフタヌーンティーや食事のみで訪れることもできる

1 屋外のホットバス。ほかにも屋内スパやトリートメントなど、リラックスしてきれいになれそうな設備が整っている 2 アフタヌーンティーも楽しめる 3 歴史ある建物を改装している 4 別棟のブラスリーもある

スパでリラックス

カルコット&スパ *Calcot & Spa*

テットベリーから約6km、広大な田園地帯の中にあるマナーハウスで、建物の起源はキングスウッド修道院の別館として建てられた14世紀に遡る。敷地内にあるスパでは、ラベンダーに囲まれた屋外のホットバスにつかって至福の時を。

▶Map P.117

住 Near Tetbury, GL8 8YJ TEL 01666.890391 料 £279～ Card A.M.V. 交 ストラウド駅かケンブルKemble駅から車で15～25分 URL www.calcot.co

別館コテージも

マナー・ハウス *The Manor House*

14世紀に村の領主の館として建てられた、カースル・クームの村にある隠れ家的な宿。圧倒的な広さの敷地内にはゴルフ場や別棟コテージまである。宿泊せずに、アフタヌーンティーやミシュランの星をもつレストランで食事を楽しむことも可能。

▶Map P.117

住 Castle Combe, SN14 7HX TEL 01249.782206 料 £250～ Card A.D.M.V. 交 チッペナムChippenham駅から車で約15分 カースル・クーム(→P.117)への行き方でも可 URL www.exclusive.co.uk/the-manor-house

1 石造りの壁と木の梁が印象的な部屋 2 ラウンジで優雅なアフタヌーンティーを 3 歴史と伝統を感じる 4 寝室は客室により、さまざまなタイプがある

ソールズベリではマーケット・プレイスで火曜(10月第4火曜は除く)と土曜にチャーター・マーケットを開催。8時30分~15時(土曜16時)頃まで日用品からフードなどのストールが並ぶ。

SHORT TRIP 02 ロンドンからの小旅行

ソールズベリとストーンヘンジ

Salisbury and Stonehenge ▶Map P.122

ここにしかない風景

古代の神秘と古きよきイギリスの景色へ

ロンドンから電車に乗って1時間もすれば緑あふれるカントリーサイド。ゆったりした時間が流れるなか、イギリスにしかない美しく神秘的な景色を目に焼きつけたい。

神秘的な雰囲気を放つ

ソールズベリ Salisbury

大聖堂を囲む田園風景は典型的な古きよきイギリスの風景とされ、ターナーやコンスタブルらの画家に好んで描かれてきた。ストーンヘンジはここからバスで35~50分。平原に巨石が突如現れ、時空を超えて先史時代へタイムスリップしたような感覚になる。

観光案内所 Salisbury Information Centre
住Fish Row, Salisbury, Wiltshire, SP1 1EJ TEL01722.342860
開月~金9:00~17:00、土10:00~16:00、日10:00~14:00
休一部の祝 URLwww.salisburycitycouncil.gov.uk

▶▶所要 6時間

おすすめコース

10:00	ソールズベリでツアーバス乗車
10:33	ストーンヘンジ見学
12:00	ビジターセンターでランチ
12:43	ツアーバスで町へ
13:30	ソールズベリ大聖堂
15:00	ソールズベリ博物館

ソールズベリの歩き方

ソールズベリはストーンヘンジのゲートウエイで、駅前から出る循環バス「ツアーバス」利用が便利。かわいらしいソールズベリの町は歩いて回れる大きさ。

ACCESS
◎電車
ロンドンWaterloo駅
約1時間30分
Salisbury駅着
ツアーバスで約35~50分
ストーンヘンジ
◎コーチ(National Express)
ロンドンVictoria Coach Stationから約3時間
London
ストーンヘンジ
ソールズベリ
here!

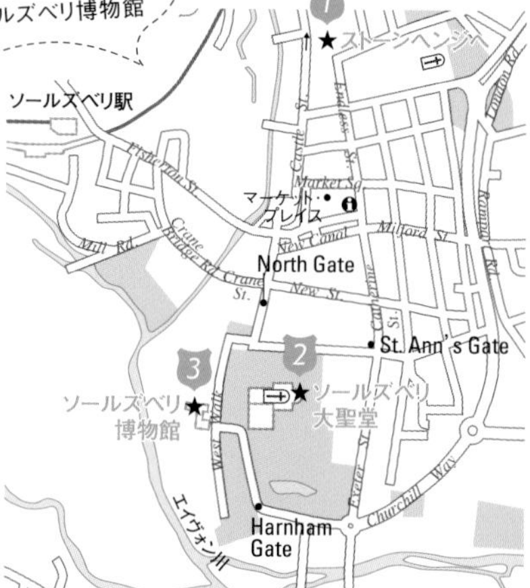

1 はるか古代に思いをはせる ストーンヘンジ
Stonehenge

ソールズベリ平原には遺跡が集中するが、その中心的な存在。約5000年前に建てられた神殿で、儀式や埋葬のほか、月と太陽の動きを測るために配置されたとされるが、誰が何のために造ったかは謎のまま。

住Near Amesbury, Wiltshire SP4 7DE TEL0370.333 1181 開9:30～19:00(9月下旬～10月下旬は～18:30、10月下旬～3月下旬は～17:00) 不定期営業の日もあり 最終入場は閉館2時間前 休12/25、夏至は要確認 料£20.90～ 日時や購入方法で料金が異なる オーディオツアーはスマートフォンに無料でダウンロードできる
URL www.english-heritage.org.uk/visit/places/stonehenge

Check!

● ストーンヘンジ ツアーバス

ソールズベリ駅からビジターセンターまで35～50分(時期により異なる)。冬期最終14:00発、夏期最終16:00発予定。戻り時間の確認を。

TEL01202.338 420 料バスのみ往復£19.50～、ストーンヘンジ入場料込み£36～、ソールズベリ大聖堂も込み£43.50～ 休ストーンヘンジと同じ URL www.thestonehengetour.info

©English Heritage

1 ケルト系ドルイド族は夏至と冬至、春分と秋分にここで祭典を行う 2 カフェやミュージアムがあるビジターセンター。ここからバスでストーンヘンジへ 3 高さ4.5mあるサーセン石、手前はウェールズ産ブルー・ストーン

初期のイギリス・ゴシック様式

2 最も天国に近い場所 ソールズベリ大聖堂
Salisbury Cathedral

1220年から約40年かけて建設された初期ゴシック様式の大聖堂。チャプター・ハウスに「マグナ・カルタ」も展示。タワーツアーでは天井裏に入るため、木造の構造をよく知ることができる。

住6 The Close, Salisbury SP1 2EJ TEL01722.555 100 開月～土9:30～17:00、日12:30～16:00 最終入場は閉館1時間前 行事などにより不定期開館する日もある 休不定休あり 料£12 事前購入£10
URL www.salisburycathedral.org.uk

見どころはステンドグラスが映る聖水洗礼盤

3 ストーンヘンジの副葬品もある ソールズベリ博物館
The Salisbury Museum

ストーンヘンジで発掘された副葬品をはじめ、ストーンヘンジを描いたアートなどを多く収蔵する。多くの遺物のなかには、2002年に発見されたエームズベリーの射手と名づけられた古代人の遺骨などもある。

住 The King's House, 65 The Close, Salisbury, SP1 2EN TEL01722.332151 開10:00～17:00 休一部の祝、改装による不定休あり 料£10 URL www.salisburymuseum.org.uk

この地域に残る古くからの歴史的遺物のほか、ターナーが描いたストーンヘンジの水彩画などもある

トーマス・ハーディーの『ダーバヴィル家のテス』のラストシーンがストーンヘンジ。この作品はロマン・ポランスキーによって1979年に映画化されている。

Column

オールド・セイラム *Old Sarum*

ツアーバスの復路で、13世紀にソールズベリへ移転するまでの集落の遺跡オールド・セイラムに立ち寄ることも可能。城郭跡、大聖堂の基礎などが残り、丘の上から町が一望できる。次のバスは1時間後。

開10:00～17:00(10月下旬～3月下旬は～16:00) 休12/24～26 料£7.20(事前購入£5.90)

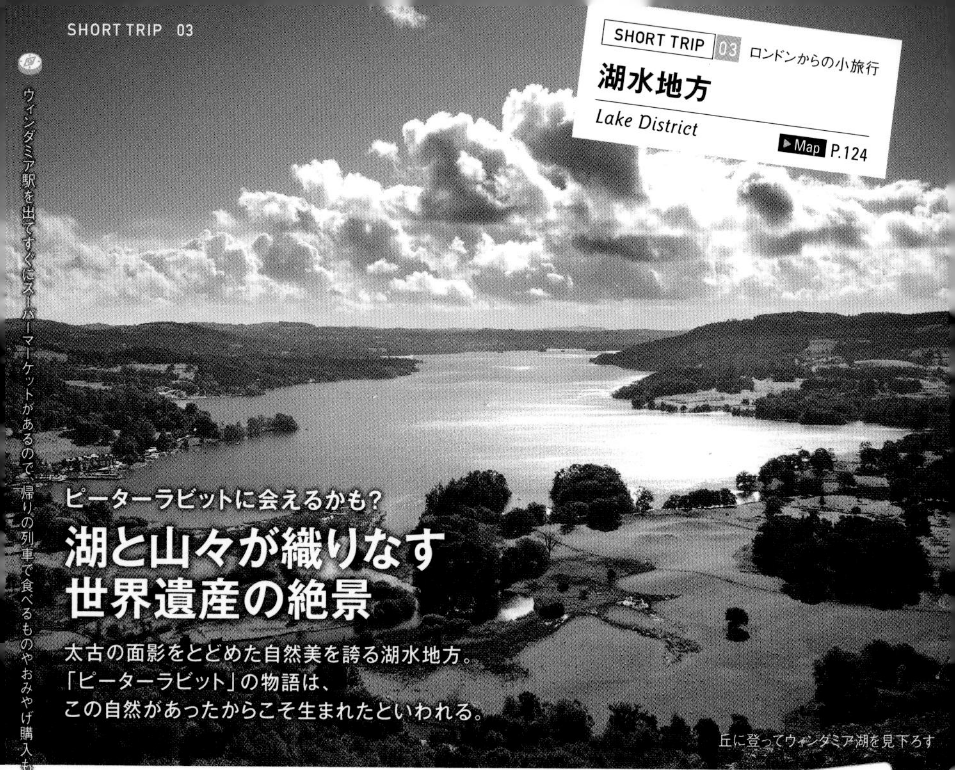

SHORT TRIP 03 ロンドンからの小旅行

湖水地方

Lake District

▶Map P.124

ウィンダミア駅を出てすぐにスーパーマーケットがあるので、帰りの列車で食べるものやおみやげ購入もできる。

ピーターラビットに会えるかも？

湖と山々が織りなす 世界遺産の絶景

太古の面影をとどめた自然美を誇る湖水地方。
「ピーターラビット」の物語は、
この自然があったからこそ生まれたといわれる。

丘に登ってウィンダミア湖を見下ろす

湖水地方

Lake District

イギリス有数のカントリーサイドであり、平坦なイングランドには珍しく、214もの丘陵地と90近い湖が魅力的な地形を造り出している。国立公園にもなっていて、その広さは東京都と同じくらい。「ピーターラビット」の生みの親、ポターも愛した自然を堪能してみたい。

ウィンダミアの観光案内所

住Victoria St., LA23 1AD ウィンダミア駅のすぐ近く 開月～土9:30～16:30
URL www.windermereinfo.co.uk

ACCESS

◎電車

● ユーストン駅
↓ 2時間40分～3時間40分 → ● オクセンホルム駅 Oxenholme ↓ 約20分
↓ 約2時間10分 → ● プレストン駅 Preston ↓ 約1時間
● ウィンダミア駅

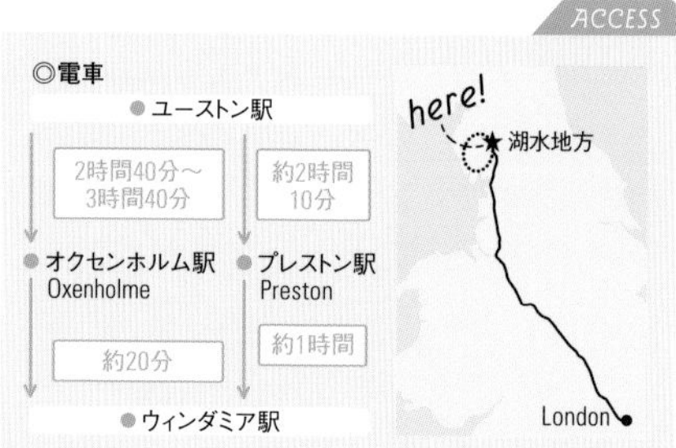

湖水地方の巡り方

時間がかぎられる場合は、ウィンダミア発のミニバスツアーや、ロンドンからの列車までセットにした日系ツアーも便利。ウィンダミア湖の観光拠点ボウネスの町へは、ウィンダミア駅から徒歩約30分。バスなら約10分。北のアンブルサイドもボウネス同様ホテルなどがある町。

日系ツアー会社

みゅう URL www.myushop.net

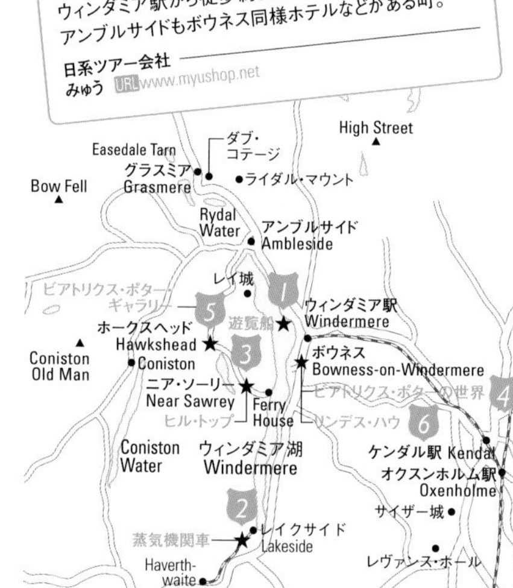

湖の周遊を楽しもう

鉄道駅に最も近い、ウィンダミア湖の船や蒸気機関車に乗車。湖周辺を巡るワンデイトリップで、ゆったりリラックス。

1 湖畔を走る 遊覧船 *Windermere Lake Cruise*

南北の長さ約17kmの細長い湖ウィンダミア湖を運航。ボウネスから蒸気機関車の駅レイクサイドに行くイエロークルーズのほか、北部アンブルサイドへのレッドクルーズなどがあり、レイクサイドまでは40分ほど。

TEL015394.43360 休12/25、1月初旬～下旬の月～金 料往復£17.30　蒸気機関車の共通券往復£24.50
URL www.windermere-lakecruises.co.uk

1 四方の丘の緑を眺めながら。湖を抜ける風が心地いい 2 ウィンダミア湖畔には小さなボートもたくさん

汽笛の音にワクワク。レトロな機関車に乗ってみたい

2 ノスタルジックな 蒸気機関車 *The Lakeside & Haverthwaite Railway*

産業革命の頃にはファーネス鉄道の支線として働いていたが、今は6kmほどの短い区間を走る。渓谷の景色が楽しめる路線で、遊覧船のスケジュールと連動しているため、船と汽車の両方を楽しむことができる。

TEL015395.31594 休クリスマスイベントなどを除く11月初旬～3月下旬　料片道£6.50　往復£11 終点まで所要約20分
URL www.lakesiderailway.co.uk

Check! マウンテンゴートのミニバスツアー

10ヵ所の湖を巡りストーンサークルにも立ち寄る1日ツアー、蒸気機関車にも乗車する1日ツアー、ビアトリクス・ポターゆかりの地を巡る半日ツアー、プライベートツアーなど、多種多様。

住 Victoria St., LA23 1AD ウィンダミア駅のすぐ近く。観光案内所でも予約可能 TEL015394.45161 URL www.mountain-goat.com

湖を巡る旅に出発！

ロマン派の詩人 ワーズワースの足跡をたどる

イギリスを代表する詩人ワーズワース William Wordsworth(1770－1850)。グラスミア周辺には、彼が暮らした家ダブ・コテージ(ワーズワース・グラスミアとして庭や博物館とともに公開)やライダル・マウント、墓所などが残っている。ホークスヘッドまで足を延ばせば、ワーズワースが通った学校もある。

ダブ・コテージ URL wordsworth.org.uk ライダル・マウント URL www.rydalmount.co.uk 学校 URL www.hawksheadgrammar.org.uk

1 妹のドロシーと住み、多くの詩を生み出したダブ・コテージ 2 晩年に住んだライダル・マウント 3 グラスミアにあるワーズワースの墓所

Column おすすめ！ グラスミアのジンジャーブレッド

ワーズワースが眠る聖オズワルズ教会の脇にある、サラ・ネルソン・グラスミア・ジンジャー・ブレッド Sarah Nelson's Grasmere Gingerbreadは、ショウガがたっぷり入ったビスケットの小さな店。門外不出のレシピを守り続けている。

URL www.grasmeregingerbread.co.uk

1パックに12ピース入り

Peter Rabbit

ピーターラビットゆかりの地へ

ボクが待ってるよ!

ポターが暮らした家があるニア・ソーリー村Near Sawreyには、「ピーターラビット」が生まれた頃と変わらない自然が、今も息づいている。

ヒル・トップへはボウネスの桟橋から小さなボートで湖を渡り、対岸から525番のホークスヘッド行きのミニバスで。詳細は遊覧船乗り場やマウンテンゴートP.125で確認を。

1 ヒル・トップ 2 右のカップボードは『ひげのサムエルのおはなし』で描かれた 3『ピーターラビットのおはなし』のもとになった手紙のコピーも 4 ポターが刺繍をしたという天蓋が付いたベッドは挿絵でも登場

3 ポターの挿絵に登場する場所も ヒル・トップ *Hill Top*

世界一有名なうさぎ「ピーターラビット」を描いた、ビアトリクス・ポター(1866-1943)が愛した家。ベストセラーになった『ピーターラビットのおはなし』の印税などで、「ヒル・トップ」と呼ばれる、この家を購入。結婚するまでの8年間をここで暮らし、「ピーターラビット」シリーズ7冊を書いた。

住Near Sawrey, LA22 0LF TEL015394.36269 開10:00～17:00(冬期～16:00) 休11月初旬～2月。8月を除く多くの金曜　開館日時は変更もあるのでウェブサイトなどで要確認 料£15
URLwww.nationaltrust.org.uk/hill-top
予約優先のため事前予約なしでの入場は保証されない。入館人数制限で待ち時間が発生することもある。入場まで時間があったら村を散策しよう。

ニア・ソーリー村 *Near Sawrey Map*

ポターが結婚後に移り住んだ家カースル・コテージ

ピーターも手紙を投函したポスト

『こねこのトムのおはなし』に登場したゲストハウス、バックルイート

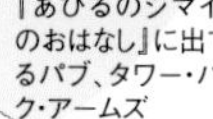

『あひるのジマイマのおはなし』に出てくるパブ、タワー・バンク・アームズ

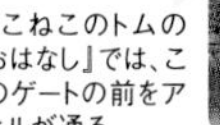

『こねこのトムのおはなし』では、このゲートの前をアヒルが通る

4 物語に入り込むことができる ビアトリクス・ポターの世界
The World of Beatrix Potter

ボウネスの町なかにあるアトラクション。ポターが描いた挿絵が人形で再現され、まるで絵本のなかに飛び込んでいるかのよう。ポターや物語について簡単に知ることができる、5分ほどのフィルム上映もある。

住Crag Brow, Bowness-on-Windermere, LA23 3BX TEL015394.88444 開4～10月10:00～17:30 11～3月 10:00～16:30 クリスマス前～年末年始は不定期 最終入場は閉館1時間前 休不定休あり 料£10.50
URLwww.hop-skip-jump.com

1 洗濯屋のティギー・ウィンクルおばさんと一緒に 2、3 庭もあり、アフタヌーンティーなどが楽しめるカフェやショップも

5 ポターについて知りたいなら ビアトリクス・ポター・ギャラリー
Beatrix Potter Gallery

ホークスヘッドの町にある、弁護士だったポターの夫ウィリアム・ヒーリスの法律事務所として使われた建物。ポターの原画などが展示されており、入口付近がポターの挿絵に登場する。

住Main St., Hawkshead, LA22 0NS TEL015394.36355 URLwww.nationaltrust.org.uk/beatrix-potter-gallery-and-hawkshead ※2024年は改装のため休館。改装中は、ヒル・トップでポターの原画などが展示される予定。

6 湖を望めるホテル リンデス・ハウ *Lindeth Howe*

ポターが休暇を過ごし、ここで挿絵を仕上げたこともある。ポターの父が亡くなったあと、彼女は母親の家としてこの建物を買い取った。現在は、食事やアフタヌーンティーも楽しめる魅力的なホテルになっている。

住Lindeth Drive, Longtail Hill, Bowness-on-Windermere, LA23 3JF TEL015394.45759 URLwww.lindeth-howe.co.uk

1 すてきな部屋でアフタヌーンティーや食事が楽しめる 2 アフタヌーンティーにはシェフ手作りのケーキやサンドイッチが並ぶ 3 甘い物より食べることにウエートをおいたハイティーもある 4 スタンダードルーム

Column

ビアトリクス・ポターとナショナル・トラスト

ナショナル・トラストは、「美しい自然や歴史的な建物を守るため、自分たちで土地や建物を買い取り保護しよう」という理念で設立された。創立者のひとりであるローンズリー牧師は、ポターに大きな影響を与えた人物で、ポターも湖水地方の4000エーカーに及ぶ土地や農場などをナショナル・トラストに寄贈している。

1 ポターが湖水地方で最初に滞在した所。現在はナショナル・トラスト所有でWray Castleとして公開されている 2 左から父親、ポター、弟 3 ポターは湖水地方原産の羊の保護にも力を注いだ

ライと乗り換え駅のアシュフォード・インターナショナル駅間の電車は1時間に1本なので、事前に時刻表の確認を。

SHORT TRIP 04 ロンドンからの小旅行

カンタベリー&ライ

Canterbury and Rye ▶Map P.128、129

巡礼地からノスタルジックな港町へ

中世イングランドにタイムトリップ

中世の時代、多くの巡礼者が足を運んだ荘厳で壮麗なカンタベリー大聖堂と中世のままの姿を残すライの町。中世の世界にそのまま迷い込んだような気分になる。

身廊や天井に12世紀の面影を伝えるカンタベリー大聖堂

カンタベリー

Canterbury

6世紀末にイギリスに初めてキリスト教が伝わったカンタベリーは、中世にはヨーロッパ有数の巡礼地だった。その中心がカンタベリー大聖堂で、現在は英国国教会の総本山となっている。今もローマ時代の城壁が残る町を歩けば、中世に戻ったような気分になる。

観光案内所　Canterbury Visitor information Centre
住18 High Street, Canterbury, CT1 2RA　TEL01227.862162　開月～土10:00～17:00（木～18:00）日11:00～16:00　休一部の祝　URLcanterburymuseums.co.uk/the-beaney/visitor-information

▶▶所要 7時間30分

おすすめコース

9:00　カンタベリー大聖堂
↓ 徒歩約8分
10:30　聖アウグスティヌス修道院跡
↓ 徒歩約5分
11:00　聖マーティン教会
↓ 徒歩約20分
カンタベリー・ウエスト駅からAshford International駅で乗り換えライへ
13:00　マーメイド・インでランチ
14:30　聖メアリー教会
15:30　イプラ・タワー

カンタベリーとライの歩き方

カンタベリーは歩いて回れる小さな町。世界遺産は大聖堂と聖アウグスティヌス修道院跡と聖マーティン教会の3つ。時間と興味でポイントを絞って。ここから電車で約50分、ランチやお茶は歩くだけでも情緒たっぷりのライの町で。

ACCESS

◎電車
● ロンドンSt Pancras駅
Margate行きで約55分
● Canterbury West駅
※Ashford Internationalで乗り換える場合、所要約1時間15分
Victoria駅発のCanterbury East駅着は所要約1時間30分

◎コーチ（National Express）
● ロンドンVictoria Coach Stationから約2時間10分

London
here!
カンタベリー
here!
ライ

Broad St.
Military Rd.
城壁
Old Ruttington
Havelock St.
St. Gregory's Rd.
Orange St.
1 カンタベリー大聖堂
カンタベリー・ウエスト駅へ
Mercery Lane
Parade St.
Burgate
Church St.
Monastery St.
2 聖アウグスティヌス修道院跡
3 聖マーティン教会へ
Longport
St. George's St.
Lower Bridge St.
Lane
Gravel Walk

大回廊の天井には紋章がある

1 イギリス・ゴシックの代表建築 カンタベリー大聖堂

Canterbury Cathedral

聖アウグスティヌスによる布教地を前身に、ゴシック様式で再建された英国国教会総本山。12世紀に大司教ベケットの殉教以来、巡礼者の聖地になった。

住11 The Precincts, Canterbury, CT1 2EH 電01227.762862 開月〜土9:00〜17:00、日12:30〜17:00 最終入場16:00 変更もあるので事前に確認を 休一部の祝 儀式などで入場不可になることもある 料£17 当日券は観光案内所で購入 マルチメディアガイド£5 URLwww.canterbury-cathedral.org

2 廃墟の世界遺産 聖アウグスティヌス修道院跡

St Augustine's Abbey

597年に伝道に訪れた聖アウグスティヌスが建てたベネディクト会の修道院跡。1530年代、ヘンリー8世によって院は解散された。現在は廃墟。

住Longport, Canterbury, CT1 1PF 電0370.333 1181 開11月〜3月下旬土・日10:00〜16:00 3月下旬〜10月毎日10:00〜17:00 不定期営業あり 休上記以外、一部の祝 料£9.50 オンライン£7.70 URLwww.english-heritage.org.uk

3 イギリス最古の現役教会 聖マーティン教会

St.Martin's Church

6世紀に聖アウグスティヌスがローマから派遣される以前の教会でケント王妃の礼拝堂だった。現在使用されている教区教会としてはイギリス最古。

住North Holmes Rd., Canterbury, CT1 1QJ 電01227.768072 開11:00〜15:00 不定期営業あり 休月・火 料無料

ライ *Rye*

13世紀から貿易港として栄えたライは、その後のフランスからの攻撃にも耐え、今も当時の面影を残す味わいのある町。石畳の道を歩いていると中世の町にタイムスリップしたよう。アンティークショップで掘り出し物を探すのも楽しい。

れんが色の町

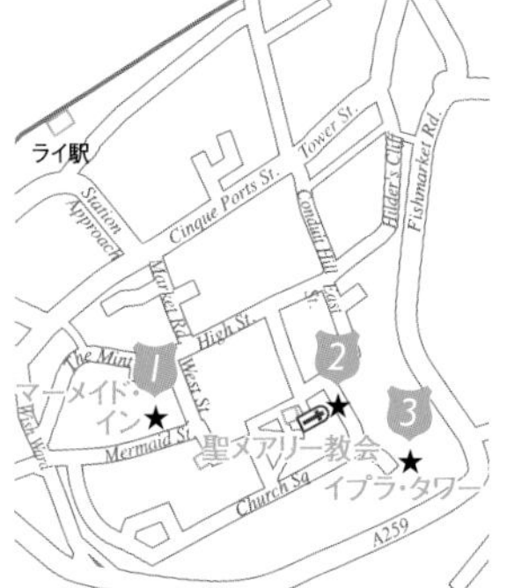

ACCESS

◎電車(ロンドンから)
- St Pancras駅
  - 高速列車で約40分
- Ashford International駅
  - Eastbourne行き約20分
- Rye駅 所要約1時間15分(乗り換え含む)

◎電車(カンタベリーから)
- Canterbury West駅
  - London行きで約20分
- Ashford International駅
  - Eastbourne行き約20分
- Rye駅 所要約1時間 ※電車は1時間に1本

1 中世のままの宿 マーメイド・イン

The Mermaid Inn

ライで最も美しいといわれる通りにある1156年創業のホテル兼レストラン。かつて密輸人などの隠れ家だった伝説の宿。趣ある室内で食事やティータイムを楽しみたい。

住Mermaid St., Rye, TN31 7EY 電01797. 223 065 開レストラン8:00〜10:00、12:00〜14:30、18:30〜21:00 URLwww.mermaidinn.com

2 町のシンボル 聖メアリー教会

Church of St. Mary

900年以上の歴史があり、1377年のフランスの侵略にももちこたえ、現在の建物には12世紀初めに造られた部分も残る。教会の塔に上ると町が一望できる。

住Church Sq., Rye, TN31 7HF 電01797.222 318 開10:30〜16:30(月〜17:00、日9:00〜) 最終入場は閉館15分前 料無料(塔は有料) URLryeparishchurch. org.uk

3 歴史を感じる塔 イプラ・タワー(ライ城)

Ypres Tower

フランスからの侵略に備え、13〜14世紀に建てられたと想定されている。中はライ・キャッスル・ミュージアムの一部で、住居や監獄、葬儀場だった歴史がわかる。

住Gungarden., Rye, TN31 7HE 電01797.226 728 開3月下旬〜10月10:30〜17:00、11月〜3月下旬〜15:30 最終入場は閉館時間の30分前 休一部の祝 料£5 URLwww.ryemuseum.co.uk

見学ツアーでは、選手の控え室などのスタジアムの舞台裏が見られるのでファンなら訪れてみたい。

/ Column 05 / Stadium /

試合以外も楽しめる3つのスタジアム

スポーツの3大聖地はロンドンにあり!

マイボーーール!

ロンドンにはスポーツファンなら行ってみたい3つの聖地がある。いずれも試合がない日には、会場内に入れるツアーを開催しているので、行ってみる価値は十分にある。

世界最大のラグビースタジアムがある

トゥイッケナム Twickenham

ラグビー発祥の地はイギリス中部にある町ラグビーだが、ラグビーの聖地はイングランドラグビー協会の本拠地トゥイッケナム。人口5万人の小さな町にビッグマッチになると人口以上の観客が訪れるスタジアムは8万2000人を収容、ラグビー専用スタジアムとしては世界最大。2003年のW杯でイングランドを優勝に導いたクライブ・ウッドワード監督時代にホームで19戦負け知らずという記録を作り、「要塞トゥイッケナム」と呼ばれるようになった伝説の地だ。

©VisitBritain/Steve Bardens

1909年から試合が行われているスタジアム

▶Map P.154-A3

トゥイッケナム・スタジアム 住Whirton Rd., Twickenham, TW2 7BA 電020.3613 2036 開博物館 火～土10:00～17:00、日11:00～ 最終入場16:00 試合やイベントで閉館・変更することもあるので要確認。スタジアムツアーは基本的に要予約 休月、一部の祝 料£12.50、ツアー込み£27.95 交Waterloo駅から電車でTwickenham駅まで20～30分。駅から徒歩約15分 URL www.worldrugbymuseum.com

ラグビー・ストア ▶詳細 P.79

さまざまな名勝負の舞台

ウエンブリー Wembley

サッカーの聖地は、近代サッカーの母国イングランド代表のホーム、ウエンブリー。イングランドサッカー協会(FA)の子会社が所有し、代表戦やクラブチームのカップ戦FAカップの準決勝と決勝などが行われる。9万人もの観客を収容する、ここのピッチに立つには各国の代表になるか、FAカップで勝ち残るクラブでプレイするしかなく、選手にとってもハードルが高い。スタジアムツアーのルートなどは日によって異なり、VIPツアーなどもある。

1 旧スタジアムは1923年開場、ノーマン・フォスター設計で2007年に建て替えられた 2 ツアーではガイドにどこの国から来たか聞かれるのがお約束

▶Map P.154-A1

ウエンブリー・スタジアム 住Wembley, HA9 0WS 電0800.169 9933 開ツアーは10:00～15:30発 不定期催行なのでウェブサイトから確認と予約を。直前に中止になることがある 休一部の祝、大きなイベントの周辺日 料£24、VIPツアー£70、VIPマッチデーツアー£250 交⊖Wembley Parkより徒歩約10分 URL www.wembleystadium.com

伝統と格式を重んじる

ウィンブルドン Wimbledon

テニスの聖地はウィンブルドン。1877年に世界最古のトーナメントが行われ、今も白いウエアを着て芝のコートで試合をするなど4大大会のなかでも伝統と格式を重んじる。会場は会員制クラブのオールイングランド・ローンテニス・クラブ。周辺は高級住宅地で、夏になるとバケーションで家を空ける人もいるため、トップ選手の多くはそういった家をチームで1軒借り切って、そこから会場に向かう。ツアーを実施するほか、博物館も通年でオープン。

©AELTC/Matthias Hangst

1 マレーがイギリス人として77年ぶりにウィンブルドンで優勝したときは国中が大歓喜 2 マレー・マウンドでの応援も名物

▶Map P.154-B3

オールイングランド・ローンテニス・クラブ 住Church Rd., Wimbledon, SW19 電020.8946 6131 開博物館 10:00～17:30(10～3月～17:00) 最終入場は閉館30分前 要予約 ツアーアシスタント同行でセンターコートへの訪問も可能 休チャンピオンシップ開催中 不定休あり 料£15、ツアー込み£27 交⊖Southfieldsより徒歩約15分 URL www.wimbledon.com

TRAVEL INFORMATION

Essential Information, Customs,
Public Transportation,
Emergency Contact, etc.

旅の基本情報

準備しているときから旅はスタート。
市内へのアクセスや現地で地下鉄やバスを乗りこなすには?
トラブルに遭わないために基本的なことをおさえておけば、
初めてのロンドンも安心して歩ける。

ロンドンの基本情報

ロンドンを気持ちよく旅するために、
前もって知っておきたいことがある。
出発前の準備から入国、旅行中や旅の終わりまで、
事前に確認しておくことで、安心して旅を楽しめる。

基本情報

● 国旗

通称　ユニオンジャック
イングランドの「セント・ジョージ・クロス」とスコットランドの「セント・アンドリュー・クロス」、アイルランドの「セント・パトリック・クロス」が組み合わされて、1801年に制定

● 正式国名

グレート・ブリテンおよび北アイルランド連合王国
The United Kingdom of Great Britain & Northern Ireland

● 国歌

神よ王を守り給え
God Save the King

● 面積

約24万4376km²
(国家統計局 標準面積測定)
日本の約3分の2

● 人口

イギリス約6702万6300人
(国家統計局 2021年)

● 首都

ロンドンLondon。人口約880万人(大ロンドン庁 2021年)

● 元首

国王チャールズ3世
CarlesⅢ
(2022年9月8日即位)

● 政体

立憲君主制 議院内閣制

● 民族構成

アングロ・サクソン系、ケルト系のほか、インド系、アフリカ系、カリブ系、アラブ系など。

● 宗教

キリスト教が半数近く、ほかに、無宗教、イスラム教、ヒンドゥー教、シーク教、ユダヤ教、仏教など(国勢調査 2020年 イングランドとウェールズのみ)

通貨・レート

●£1＝100p＝約194円
(2024年5月8日現在)

通貨はPoundポンド(£)(発音は「パウンド」)とpenceペンス(p)。penceの単数形はpenny「ペニー」。50ポンド紙幣もあるが、一般にあまり使用されない。

1ポンド

2ポンド

5ポンド

10ポンド

20ポンド

1ペニー

2ペンス

5ペンス

10ペンス

20ペンス

50ペンス

※2016年以降の新紙幣はポリマー(プラスチック)製になっている。またエリザベス女王の肖像が入った貨幣から徐々にチャールズ国王のものへと変わっていく。

電話

公衆電話は硬貨のみのものからクレジットカードが使えるものなどがあるが、携帯電話の普及により少なくなっている。ホテルの部屋から電話をかけると通話料に手数料がかかり割高に。日本からイギリスへは国際電話会社の番号が必要なケースもある。

● 日本→イギリス

010 ▶ 44 ▶ 最初の0は取る

010	44	最初の0は取る
国際電話識別番号 ※	イギリスの国番号	市外局番と相手先電話番号

※携帯電話の場合は010のかわりに「0」を長押しして「＋」を表示させると、国番号からかけられる。NTTドコモ(携帯電話)は事前にWORLD CALLの登録が必要

● イギリス→日本

〈03-1234-5678にかける場合〉

00	81	3-1234-5678
国際電話識別番号	日本の国番号	固定電話・携帯電話とも最初の0は取る

● 現地で

ロンドンの市外局番は020。市内通話では020は不要。

チャールズ国王の横顔が描かれたコインの反対面はリス、ミツバチ、アザミなどイギリス全土に生息する動植物をモチーフにしたものとなっている。

祝祭日の営業

バンクホリデーと呼ばれる祝祭日には、休日時間営業となるが、クリスマス前後とイースター前後、年末年始は休業が増える。特に12月25日はほとんどのビジネスが休業、大部分の公共交通機関が運休となる。交通機関は12月26日は休日ダイヤ、さらに1月1日まで年末ダイヤとなる。

日付の書き方

イギリスと日本では年月日の書き方が異なるので注意しよう。日本と順番が異なり、「日・月・年」の順で記す。例えば、「2024年10月5日」の場合は、「5/10/2024」と書く。「8/10」などと書いてあると、日本人は8月10日だと思ってしまうが、これは10月8日のこと。

両替

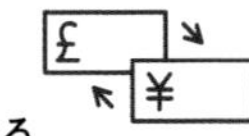

●レートは両替所によって異なる

円からポンド現金への両替は、空港や町なかの両替所でできる。レート、手数料は両替所ごとに違うので必ず確認を。ATMでのキャッシングも可能。

ATM

●キャッシングを上手に活用

空港や駅、町なかなどいたるところにあり、VISAやMastercardなど国際ブランドのカードでポンドをキャッシングできる。出発前に海外利用限度額と暗証番号を確認しておこう。金利には留意を。

クレジットカード

●コンタクトレスカードが便利

ホテルやレストラン、スーパーマーケット、地下鉄の自動券売機などでは、VISAやMastercardなど国際ブランドのカードならばたいてい使える。タッチ決済機能がついたコンタクトレスカードは、地下鉄やバスでもタッチするだけで利用できるので便利。ICチップ付きカードの利用時には暗証番号(PIN)が必要なので、事前に確認を。

言語

●いろいろな英語が行き交う

ロンドンは人種のるつぼで、下町のコックニーから、スコットランドやアイルランド系、アジア系、東欧系の人まで、いろいろなアクセントの英語が使われている。聞き取れなくても、Pardon?と聞き返したり、ゆっくり言ってもらえばOK。チューブ(地下鉄)、ビル(お勘定)など、ロンドンならではの単語を修得して楽しい町歩きを。

時差

●−9時間

イギリスは西ヨーロッパ時間(WET)。日本との時差は9時間のため、日本時間から9を引くとイギリス時間になる。つまり、日本の19:00がイギリスでは同日の10:00。これがサマータイム期間中は8時間の差になる。サマータイム実施期間は、3月の最終日曜1:00〜10月の最終日曜2:00。2024年は3/31〜10/27。

物価

●日本の1.5〜2倍で高め

交通費を含め、多くのものが日本より高い。特に外食はサービス料もかかり、だいぶ高く感じる。

ex ●ミネラルウオーター(500mℓ)£1〜 ●地下鉄Zone1内1日上限£8.50〜 ●タクシー最低料金£3.80〜

日本からの飛行時間

●直行便で約12時間

日本からイギリス・ロンドンまでのフライトは、直行便で約12時間(2024年現在では2〜3時間長い)。ブリティッシュ・エアウェイズ、日本航空、全日空が直行便を運航。

チップ

●感謝の気持ちとして

レストランなどの料金の多くにサービス料が含まれているので、基本的にチップは義務ではない。心地よいサービスを受けたり、特別なことを頼んだときに感謝の気持ちとして12〜15%くらいを目安にチップを渡す。

旅行期間

●4泊以上が望ましい

4泊でも実質観光できるのは3.5日となる。ゆとりのあるプランのために最低でも4、5泊はしたい。

ビザ/パスポート

●ビザは6ヵ月以内の観光は必要なし

パスポートの有効期間は滞在日数以上必要。6ヵ月以上あるのが望ましい。

環境問題に関心が高いロンドンでは、ペットボトルに入ったミネラルウオーターでなく、水道水をマイボトルに詰めて持ち歩く人も増えている。

電圧・電源

イギリスの電圧は一般に230V、周波数50Hz。日本国内用の電化製品をロンドンで使う場合は変圧器が必要。持っていくスマホやデジタルカメラの充電器などが、海外使用可能か変圧器が必要か確認を。

トイレ

町なかでトイレを見つけるのは難しい。路上にあるユニット式の公衆トイレは有料。美術・博物館など観光スポットやデパートなどのトイレを有効活用したい。

郵便

イギリスの郵便局は「ロイヤルメイルRoyal Mail」。営業時間は局によって異なるが、月～金曜9:00～17:30くらいで、土曜営業する局もある。日本までの料金は、はがきおよび定形封書100gまで£2.20。

水

ロンドンの水道水Tap Waterは飲んでも大丈夫。味が気になるならミネラルウオーターを。通常の水、スティルウオーターStill Waterと炭酸入りのスパークリングウオーターSparkling Waterがある。

ベストシーズン　●4月から9月

春の訪れは東京よりやや遅い4月頃。乾燥している夏はさわやかだが、近年では猛暑の日も。秋の訪れは東京よりも早く、8月下旬にもなるとコートが必要な日もある。

ジャケットやスカーフなど温度調節しやすい服装を

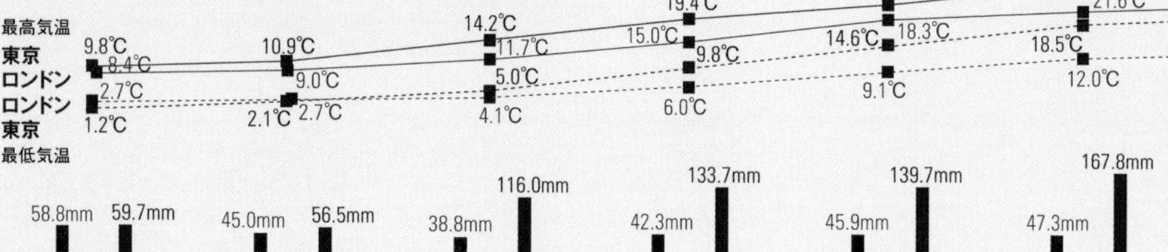

1 January

1/1

ニュー・イヤーズ・デー
New Year's Day

1/1

ロンドン・ニュー・イヤーズ・デー・パレード
London's New Year's Day Parade
ロンドン中心部を楽団やダンサーなどのパフォーマーが練り歩く

※日程は2024年のもの。赤字は休日、*は移動祝祭日

2 February

2/11

チャイニーズ・ニュー・イヤー・セレブレーション
Chinese New Year Celebrations
チャイナタウンがあるソーホーなどで中国の旧正月を祝う

※イギリスはキリスト教に関する祝日が多く、イースターなど年によって異なる移動祝祭日は毎年日にちが変わるので注意!

3 March

セント・パトリックス・デー(3/17)の週末

セント・パトリックス・デー・フェスティバル
St. Patrick's Day Festival
アイルランドの守護聖人セント・パトリックの命日を祝う。パレードをメインに、トラファルガー広場でイベントが開催される

3/29

グッドフライデー*
Good Friday
イースター(復活祭)前の金曜。この日からイースターマンデーまで4連休

4 April

4/1

イースターマンデー*
Easter Monday

4/21

ロンドン・マラソン
London Marathon
グリニッジからウェストミンスターまでの観光名所コースを4万人のランナーが駆け抜ける。ゴールはザ・マル

5 May

5/6

アーリー・メイ・バンクホリデー*
Early May Bank Holiday
5月の第1月曜日が祝日

5/27

スプリング・バンクホリデー*
Spring Bank Holiday
5月最後の月曜日

5/21～25

チェルシー・フラワー・ショー
RHS Chelsea Flower Show

6 June

6/15

トゥルーピング・ザ・カラー(国王公式誕生日パレード)
Trooping the Colour: The King's Birthday Parade
本当の誕生日は11月14日だが好季の6月の土曜が公式誕生日とされ、バッキンガム宮殿から延びるザ・マルという通りを衛兵たちがパレードする

インターネット

Wi-Fiは、B&B、パブ、カフェ、ファストフード店、ホテルなどの多くで無料接続できる。パスワードをもらったり、登録が必要なこともある。海外用Wi-Fiモデムや現地で使えるSIMを用意するのも手。

喫煙

レストランやパブ、ショップ内、ホテルなどの公共の建物内では完全禁煙で、違反者には罰金が科せられる。パブやカフェのテラス席などオープンスペースでは喫煙可能。路上での吸い殻のポイ捨ては罰金。

マナー

地下鉄などのエスカレーターでは右側に立つ。列は窓口が複数あっても1列に並ぶ「フォーク並び」が常識。ドアを開けて後ろに人がいる場合は押さえて待ってあげる。店に入るときは"Hello."とひと言あいさつを。

税金

イギリスでは商品にVAT（付加価値税）20%（標準税率）がかかる。2024年3月現在、イングランド、ウェールズ、スコットランドでは、海外からの一般旅行者が購入した商品を持ち帰る際の免税手続きは行われていない。

※気温は1991～2020年の月平均最高気温と最低気温、降水量は平年値　データ:気象庁、Met Office

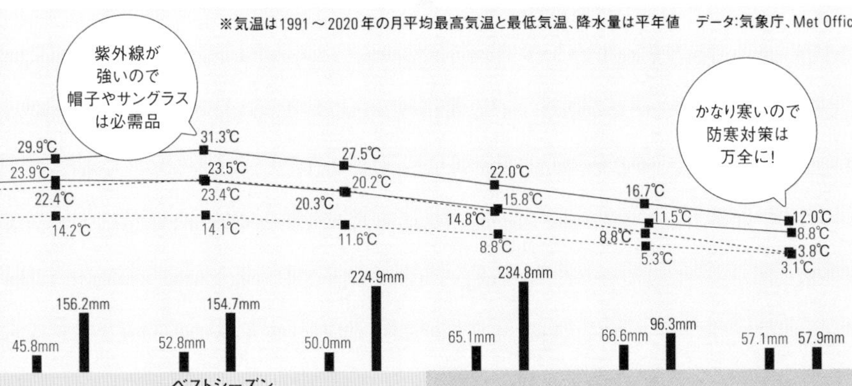

7 July

7/1～14
ウィンブルドン選手権
The Championships, Wimbledon

7/2～7
ヘンリー・ロイヤル・レガッタ
Henley Royal Regatta
1834年より続くテムズ河の競艇

7/19～9/14
プロムス
Proms
世界最大級のクラシック音楽イベント。ロイヤル・アルバート・ホールを中心にイベントが行われる

8 August

8/26
サマー・バンクホリデー*
Summer Bank Holiday
8月最終月曜日

8/25・26
ノッティング・ヒル・カーニバル
Notting Hill Carnival
ロンドンに移住したカリビアンが始めた3日間のお祭り。サマー・バンクホリデーの連休に開催

9 September

9月（日程未定）
トータリー・テムズ
Totally Thames
テムズ河沿いのお祭り

9/14～22
ロンドン・デザイン・フェスティバル
The London Design Festival
デザインイベント実施

9月（日程未定）
オープンハウス・ロンドン
Open House London
800以上の建物を一般公開

10 October

10月（日程未定）
ロンドン・レストラン・フェスティバル
London Restaurant Festival
200を超える店による各種イベント。特別メニュー提供も

10月（日程未定）
ロンドン・フィルム・フェスティバル
London Film Festival
テムズ河南岸のBFIサウスバンクなどで、世界各国の200本近い最新映画を上映

11 November

11/5
ガイ・フォークス・ナイト
Guy Fawkes Night
反逆者ガイ・フォークスにちなんだ花火大会

11/9
ロード・メイヤーズ・ショー
Lord Mayor's Show
11月第2土曜日に市長就任を祝う

11/11
リメンブランス・デー（ポピー・デー）
Remembrance Day (Poppy Day)
赤いポピーを胸につける戦没者追悼記念日。式は11月第2日曜日開催

12 December

12/25
クリスマスデー
Christmas Day

12/26
ボクシングデー
Boxing Day
クリスマスの翌日も休み

イギリス入出国

入国審査を抜ければ、いよいよイギリス。
出国のときは、重量オーバーにならないよう荷物を整理。混雑していることもあるので、空港には余裕をもって遅くとも2時間前には着くようにしたい。

ヒースロー空港の免税店では、事前に予約して、店舗で品物を受け取れる「リザーブ&コレクト」というサービスがある。申し込みはboutique.heathrow.comから。

イギリス到着

1 ロンドン到着

出口（Arrivals）の案内板に従い、入国審査場へ。

2 イギリス入国審査

日本のIC旅券保持者は自動化ゲートeGatesを利用できる。パスポートの顔写真が付いたページを指定の場所におき、上部の顔認証画面を見て、認証されれば、ゲートが開く。

3 荷物の受け取り

到着便名の表示されたターンテーブルから機内預け荷物を引き取る。紛失や破損の場合は、バゲージクレームBaggage Claimのカウンターで引換証（クレームタグ）を見せて交渉を。

4 税関審査

課税対象の物品（右記）を持っている場合のみ。所持品が免税範囲の場合は、そのまま出口へ。

5 到着ロビー

観光案内所や両替所などがある。市内への交通手段についてはP.138を参照。

自動化ゲート eGates

EU加盟国や日本を含む10ヵ国以上の一般の入国者が自動化ゲートを利用できる。利用対象者は10歳以上（10～17歳は大人と同伴の場合、利用可能）で、ICチップ搭載の旅券または生体認証情報を保持した旅券所持者。入国印が欲しい場合など、必要であれば入国審査カウンターで審査を受ける（受け答え例→P.137）。

イギリス入国時の免税範囲

たばこ	紙巻き200本、または葉巻50本、または小型葉巻100本、または刻みたばこ250g、または電子たばこ200本
酒類	無発泡性ワイン18ℓ、ビール42ℓ、およびアルコール度22%を超える飲料4ℓ（22%以下なら9ℓ）
薬	滞在中使用する量
通貨	持ち込みは無制限。 ただし£10000以上の多額の現金などを持ち込む際は申告が必要

※たばこや酒類の持ち込みは、17歳未満の場合、到着前に申告が必要。上記はイングランド、スコットランド、ウェールズでの個人使用や個人的な贈り物に適用。

機内持ち込み手荷物の制限

●おもな制限品

刃物類（ナイフ、はさみなど）…持ち込み不可　**液体物**…容量制限あり※
喫煙用ライター…ひとり1個のみ（機内預けの荷物に入れるのは不可）

※100mℓ以下の容器に入った液体物（ジェル類、エアゾール類含む）で、容量1ℓ以下の再封可能な透明プラスチック袋に入れた場合は持ち込み可。

●機内預け荷物の重量制限

航空会社により多少異なるが、エコノミークラスなら、23kgまでの荷物1～2個を無料で預けることができる。制限重量を超えると超過料金を払うことになる。

入国審査カウンターでの受け答え例

滞在の目的は? What is the purpose of your visit?
観光です。Sightseeing.
何日滞在しますか? How long are you going to stay?
5日です。Five days.
帰りの航空券を持っていますか?
Do you have a return airplane ticket?
はい。Yes.

厳しいセキュリティチェック

手荷物検査ではパソコンやスマホを含む金属製のものはかばんから出し、上着も脱いでトレイに入れる。ブーツは脱ぐよう指示される。電子機器の電源が入るか確認されたり、ボディスキャン検査を受けることもある。

イギリスから日本へ

1 チェックイン

利用航空会社のチェックインカウンターへ。eチケットの控えとパスポートを提示し、搭乗券を受け取る。機内預け荷物を預けて、引換証(クレームタグ)を受け取る。事前にオンラインでチェックインした場合、荷物のみ預けて搭乗券を受け取る。

2 セキュリティチェック

機内持ち込み手荷物のX線検査とボディチェックがある。ブーツも検査の対象になる。

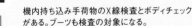

3 出国エリアから搭乗エリアへ

免税店で最後の買い物を楽しむのもいい。搭乗時間をチェックし、余裕をもって搭乗ゲートへ。搭乗券とパスポートを提示して機内に乗り込む。出国印が押されることはない。

4 帰国

税関審査では、機内で配られた「携帯品・別送品申告書」を提出。別送品がある場合は2枚必要。提出後は到着ロビーへ。長旅おつかれさま!

携帯品・別送品申告書の記入例

●A面

(A面)

携帯品・別送品申告書

搭乗機(船)名	BA005便 出発地 LHR
入国日	2024 年 12 月 20 日
フリガナ	チキュウ アユミ
氏名	地球 歩
現住所(日本での滞在先)	東京都品川区西五反田2-11-8
電話	03(1234)5678
職業	会社員
生年月日	1977 年 01 月 15 日
旅券番号	AB1234567
同伴家族	20歳以上 0 名 6歳以上20歳未満 名 6歳未満 0 名

1. 下記に掲げるものを持っていますか? はい いいえ

2. 100万円相当額を超える現金、有価証券又は1kgを超える貴金属などを持っていますか? はい いいえ

3. 別送品 入国の際に携帯せず、郵送などの方法により別に送った荷物(引越荷物を含む。)がありますか? ✔はい(1 個) いいえ

《注意事項》

この申告書に記載したとおりである旨申告します。

署名 地球 歩

●B面

(B面)

※入国時に携帯して持ち込むものについて、下記の表に記入してください。(A面の1. 及び3. ですべて「いいえ」を選択した方は記入する必要はありません。)

酒類		4	本
たばこ	紙巻	200	本
	加熱式		箱
	葉巻		本
	その他	2	グラム
香水			オンス

その他の品名	数量	価格
衣類		50000円
腕時計		150000円
ハンドバッグ		80000円
指輪		120000円

1. 日本への持込みが禁止されている主なもの

2. 日本への持込みが制限されている主なもの

3. 免税範囲(一人あたり。乗組員を除く。)
・酒類3本(760mlを1本と換算する。)
・紙巻たばこ200本(外国製、日本製の区分なし。)

日本入国時の免税範囲

● 税関www.customs.go.jp

酒類	3本(1本760mℓ程度のもの)
香水	2オンス(1オンスは約28mℓ。オーデコロン、オードトワレは含まれない)
たばこ	紙巻きたばこのみ200本、加熱式たばこのみ10個(1箱は紙巻き20本相当)、葉巻のみ50本、その他の場合250g
その他	20万円以内のもの(海外市価の合計額)
おもな輸入禁止品目	麻薬、向精神薬、大麻、アヘン、覚せい剤、MDMA、けん銃等の銃砲、爆発物、火薬類、貨幣、有価証券、クレジットカード等の偽造品、偽ブランド品、海賊版など

空港から市内へ

ロンドンには日本からの直行便が発着するヒースロー空港をはじめ、5つの空港がある。長距離便はヒースロー空港がメインで、ほかの空港は国内外の各都市への短中距離便が多い。

●日本からの直行便はここに

ヒースロー空港

Heathrow Airport

日本からの直行便が着くヒースロー空港は、1940万人(2021年)の旅客数を誇る巨大空港。ターミナルは4つ。ブリティッシュ・エアウェイズは専用のターミナル5、日本航空はターミナル3、全日空はターミナル2に発着。

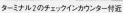

ターミナル2のチェックインカウンター付近

地下鉄で市内へアクセスできる

おもな航空会社のヒースロー空港発着ターミナル

Terminal 2

おもにスターアライアンス各社
ルフトハンザドイツ航空(LH)
ユナイテッド航空(UA)
全日空(NH)
タイ国際航空(TG)など

Terminal 3

おもにブリティッシュ・エアウェイズ(BA)を含むワンワールド各社
日本航空(JL)
キャセイパシフィック航空(CX)など
デルタ航空(DL)の一部の便も発着

Terminal 4

おもにスカイチームとアライアンス非加盟航空会社
デルタ航空(DL)
KLMオランダ航空(KL)
エールフランス航空(AF)
大韓航空(KE)など

Terminal 5

ブリティッシュ・エアウェイズ(BA)の国際線、国内線のフライトと共同運航便

ヒースロー空港からのエリア別アクセス

空港からロンドン市内への公共交通機関は、鉄道、地下鉄、ナショナル・エクスプレス(バス)、タクシーがある。予算、宿泊するエリア、荷物の量、人数、所要時間や時間帯などを考えて、自分に合ったものを選ぼう。

会社	所要時間	料金	行き先
ヒースロー・エクスプレス Heathrow Express	パディントン駅まで約15分(月～土5:17～翌0:04〈月・土～23:32〉、日5:32～23:32の15分間隔)	片道£25 往復£37 早割£15～	パディントン駅
エリザベス・ライン Elizabeth Line	パディントン駅まで約30分(月～土5:21～翌0:12、日5:54～翌0:12の5～20分間隔)	片道£12.20～(コンタクトレスカードまたはオイスター料金)	ウエスト・イーリング、イーリング・ブロードウェイなど6駅を経由してパディントン駅
地下鉄ピカデリー・ライン Piccadilly Line	ピカデリー・サーカス駅まで約50分(5:12〈土・日3:17〉～23:45〈金・土翌3:07、日23:28〉、5～15分間隔)	£5.60～6.70	サウス・ケンジントン、コヴェント・ガーデン、ラッセル・スクエアなどを経由
ナショナル・エクスプレス(バス) National Express	ヴィクトリア・コーチ・ステーションまで45分～1時間35分(1:00～23:59、1時間0～6本程度)	£8～(手数料、座席予約など別料金あり)	ターミナル2、3駅から徒歩5～10分ほどのセントラル・バスステーション発
タクシー Taxi	ロンドン市内まで約60分(混雑状況による)	£70～120 夜・日・祝などは割増	

※ヒースロー・ターミナル2、3駅からのもの。エリザベス・ラインは進行方向や時間帯などにより料金が異なることもある。

ヒースロー空港からロンドンまでのアクセスポイントは、パディントン駅、ヴィクトリア駅、ピカデリー・ラインとエリザベス・ラインの沿線。その先の移動も考えて移動手段を選択。

空港～市内アクセスマップ

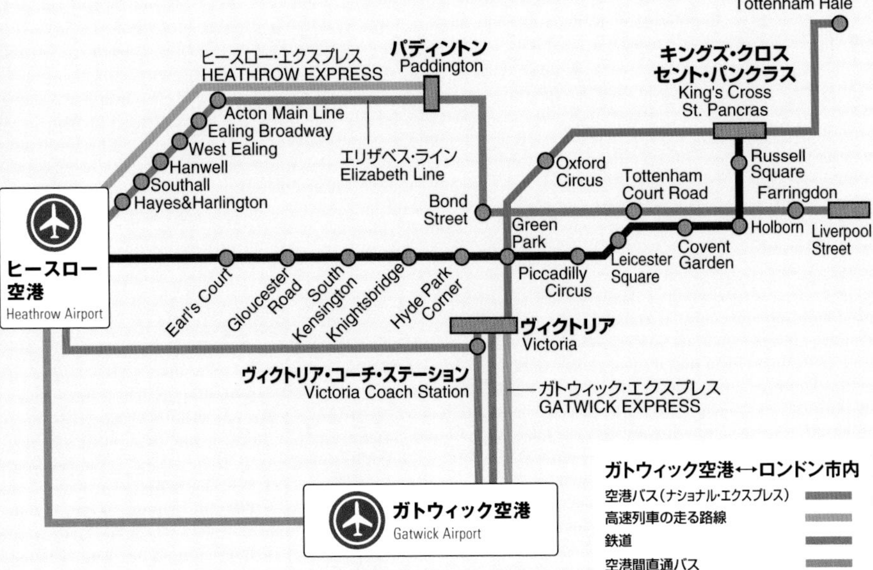

その他の空港

●イギリスで2番目に大きい

ガトウィック空港

Gatwick Airport

ロンドンの南約44kmに位置するイギリスで2番目に大きな空港。イギリス南部へのアクセスに便利。ターミナルは北と南にふたつあり、おもにヨーロッパやアメリカの各都市便が発着。

●ヨーロッパを結ぶLCC拠点

ルートン空港

Luton Airport

ロンドンの北西約54km。イギリスのLCC、イージージェット航空のハブ空港。

スタンステッド空港

Stansted Airport

ロンドンの北東約60km。アイルランドのLCCライアンエアーのハブ空港。

●ビジネスパーソンの足

ロンドン・シティ空港

London City Airport

ロンドン東部のドックランズにあり、シティへのアクセスがいい。ビジネスパーソンによるシャトル便の利用が多い。

ロンドン交通局の運賃などは、毎年3月に大きな改定が行われることが多い。

ロンドンの市内交通

ロンドンはチューブTubeと呼ばれる地下鉄やバスが発達しているので、
市内の移動に困ることはない。
初めての旅行者も交通カードを使えば簡単に利用することができる。

この3つを使えばロンドンの町は自由自在!

ロンドンの公共交通機関のチケットは共通。滞在日数に加え、毎日動き回るか、1ヵ所でゆっくりするかなど旅のスタイルによってもお得なパスが異なるので、旅程を立ててから考えよう。

●地下鉄

●バス

●リバーバス

切符の買い方

⊖ Transport for London
04NOV15 DAY SINGLE ·4 80·STD
04 NOV 15 KINGS CROSS
006458 82 0838 04NOV15 0953 £4:80C
This side up · Not for resale. Issued subject to conditions · see over

紙の1回券を買うよりコンタクトレスカードやオイスターを利用したほうが割安

切符の種類を選び、料金を入れる。タッチスクリーン式の券売機には日本語表示もあり、クレジットカードも使える。オイスターカードは、駅の自動発券機、ビジターセンター、ニュースエージェントなどで購入する。切符を購入しなくていいコンタクトレスカードも便利。

ゾーン1、ゾーン1～2 片道£6.70、ゾーン1～6 片道£6.70

券売機のタッチスクリーンは日本語にして操作することもできる
オイスターのチャージは最初と最後に黄色の丸にタッチする

便利なパス

オイスター
Oyster

事前にチャージ(トップアップtop-upという)して使うICカードで、最初に手数料が£7かかる。引かれる額は1日の上限(Daily Capping、ゾーン1～2で£8.50、ゾーン1～6で£15.60)までで、Day Travelcardの料金より安い。コンタクトレスカードでも、タッチするだけで乗車でき、オイスターと同様の料金。

●オイスターまたはコンタクトレスカードを利用したときの片道料金

ゾーン1	ピーク£2.80	オフピーク£2.70
ゾーン1-2	ピーク£3.40	オフピーク£2.80
ゾーン1-6	ピーク£5.60	オフピーク£3.60

※ピーク:一般に平日の通勤時間帯(6:30～9:30、16:00～19:00)。一部例外もある

⊖ Transport for London
04NOV15 01DAY TRAVELCARD STD
04 NOV 15 »123456«
==DAY TRAVELCARD OFF-PEAK
006457 82 0838 04NOV15 0949 £12:00C
This side up · Not for resale. Issued subject to conditions · see over

トラベルカード
Travelcard

期間とゾーン限定の乗り放題トラベルパス。終日(翌日4:30まで)使えるAnytime Day Travelcardと割安な平日9:30以降と週末や祝日限定のOff-Peak Day Travelcardがある。ゾーンの乗り越しは罰金。1日用のDay Travelcardは自動券売機で買え、1週間用の7 Days Travelcardはオイスターへのチャージとなる。

●Day Travelcardの料金

ゾーン1～ゾーン1-4 £15.90 オフピーク割引はなし
ゾーン1-6 £22.60(オフピークは£15.90)

●7 Days Travelcardの料金

ゾーン1～ゾーン1-2 £42.70、ゾーン1-3 £50.20、ゾーン1-6 £78

地下鉄 Underground（Tube）

チューブTubeと呼ばれる地下鉄は11路線だが、DLRなど地上を走る路線とも接続。運行時間は路線や駅により異なるがピカデリー・サーカス駅で月〜木曜5:47〜翌0:32、金曜始発5:47、金曜夜から日曜朝までは24時間運行。日曜最終23:38。

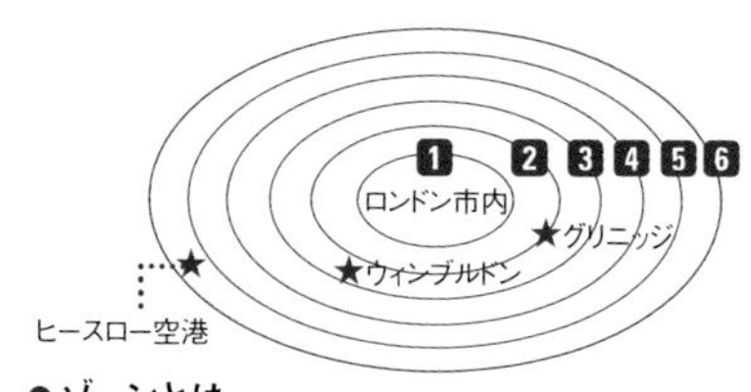

●ゾーンとは

ロンドンの料金区分はおもに6つのゾーンに分けられる（さらに広域も入れると全部で9つ）。見どころはゾーン1〜2に集中しているが、少し離れた所に行く場合は確認を。ウィンブルドンはゾーン3、グリニッジはゾーン2とゾーン3にまたがる駅、ヒースロー空港はゾーン6。

地下鉄駅を探す

UNDERGROUNDと記された赤丸に青い横棒のマークが目印。各路線も色分けされていてわかりやすい（→P.174〜175）。

地下鉄の乗り方

1 路線を確認

路線図は終点の駅名を必ずチェックすること。路線図は本書P.174〜175のほか、駅などで無料でもらうことができる。

2 改札、ホームへ

切符の場合は、自動改札機に挿入し、出てきた切符を抜き取ると前方の扉が開く。オイスターやコンタクトレスカードは改札機上部の黄色い部分にタッチする。自分が乗りたい路線名を探し、目的の駅が東西南北のどの方向なのかを確認し、その方向に進む。

東行き:Eastbound　西行き:Westbound
北行き:Northbound　南行き:Southbound

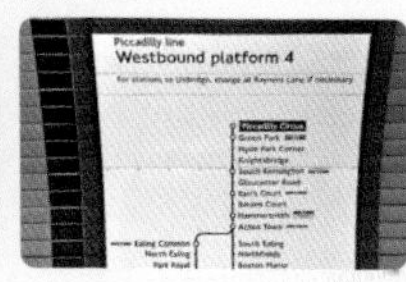

3 乗車、降車

同じプラットホームに複数の路線が通ることもあるので、頭上の電光掲示板と車両前方に表示されている行き先を確認してから乗車。車両の中にも路線図があるほか、次の駅を告げるアナウンスもある。扉にOpenと書かれたボタンがあるが、だいたい自動で開く。

4 乗り換えの場合

次に乗る路線が書かれた看板に従って、ホームへ進む。改札を一度出ないと乗り換えられない場合は、改札でオイスターやコンタクトレスカードをタッチして外へ出て、乗るべき路線ホームに向かう（オイスターやコンタクトレスカードには通しの運賃が適用）。

5 出口

Way out

目的地に着いたら「Way out」の表示に従って歩き、再び自動改札機を抜ければ到着。改札を出た所には、駅周辺の地図が設置されている。

ロンドンの白タク（通称ミニキャブ）はライセンス制で完全予約制。電話で予約する際には事前に料金交渉をしておくこと。

電車 National Rail

ナショナル・レイル（NR）は旧ブリティッシュ・レイルの路線を運行する鉄道会社の集合体のブランド名。郊外への足。

切符　**●NRのチケット、オイスター、コンタクトレスカード（一部路線）**

切符はNRのウェブサイトからも購入可。券売機ではオイスターも使える。

ロンドン市内であれば、ほとんどの路線でオイスターが使える。

電車の乗り方

1 ホームを見つける

ターミナル駅では、プラットホームの案内が出るのが発車時刻10分くらい前と、直前のことも多い。出発ホームまでかなり歩くこともあるので、表示板を絶えず見ておこう。

2 改札

発車番線が表示されたら、改札口を通り、ホームに向かう。ターミナル駅の自動改札機は地下鉄のものとほぼ同じ。市内や近郊の駅ならオイスターも利用できる。

3 乗車、降車

First Class（1等車）とStandard（2等車）に分かれているので、選んだ車両に乗る。ドアは自動でなく、ボタンを押して開ける。降車するときも、ボタンを押してドアを開ける。

リバーバス River Bus

ロンドン交通局が管理、民間会社が運航する定期船のネットワーク。観光客もクルーズ気分で楽しめる。

●リバーボートの活用

テムズ河を運航するボートはオイスターやコンタクトレスカードが利用できるリバーバス（テムズ・クリッパーが運航）と遊覧船（→P.50）がある。遊覧船はオイスターでは支払えない。

オープンテラス席のあるボート

リバーバスの乗り方

1 チケット売り場

リバーバス（テムズ・クリッパー運航）のチケットは桟橋近くの売り場でチケットが買える。オイスターも使える。

2 乗船

船が来たら指示に従って乗り込む。リバーバスの船内ではガイドによる案内はない。

3 下船

ピアが見えたら船を降りる準備を。接岸したら指示に従って下船する。

●リバーバスの料金

料金はゾーン制。West、Central、Eastの3つのゾーンに分けられている。グリニッジはEastゾーン
片道セントラル £10.50　片道イースト £5.70
（オイスターやコンタクトレスカードを使った場合：片道セントラル£8.30　片道イースト £5.20）

バス Bus

バス路線は市内全域にわたって網の目のように走っている。車窓を楽しみながら移動できるので気軽に利用してみたい。

切符　●オイスター、コンタクトレスカード、トラベルカード、1日バスパス

※カードやパスのみ利用でき、1回券はない。

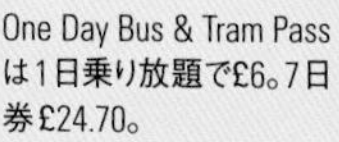

One Day Bus & Tram Passは1日乗り放題で£6。7日券£24.70。

オイスターかコンタクトレスカードなら1回£1.75。1時間以内のバス乗り換えは無料。1日の上限£5.25。

バスの乗り方

1 バス停で

乗り場位置（写真の「C」）、停留所名、停車するバスの路線番号と方面、路線図と時刻表が表示されているので確認を。バスが来たら、手を真横に出して合図。

2 乗車

ワンマンカーで前乗り。車内での現金による運賃支払いは行っておらず、運転手にトラベルカードを見せるか、オイスターやコンタクトレスカード、1日バスパスなら黄色い読み取り機にタッチする。

（左）前から乗るワンマンバス
（右）黄色の丸にタッチ

3 降車

車内の表示などで確認し、下車する停留所が近づいたら、赤のSTOPボタンを押して知らせる。

タクシー Taxi

荷物が多いときや、友人と一緒のとき、夜遅くなったときなどはタクシーが便利。ロンドンらしいブラックキャブ（ロンドン交通局認定タクシー）も利用してみたい。

●空車の見分け方

屋根の上のライトと助手席の「For Hire」のランプが点灯していたら空車。

タクシーの乗り方

1 タクシー乗り場を見つける

青地に白い文字でTaxisと書かれた乗り場Taxi Rankで待つ。中心部では流しのタクシーも多いので手を横に挙げて停まってもらう。

2 乗り方

乗車前に助手席の窓越しからドライバーに行き先を告げ、了承されたら自分でドアを開け乗車する。行き先がホテルの場合、同じような名前が多いので、住所か郵便番号を伝える。スーツケースなども基本的には自分で客席側に載せる。

3 料金について

料金はメーターに表示される。支払い時に料金の10～15%のチップを加えるのが習慣になっている。クレジットカードやデビットカードで支払うことができる。

タクシーの料金

●基本料金

初乗り£3.80。夜間、週末、祝日は割増料金になる。2マイル（約3.2km）、10～20分くらいの乗車で£11～19。時間帯、曜日などでも料金は異なる。

●特別料金

空港からロンドン市内へは£3.60追加。
電話あるいはオンライン予約は最大£2追加。
12月24日20:00～12月27日6:00、12月31日20:00～翌年1月2日6:00はプラス£4。

広めの部屋にリーズナブルに滞在するならサービスアパートメントがある。中心地から離れるがStaycityなどはキッチン付きで、建物も新しめ。

ロンドンのホテル選び

旅の印象を決める重要な要素となるのがホテル。高くて狭いといわれるロンドンでは、世界的に有名な超高級ホテルからユースホステルまでホテルのグレードはさまざま。旅のスタイルに合わせたロンドンならではのホテル選びのコツをご紹介。

ホテル事情

世界中から人が集まる経済の中心地であるロンドンは、大きなイベントや国際会議などが1年中開催されているため、オフピークの時期が少なく、ホテル料金はどこも強気の設定だ。中心部の国際高級チェーンホテルでは1泊3万5000円以上。ちょっとさびしい感じのB&Bですら1泊1万円以上。スタンダードなホテルは1泊2万円以上すると考えていい。なお、ロンドンの多くのホテルの料金にはサービスチャージが含まれるので、別途サービス料を加える必要はなく、ルームサービスへの枕銭はあくまで任意。Wi-Fiは、高速線のみ有料にしている場合もあるが、多くのホテルで無料。

部屋の種類

- **シングル** single
  ひとり部屋
- **ダブル** double
  ダブルベッドがひとつのふたり部屋
- **ツイン** twin
  ベッドがふたつのふたり部屋
- **トリプル** triple
  3人部屋
- **ドミトリー** dormitory(dorm)
  他人と共有する相部屋
- **バス(シャワー)付き**
  with a bath(shower)
- **バス(シャワー)なし**
  without a bath(shower)
- **バス(シャワー)とトイレ付き**
  en suite(オン・スイート)

B&Bとゲストハウス

Bed & Breakfast (B&B) ベッド・アンド・ブレックファストは、宿泊と翌朝の朝食をセットにした家族経営の小規模な宿で発祥はイギリス。ゲストハウスも朝食が付いていればB&Bということになり、厳格な線引きはない。どちらも一般家庭のような宿から、高級ホテル並みにインテリアや食事にこだわった宿までさまざま。ロンドンの中心部では、設備が整い、きれいでおしゃれなB&Bの料金はそれなりに高い。

階数について

イギリスは日本でいう1階のことをグラウンドフロアGround Floorといい、2階はファーストフロアFirst Floorという。エレベーターでボタンを押すとき、1階に行くときは、「G」のマークを押す。「1」を押すと日本でいう2階に着く。

エリア別特徴

1 大英博物館周辺
環境がよく、大通り沿いでなければ静かな滞在ができる。キングス・クロスなどターミナル駅にも近くて便利。

2 サウス・ケンジントン周辺
交通の便がいいうえ、博物館エリアにも近く、中～高級ホテルが集中。アールズ・コート周辺はエコノミー・ホテルやB&Bが多い。

3 パディントン&マリルボン
マリルボンはウエスト・エンドにも近く割高だが、それだけの価値はある。パディントン周辺は高級～エコノミーまで幅広く、パディントン駅近くのサセックス・ガーデンズあたりがB&B街。

4 ヴィクトリア駅周辺
見どころとターミナル駅に近いためホテルの数も種類も豊富。コーチの駅近くにもB&Bが多い。

B&Bに泊まるときの注意

チェックインの際、泊まる日数分の宿泊費全額を前払いするのが一般的。不安なときは1泊だけ泊まってから延泊するか判断するのも案。また、個人経営のB&Bでは、テイクアウエイで食事を買ってきて部屋で食べるのを嫌がられることがある。「部屋では食べないでください」などとインフォメーションなどに書かれていたら、それに従う。

ホテル選びのポイント

1 とにかく価格重視

Ibis やHoliday Inn、Premier Inn などエコノミーなチェーンホテルは機能的で安心して泊まれるが、中心地になるほど高い。狭めの部屋でシャンプーなどのアメニティを減らして比較的リーズナブルな価格設定のホテルもある。出費を抑えるには、**1** 中心部から離れる。例えばシェパーズ・ブッシュはゾーン2のため中心地より値頃感あり。DLR（ドックランズ・ライト・レイルウエイ）の再開発地区は新築ホテルもあり穴場だが、ヒースロー空港や中心地に出るのは面倒。 **2** かなり前に予約を入れるか、直前のセールを狙う。 **3** 民泊紹介サイトAirbnb（エアビーアンドビー）でお得な物件を見つけるのも案。 **4** 長期滞在など、とにかく価格を抑えたいなら、ユースホステルや学生寮。なお、中心地でお手頃な料金のB&Bでは設備は期待しないほうがいい。

2 選ぶ手間をかけたくないなら

忙しい人が活用したいのが、旅行会社が販売する航空券とホテルがセットになったスケルトンタイプのパッケージツアー。自分でホテルを探し出し、直接予約する手間が省けて面倒がない。料金の違いはホテルのグレードの違いなので、どんなホテルかは確認しておこう。

3 空港へのアクセス重視

ヒースロー空港からのアクセスも重要。電車ならパディントン駅、地下鉄ならピカデリー・ラインの沿線、バス（National Express）ならヴィクトリア・コーチ・ステーションがアクセスポイントなので、これらの駅に近いホテルが便利。ただパディントン駅は地下鉄の乗り換えがやや多くなる。

4 歴史と伝統の老舗

リッツにサヴォイ、クラリッジなど、ロンドンには昔から貴族やクラブメンバーの社交場になっていた憧れの老舗ホテルも多い。予算より経験優先なら、レディス&ジェントルマンとなって、本物のサービスを受けてみたい。リッツのスイートに1ヵ月も泊まるセレブもいるそうで、世界中の本物のセレブとすれ違うチャンスもある。

5 おしゃれなデザインホテル

ロンドンには最先端を行く有名デザイナーが手がけたデザイナーズ&ブティックホテルが数多く存在する。おしゃれなインテリアに囲まれた部屋に滞在したいというなら、ぜひデザイナーズ&ブティックホテルへ。近年はイースト・ロンドンのショーディッチ周辺に新しいタイプのホテルが登場している。一般的にデザインホテルは割高だが、近頃は値段を抑えたタイプのデザインホテルも人気。

6 目的と滞在エリアを重視

「大英博物館を数日かけてじっくり観たいので徒歩圏内のホテルにしたい」「雑誌に載っていたサウス・ケンジントンのすてきなB&Bに泊まりたい」「好きなエリアに住んでいるように滞在したい」など、明確な目的があるなら、希望のエリアに宿を取るほうが悔いは残らない。

7 予約サイトをうまく活用

Expedia やBooking.com などのホテル予約サイトで、値段や口コミを事前にチェックしたい。Google Map でも地図からホテルが探せ、相場を知るにも便利。LateRooms.com とLastminute.com は、英語だがイギリス発祥だけあって、イギリスのホテルの選択肢が多い。予約サイトのセールのほか、ホテルのウェブサイトにスペシャルオファーが出ることもあるので、狙っているホテルがあればマメにチェックしよう。

B&Bが並ぶパディントンのサセックス・ガーデンズ

凝ったインテリアが楽しいデザインホテルのドローイングルーム

チェーンホテルの部屋（プレミア・イン・ケンジントン）

旅の安全対策

盗難の際はすぐに警察に届け出て、受理証明書をもらう。パスポート紛失などの場合は日本国大使館領事班へ。クレジットカードの場合はまず発行会社に連絡すること。

ロンドン滞在中は、日本にいるとき以上に警戒のアンテナを立てて安全に留意したい。
トラブルのパターンを前もって知っておくことで、予防対策がより万全になる。

治安

スリや置き引きには要注意。荷物は体から離さず、現金やクレジットカードをひとめにさらさない。マーケットなど混み合った所ではスリに注意。ナイトバスに乗るときは、人が少ない2階でなく、運転手の近くに座るなどの防衛策を。

病気・健康管理

旅行中は、気候や環境の変化、慣れない食事で体調を崩すこともある。疲れをためないよう十分睡眠を取って、無理をしない。使い慣れた風邪薬や胃腸薬を持参。湿布類もあるといい。海外感染症情報も事前にチェックしたい。

海外旅行保険

海外でけがや病気をして医者に診てもらうと全額自己負担になるので、海外旅行保険には必ず入っておきたい。日本語医療サービスに対応する保険ならいざというときに安心。補償内容や連絡先は確認しておくこと。

こんなことにも気をつけて!

●ミュージカルチケットの悪質業者

レスター・スクエア近くのチケット格安販売店で安いと思って購入。確認すると、席もよくないうえに、かなり高い手数料を取られていたという。割引チケットは、公式の割引チケット販売「tkts」のウェブサイトを利用したい。
www.officiallondontheatre.com/tkts

●リュックのバッグは危険

リュックタイプのバッグを背負っていたところ、気がつかないうちに何回もチャックを開けられていたことにあとから気づいたというケースも。リュックはスリの格好の標的で、リュックやショルダーバッグなどを持つ場合は、体の前でホールドして、背中側に中身を回さないこと。

●公園でも油断禁物

女性ひとりの観光でのケース。少し暗くなってきた頃、リージェンツ・パークで少し休憩しようと植え込みのそばに座っていたら、いきなり男の人に茂みの中に引き入れられそうになったという。暗がりでひと気がない所では特に、自身の安全には気を配ること。

緊急連絡先

警察・救急車

999 または **112**

在英国日本国大使館領事班

020.7465 6565

▶Map P.166-A3

●警察へのオンライン盗難届出
www.met.police.uk/ro/report/ocr/af/how-to-report-a-crime

病院

●セント・トーマス病院 St.Thomas' Hospital
020.7188 7188（24時間）

●ロンドン医療センター
020.8202 7272（24時間）

遺失物取扱所

●ロンドン交通局
0343 222 1234

●ヒースロー空港での落とし物
www.missingx.com（ここにアップされる）
www.bagport.co.uk（届け出するとき）

クレジットカード会社

●アメリカン・エキスプレス
0800-866-668
（グローバル・ホットライン）

●JCB
00-800-00090009
（紛失・盗難海外サポート）

●Mastercard
0800-96-4767
（緊急連絡先）

●ダイナースクラブ
81-3-6770-2796
（紛失・盗難の連絡）

●VISA
0800-587-0551
（グローバル・カスタマー・アシスタンス・サービス）

ミニ英会話

いざとなったら、英単語にPleaseを付ければ何とかなる。

観光

このバスはロンドン塔へ行きますか？
Does this bus go to the Tower of London?

ここが列の最後ですか？
Is this the end of the queue?

まだ切符は手に入りますか？
Is there any ticket available today?

今日のミュージカルのチケットをインターネットで予約しています。
I have a reservation for today's musical through internet.

グリーン・パークに着いたら教えてください。
Please tell me when we get to Green Park.

ホテルまで何分くらいかかりますか？
How long does it take to the hotel?

ここで写真を撮ってもいいですか？
May I take pictures here?

写真を撮っていただけますか？
Could you take my picture?

この席は空いていますか？
Is this seat taken?

レストラン・店・ホテルにて

部屋に鍵を置いたまま閉めてしまいました。
I am locked myself out. / I am locked out of my room.

今晩8時に4人分予約したいのですが。
I'd like to book a table for 4 at 8:00 tonight.

これは何でできていますか？
What is this made of ?

荷物を預かっていただけますか？
Could you keep my luggage?

注文した料理がまだ来ません。
My order hasn't come yet.

お勘定をしていただけますか？
Could I have the bill, please?

服装の決まりはありますか？
Do you have a dress code?

これは注文していません。
I didn't order this.

手に取ってみてもいいですか？
Can I pick it up ?

病気のとき

日本語の話せる医師はいますか？
Is there a doctor who speaks Japanese?

保険用に診断書と領収書をいただけますか？
May I have a medical certificate and receipt for my insurance?

寒気がします。
I feel chilly.

左足首を捻挫しました。
I sprained my left ankle.

処方箋を渡します。
I'll give you a prescription.

吐き気がします。
I feel nauseous.

私はアレルギー体質です。
I have allergies.

熱があります。
I have a fever.

何度か吐きました。
I've been vomiting.

緊急時

ひったくり！
Snatcher!

日本国大使館に連絡してください。
Please call the Japanese Embassy for me.

救急車を呼んで！
Call an ambulance!

盗難証明書をお願いします。
A loss theft report, please.

INDEX

★ ロンドン郊外の町

●観光

イギリスの「ギャラリー」は日本でいう美術館も含む。国立の規模の大きいものから個人経営の画廊まで、美術品を扱う。ミュージアムは博物館。

● レストラン、カフェ

スーパーマーケットのテスコは、小さめのMetroやコンビニスタイルのExpressという形態でロンドンのあちこちにあって利用価値大。

セブン・ダイヤルズ・マーケット	フードコート	コヴェント・ガーデン	95	P.167-C1
セント・ジェームズ・カフェ	カフェ	バッキンガム宮殿周辺	99	P.166-B3
セント・ジョン	イギリス料理	バービカン	65	P.162-A3
チェティナード	インド料理	ブルームズベリー	67	P.166-B1
チャーチル・アームズ	パブ	ケンジントン	60	P.111、P.156-A2
チョップ・ハウス	イギリス料理	サザーク	65	P.169-D3
ティー・アンド・タトル	ティールーム	ブルームズベリー	49	P.167-C1
ディシューム	インド料理	コヴェント・ガーデン	67	P.167-C2
デューク・オブ・ケンブリッジ	ガストロパブ	イズリントン	61	P.162-A1
ドレイパーズ・アームス	ガストロパブ	イズリントン	61	P.157-C1
ノース・シー・フィッシュ	フィッシュ&チップス	セント・パンクラス	63	P.161-C2
バーウィック・ストリート・マーケット	フードマーケット	ソーホー	69	P.166-B2
バークレー	アフタヌーンティー	ケンジントン周辺	101	P.171-D1
ハミングバード・ベーカリー	ベーカリー	ノッティング・ヒル	111	P.156-A2
ビビンバ	韓国料理	ソーホー	68	P.166-B1
ピンポン	飲茶・中華料理	サウスバンク	66	P.167-D3
ファイン・フードマーケット	フードマーケット	チェルシー	69	P.171-D2
フォートナム＆メイソン	アフタヌーンティー	セント・ジェームズ	48	P.166-B2
フライヤーズ・デライト	フィッシュ&チップス	ホルボーン	62	P.161-D3
ブラックフライアー	パブ	ブラックフライアーズ	60	P.168-A2
ブレックファスト・クラブ	朝食	イズリントン	65	P.162-A1
ヘイズ・ギャレリア	複合施設	サザーク	105	P.169-C3
ベーグル・ベイク・ブリック・レーン・ベーカリー	ベーグル	ショーディッチ	109	P.163-D3
ポピーズ	フィッシュ&チップス	スピタルフィールズ	63	P.163-D3
マサラ・ゾーン	インド料理	コヴェント・ガーデン	67	P.167-C2
ミエン・テイ	ベトナム料理	ホクストン	68	P.163-C1・2
メイフェア・チッピー	フィッシュ&チップス	メイフェア	63	P.165-D2
モルトビー・ストリート・マーケット	フードマーケット	バラ	69	P.157-D3
モンタギュー・オン・ザ・ガーデンズ	アフタヌーンティー	ブルームズベリー	46	P.161-C3
モンマス・コーヒー	カフェ	コヴェント・ガーデン	95	P.167-C1
ラム&フラッグ	パブ・イギリス料理	コヴェント・ガーデン	65	P.167-C2
リナ・ストアズ	イタリア料理	マリルボン	68	P.165-D1
ルールズ	イギリス料理	コヴェント・ガーデン	65	P.167-C2
レオン・レジェンド	中華料理	ソーホー	66	P.166-B2
ロック＆ソウル・プレイス	フィッシュ&チップス	コヴェント・ガーデン	62	P.167-C1

● ショップ（食材店含む）、マーケット

名称	内容	エリア	ページ	MAP
アーモリー	アーセナルショップ	ホロウェイ	79	P.155-C1
RS No.9 カーナビー	ファッション・グッズ	ソーホー	12	P.166-B2
アストロロジー・ショップ	占星術グッズ	ウエスト・エンド	95	P.167-C1
アップマーケット	マーケット	ショーディッチ	90	P.163-D3
アティカ	ビンテージ	ショーディッチ	108	P.163-D3
アフター・ノア	雑貨	イズリントン	81	P.157-C1
アルフィーズ	アンティーク	マリルボン	88	P.158-B3
ヴィヴィ・ルーロー	リボンの店	マリルボン	112	P.165-D1
ウィッタード	紅茶	コヴェント・ガーデン	76	P.167-C2
ウエイトローズ	スーパーマーケット	マリルボン	85	P.159-D3
ウエストフィールド・ロンドン	ショッピングセンター	シェパーズ・ブッシュ	77	P.156-A2
H.R.ヒギンス	コーヒー・紅茶専門店	メイフェア	75	P.165-D2
エイチエムヴイ	レコード・CDなど	ボンド・ストリート	14	P.165-D1
SCPイースト	雑貨	ショーディッチ	81	P.163-C2
オールド・スピタルフィールズ・マーケット	マーケット	スピタルフィールズ	89・108	P.163-D3
カムデン・マーケット	マーケット	カムデン・タウン	89	P.156-B1

おもな観光名所移動ナビ

地下鉄とバス、リバーバスなど公共交通を活用して、観光ポイント間を移動するときの乗り換えのない最適ルート例をご紹介。移動のための参考に。

⊖地下鉄 ⊜バス ●リバーバス

ロンドンの地下鉄は乗る方向を間違えなければ利用は簡単。ホームまでが深く、連絡通路が長いことも多いので、バスもうまく活用したい。

	V&A博物館	ロンドン塔	セント・ポール大聖堂
大英博物館 ▶P.17 ▶P.43	⊖HolbornでPiccadilly乗車 ↓Heathrow Terminal 4/Heathrow Terminal 5/Rayners Lane/Uxbridge/Northfields行き14分 ⊖South Kensington下車 合計40分	⊜Procter St.で(133)乗車 ↓(133)Streatham行き15分 ⊜Monument下車 合計40分	⊖HolbornでCentral乗車 ↓Loughton/Hainault/Epping/Newbury Park行き3分 ⊖St. Paul's下車 合計20分
バッキンガム宮殿 ▶P.28	⊖St. James's ParkでDistrict乗車 ↓Richmond/Wimbledon/Ealing Broadway行き7分 ⊖South Kensington下車 合計25分	⊖St. James's ParkでCircle/District乗車 ↓Liverpool St.経由, Tower Hill/Upminster/Barking行き13分 ⊖Tower Hill下車 合計30分	⊖St. James's ParkでCircle/District乗車 ↓Liverpool St.経由, Tower Hill/Upminster/Barking行き9分 ⊖Blackfriars下車 合計25分
国会議事堂(ビッグ・ベン) ▶P.33 ▶P.43	⊖WestminsterでCircle/District乗車 ↓Victoria経由, Richmond/Wimbledon/Ealing Broadway行き9分 ⊖South Kensington下車 合計20分	⊖WestminsterでCircle/District乗車 ↓Liverpool St.経由, Tower Hill/Upminster/Barking行き11分 ⊖Tower Hill下車 合計30分	⊖WestminsterでCircle/District乗車 ↓Liverpool St.経由, Tower Hill/Upminster/Barking行き7分 ⊖Mansion House下車 合計20分
ロンドン・アイ ▶P.56 ▶P.104	⊖WestminsterでCircle/District乗車 ↓Victoria経由, Richmond/Wimbledon/Ealing Broadway行き9分 ⊖South Kensington下車 合計25分	⊖EmbankmentでCircle/District乗車 ↓Liverpool St.経由, Tower Hill/Upminster/Barking行き11分 ⊖Tower Hill下車 合計32分	⊖EmbankmentでCircle/District乗車 ↓Liverpool St.経由, Tower Hill/Upminster/Barking行き7分 ⊖Mansion House下車 合計25分
セント・ポール大聖堂 ▶P.42 ▶P.56 ▶P.106	⊖Mansion HouseでCircle/District乗車 ↓Victoria経由, Richmond/Wimbledon/Ealing Broadway行き約16分 ⊖South Kensington下車 合計25分	⊜St. Paul's Cathedralで(15)乗車 ↓(15)Blackwall方面行きで9分 ⊜Great Tower St.下車 合計20分	**セント・ポール大聖堂の最寄り駅** ⊖St. Paul'sより約350m ⊖Mansion Houseより約500m ⊖Blackfriars より約500m ⊜St. Paul's Cathedralより約70m ●Blackfriars Pierより約650m
ロンドン塔 ▶P.36 ▶P.42	⊖Tower HillでCircle/District乗車 ↓Victoria経由, Richmond/Wimbledon/Ealing Broadway行き16分 ⊖South Kensington下車 合計30分	**ロンドン塔の最寄り駅** ⊜Great Tower St.より約450m ⊖Tower Hillまで約400m ⊜The Tower of Londonより約450m	⊜The Tower of Londonで(15)乗車 ↓(15)Charing Cross行き10分 ⊜St. Paul's Cathedral下車 合計20分
ヴィクトリア・アンド・アルバート博物館(V&A) ▶P.23	**ヴィクトリア・アンド・アルバート博物館の最寄り駅** ⊖South Kensingtonより約300m ⊜Victoria and Albert Museumより約160m	⊖South KensingtonでCircle/District乗車 ↓Victoria経由, Tower Hill/Upminster/Barking行き21分 ⊖Tower Hill下車 合計30分	⊖South KensingtonでCircle/District乗車 ↓Victoria経由, Tower Hill/Upminster/Barking行き16分 ⊖Mansion House下車 合計25分

表の見方

表は左端の観光名所を起点にしたアクセス方法と所要時間。合計時間は、観光名所から駅や停留所への移動も含んだトータルの移動時間。
※時間は平日で12:00頃を基準に調査。時間などは目安。

バッキンガム宮殿

バッキンガム宮殿から
ロンドン・アイに
移動する場合

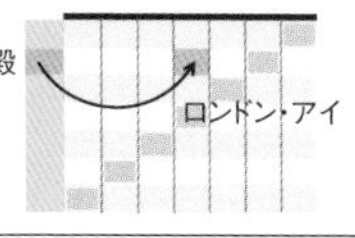

ロンドン・アイ	国会議事堂(ビッグ・ベン)	バッキンガム宮殿	大英博物館
⊖Tottenham Court Rd.でNorthern乗車 ↓Battersea Power Staion/Kennington方面行き4分 ⊖Waterloo下車 合計20分	⊜Stephen St.で(24)乗車 ↓(24)Pimlico行き15分 ⊜Westminster Station Parliament Sq.下車 合計30分	⊖Russell Sq.でPiccadilly乗車 ↓Heathrow Terminal 5/Rayners Lane/Hatton Cross/Uxbridge/Northfields行き約7分 ⊖Green Park下車 合計30分	大英博物館の最寄り駅 ⊖Russell Sq.より約750m ⊖⊜Holbornより550～650m ⊜Southampton Rowより約350m ⊜Great Russell St.まで約190m ⊜British Museumよりすぐ など
⊖St. James's ParkでCircle/District乗車 ↓Liverpool St.経由, Tower Hill/Upminster/Barking行き1分 ⊖Westminster下車合計20分 徒歩なら30分	約1300m、徒歩20分	バッキンガム宮殿の最寄り駅 ⊖Victoriaまで約750m ⊖St. James's Parkまで約700m ⊜Westminster Cathedralまで約700m ⊖Green Parkまで約700m ⊜Green Parkより約700m	⊖Green ParkでPiccadilly乗車 ↓Arnos Grove/Cockfosters行きで7分 ⊖Russell Sq.下車 合計30分
約600m、徒歩10分	国会議事堂の最寄り駅 ⊖Westminsterより約300m ⊜Westminster Station/Parliament Sq.より約220m ⊖Embankmentより約800m	約1300m、徒歩20分	⊜Westminster Station/Parliament Sq.で(24)乗車 ↓(24)Hampstead行きで20分 ⊜Tottenham Court Rd.下車 合計20分
ロンドン・アイの最寄り駅 ⊜Waterloo Bridgeより約600m ⊜Parliament Sq.より約850m ⊖Waterlooより約400m ⊖Embankmentより約700m ⊖Westminsterより約650m ⊖London Eye Pierまで約80m	約600m、徒歩10分	⊖WestminsterでCircle/District乗車 ↓Victoria経由, Richmond/Wimbledon/Ealing Broadway行き2分 ⊖St. James's Park下車合計20分 徒歩なら30分	⊖WaterlooでNorthern乗車 ↓Edgware/High Barnet方面行き4分 ⊖Tottenham Court Rd.下車 合計20分
⊜St. Paul's Cathedralで(76)乗車 ↓(76)Lambeth North方面行きで16分 ⊜Country Hall下車 合計25分	⊖Mansion HouseでCircle/District乗車 ↓Victoria経由, Richmond/Wimbledon/Ealing Broadway行き7分 ⊖Westminster下車 合計20分	⊖Mansion HouseでCircle/District乗車 ↓Victoria経由, Richmond/Wimbledon/Ealing Broadway行き9分 ⊖St. James's Park下車 合計25分	⊖St. Paul'sでCentral乗車 ↓White City/Northolt/West Ruislip/Ealing Broadway行きで3分 ⊖Holborn下車 合計20分
⊖Tower HillでCircle/District乗車 ↓Victoria経由, Richmond/Wimbledon/Ealing Broadway行き9分 ⊖Westminster下車 合計30分	⊖Tower HillでCircle/District乗車 ↓Victoria経由, Richmond/Wimbledon/Ealing Broadway行き9分 ⊖Westminster下車 合計25分	⊖Tower HillでCircle/District乗車 ↓Victoria経由, Richmond/Wimbledon/Ealing Broadway行き12分 ⊖St. James's Park下車 合計30分	⊜Monumentで(133)乗車 ↓(133)Holborn行き19分 ⊜Holborn下車 合計40分
⊖South KensingtonでCircle/District乗車 ↓Victoria経由, Tower Hill/Upminster/Barking行き9分 ⊖Westminster下車 合計25分	⊖South KensingtonでCircle/District乗車 ↓Victoria経由, Tower Hill/Upminster/Barking行き9分 ⊖Westminster下車 合計20分	⊖South KensingtonでCircle/District乗車 ↓Victoria経由, Tower Hill/Upminster/Barking行き7分 ⊖St. James's Park下車 合計20分	⊖South KensingtonでPiccadilly乗車 ↓Arnos Grove/Cockfosters行きで14分 ⊖Russell Sq.下車 合計30分

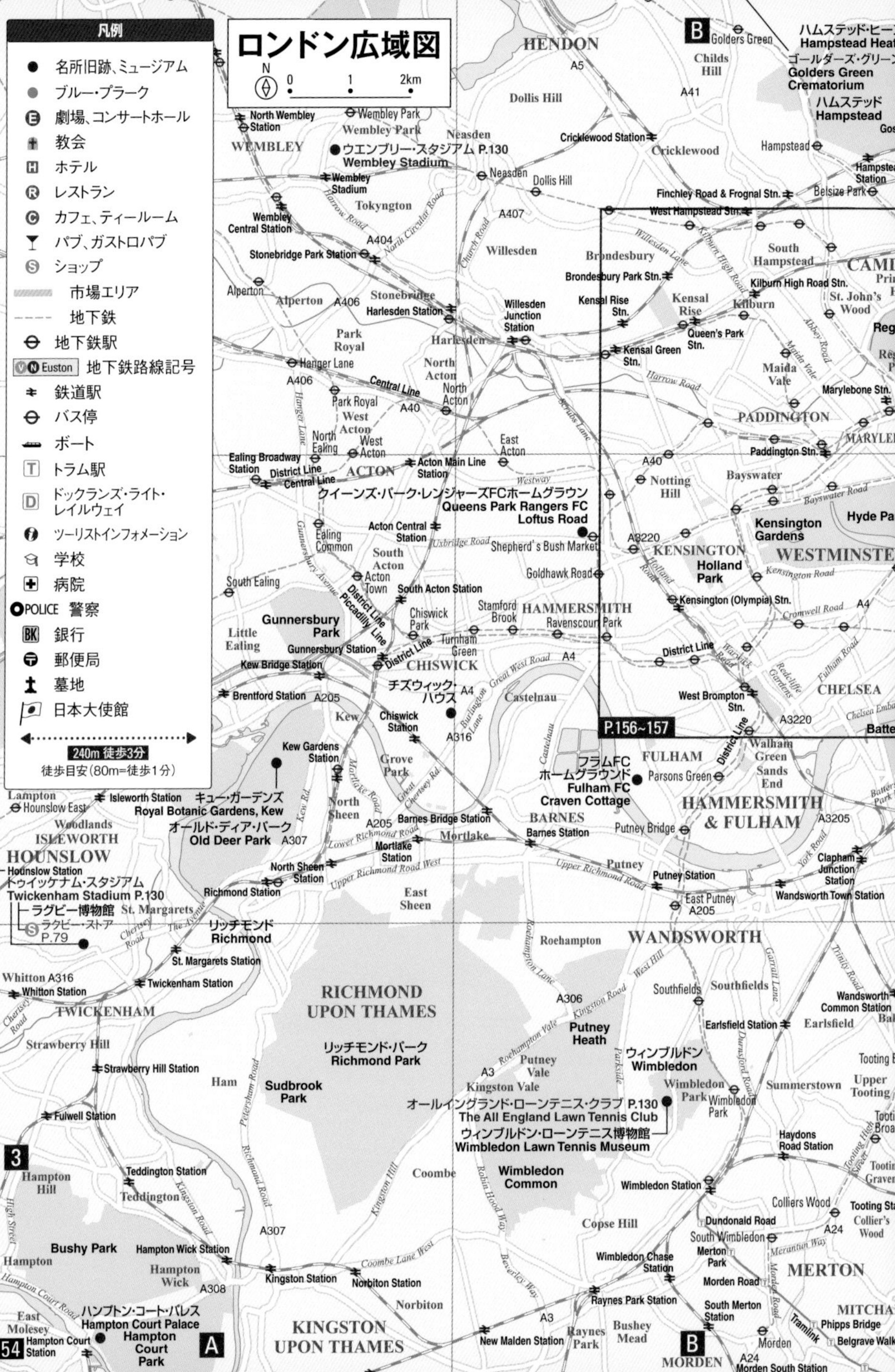
ロンドン広域図
N
0
1
2km
凡例
名所旧跡、ミュージアム
ブルー・プラーク
劇場、コンサートホール
教会
ホテル
レストラン
カフェ、ティールーム
パブ、ガストロパブ
ショップ
市場エリア
地下鉄
地下鉄駅
Euston
地下鉄路線記号
鉄道駅
バス停
ボート
トラム駅
ドックランズ・ライト・レイルウェイ
ツーリストインフォメーション
学校
病院
POLICE 警察
銀行
郵便局
墓地
日本大使館
240m 徒歩3分
徒歩目安（80m=徒歩1分）
HENDON
A5
Dollis Hill
Golders Green
Childs Hill
A41
ハムステッド・ヒース
Hampstead Heath
ゴールダーズ・グリーン
Golders Green Crematorium
ハムステッド
Hampstead
North Wembley Station
Wembley Park
WEMBLEY
Neasden
ウエンブリー・スタジアム P.130
Wembley Stadium
Cricklewood Station
Cricklewood
Hampstead Station
Wembley Stadium
Neasden
Dollis Hill
Tokyngton
Harrow Road
North Circular Road
Wembley Central Station
A407
Finchley Road & Frognal Stn.
Belsize Park
West Hampstead Stn.
A404
Church Road
Willesden
Stonebridge Park Station
Brondesbury
South Hampstead
CAMDEN
Brondesbury Park Stn.
Kilburn High Road Stn.
St. John's Wood
Alperton
Alperton
A406
Stonebridge
Harlesden Station
Willesden Junction Station
Kensal Rise Stn.
Kensal Rise
Kilburn
Queen's Park Stn.
Park Royal
Harlesden
Kensal Green Stn.
Hanger Lane
North Acton
Harrow Road
Maida Vale
Abbey Road
A406
Central Line
North Acton
Park Royal
A40
Scrubs Lane
Marylebone Stn.
Hanger Lane
West Acton
North Ealing
West Acton
East Acton
PADDINGTON
MARYLEBONE
Paddington Stn.
Ealing Broadway Station
District Line
Central Line
ACTON
Acton Main Line Station
A40
Westway
Notting Hill
Bayswater
Bayswater Road
クイーンズ・パーク・レンジャーズFCホームグラウンド
Queens Park Rangers FC Loftus Road
Hyde Park
Kensington Gardens
Ealing Common
Acton Central Station
Uxbridge Road
Shepherd's Bush Market
A3220
KENSINGTON
WESTMINSTER
Holland Park
Holland Road
South Acton
Gunnersbury Avenue
Goldhawk Road
Kensington Road
South Ealing
Acton Town
District Line
Piccadilly Line
South Acton Station
Stamford Brook
HAMMERSMITH
Kensington (Olympia) Stn.
Cromwell Road
A4
Chiswick Park
Ravenscourt Park
Little Ealing
Gunnersbury Park
Gunnersbury Station
Turnham Green
District Line
Warwick Road
Fulham Road
Kew Bridge Station
CHISWICK
Great West Road
A4
Redcliffe Gardens
CHELSEA
チズウィック・ハウス
A4
Castelnau
West Brompton Stn.
Brentford Station
A205
Burlington Lane
Kew
Chiswick Station
A316
P.156～157
A3220
District Line
Kew Gardens Station
Grove Park
Mortlake Road
Chertsey Rd.
Castelnau
フラムFC ホームグラウンド
Fulham FC Craven Cottage
FULHAM
Parsons Green
Walham Green
Sands End
Lampton
Isleworth Station
Hounslow East
キュー・ガーデンズ
Royal Botanic Gardens, Kew
Kew Rd.
North Sheen
Barnes Bridge Station
BARNES
HAMMERSMITH & FULHAM
Woodlands
ISLEWORTH
オールド・ディア・パーク
Old Deer Park
A307
A205
Lower Richmond Road
Mortlake
Barnes Station
Putney Bridge
A3205
HOUNSLOW
Mortlake Station
Putney
York Road
Hounslow Station
トゥイッケナム・スタジアム
Twickenham Stadium P.130
North Sheen Station
Upper Richmond Road West
Upper Richmond Road
Putney Station
Clapham Junction Station
ラグビー博物館
Richmond Station
East Sheen
East Putney
Wandsworth Town Station
St. Margarets
A205
ラグビー・ストア
P.79
The Avenue
Chertsey Road
リッチモンド
Richmond
Roehampton
WANDSWORTH
St. Margarets Station
Roehampton Lane
West Hill
Garratt Lane
Trinity Road
Whitton A316
Whitton Station
Twickenham Station
RICHMOND UPON THAMES
Southfields
Southfields
Wandsworth Common Station
TWICKENHAM
A306
Kingston Road
Chertsey Road
Earlsfield Station
Earlsfield
Strawberry Hill
Putney Heath
Roehampton Vale
リッチモンド・パーク
Richmond Park
ウィンブルドン
Wimbledon
Strawberry Hill Station
Putney Vale
Parkside
Tooting Bec
Ham
A3
Durnsford Road
Upper Tooting
Sudbrook Park
Kingston Vale
Wimbledon Park
Summerstown
Petersham Road
Wimbledon Park
Fulwell Station
オールイングランド・ローンテニス・クラブ P.130
The All England Lawn Tennis Club
ウィンブルドン・ローンテニス博物館
Wimbledon Lawn Tennis Museum
Haydons Road Station
Tooting High Street
3
Hampton Hill
Teddington Station
Coombe
Wimbledon Common
Wimbledon Station
Teddington
Kingston Road
Kingston Hill
Richmond Road
Robin Hood Way
Colliers Wood
Tooting Station
High Street
Copse Hill
Dundonald Road
Collier's Wood
A307
A24
South Wimbledon
Bushy Park
Hampton Wick Station
Wimbledon Chase Station
Merton Park
Merantun Way
Hampton
Hampton Wick
Coombe Lane West
Beverley Way
MERTON
Kingston Station
Norbiton Station
Morden Road
A308
Raynes Park Station
Hampton Court Road
Norbiton
South Merton Station
MITCHAM
ハンプトン・コート・パレス
Hampton Court Palace
A3
Bushey Mead
Tramlink
Phipps Bridge
East Molesey
Hampton Court Park
KINGSTON UPON THAMES
Raynes Park
Belgrave Walk
Hampton Court Station
A
New Malden Station
B
Morden
MORDEN
A24
Morden South Station

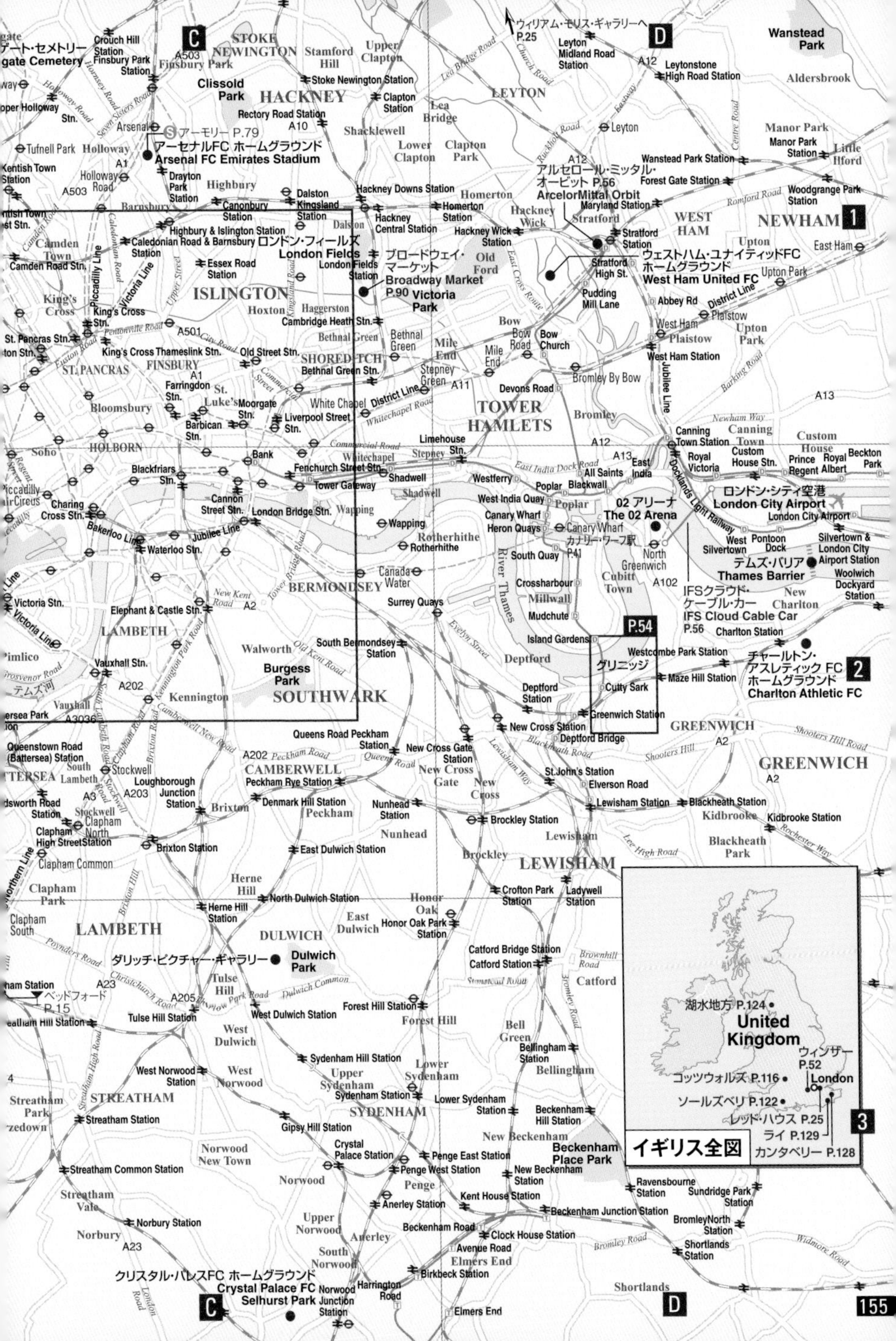
C
D
ウィリアム・モリス・ギャラリーへ P.25
STOKE NEWINGTON
Stamford Hill
Upper Clapton
Crouch Hill Station
Finsbury Park Station
Finsbury Park
A503
Clissold Park
HACKNEY
Stoke Newington Station
Clapton Station
Rectory Road Station
A10
Shacklewell
Lea Bridge
LEYTON
Lea Bridge Road
Church Road
Leyton Midland Road Station
A12
Leytonstone High Road Station
Wanstead Park
Aldersbrook
Arsenal
アーモリー P.79
アーセナルFC ホームグラウンド
Arsenal FC Emirates Stadium
Tufnell Park
Holloway
Holloway Road
Upper Holloway Stn.
Kentish Town Station
A1
A503
Drayton Park Station
Highbury
Lower Clapton
Clapton Park
Leyton
Ruckholt Road
Manor Park
Manor Park Station
Little Ilford
Wanstead Park Station
Forest Gate Station
Woodgrange Park Station
Romford Road
A12
アルセロール・ミッタル・オービット P.56
ArcelorMittal Orbit
Maryland Station
Canonbury Station
Dalston Kingsland Station
Dalston
Hackney Downs Station
Hackney Central Station
Homerton
Homerton Station
Hackney Wick
Hackney Wick Station
Stratford
Stratford Station
WEST HAM
NEWHAM
1
Barnsbury
Highbury & Islington Station
Caledonian Road & Barnsbury Station
ロンドン・フィールズ
London Fields
London Fields Station
ブロードウェイ・マーケット
Broadway Market
P.90
Victoria Park
Old Ford
East Cross Route
ウェストハム・ユナイテッドFC ホームグラウンド
West Ham United FC
Stratford High St.
Upton
East Ham
Upton Park
Camden Town
Camden Road Stn.
Essex Road Station
ISLINGTON
Piccadilly Line
Victoria Line
Upper Street
Kingsland Road
King's Cross
King's Cross Stn.
Hoxton
Haggerston
Cambridge Heath Stn.
Pudding Mill Lane
Abbey Rd
District Line
Plaistow
West Ham
Plaistow
Upton Park
Pentonville Road
A501
City Road
Bethnal Green
Bow
Bow Road
Bow Church
St. Pancras Stn.
King's Cross Thameslink Stn.
Old Street Stn.
SHOREDITCH
Mile End
West Ham Station
Jubilee Line
ST. PANCRAS
FINSBURY
Bethnal Green Stn.
Stepney Green
A11
Bromley By Bow
Barking Road
A1
Farringdon Stn.
St. Luke's
Commercial Street
Devons Road
A13
Bloomsbury
Moorgate Stn.
White Chapel
District Line
Whitechapel Road
TOWER HAMLETS
Bromley
Barbican Stn.
Liverpool Street Stn.
Newham Way
Canning Town Station
Canning Town
Custom House
HOLBORN
Commercial Road
Limehouse Stn.
Stepney
A12
A13
Soho
Bank
Whitechapel
East India Dock Road
East India
Custom House Stn.
Royal Victoria
Prince Regent
Royal Albert
Beckton Park
Blackfriars Stn.
Fenchurch Street Stn.
Shadwell
Westferry
All Saints
Poplar
Blackwall
Docklands Light Railway
Piccadilly Circus
Tower Gateway
Shadwell
West India Quay
Poplar
02 アリーナ
The 02 Arena
ロンドン・シティ空港
London City Airport
Charing Cross Stn.
Cannon Street Stn.
London Bridge Stn.
Wapping
Canary Wharf
London City Airport
Heron Quays
Canary Wharf
カナリー・ワーフ駅 P.41
Bakerloo Line
Jubilee Line
Wapping
Rotherhithe
Rotherhithe
North Greenwich
West Silvertown
Pontoon Dock
Silvertown & London City Airport Station
Waterloo Stn.
Tower Bridge Road
South Quay
River Thames
テムズ・バリア
Thames Barrier
Canada Water
Cubitt Town
A102
Woolwich Dockyard Station
BERMONDSEY
Crossharbour
IFSクラウド・ケーブル・カー
IFS Cloud Cable Car
P.56
New Charlton
Victoria Stn.
New Kent Road
A2
Surrey Quays
Millwall
Victoria Line
Elephant & Castle Stn.
Mudchute
LAMBETH
Evelyn Street
P.54
Island Gardens
Charlton Station
Pimlico
Walworth
Old Kent Road
South Bermondsey Station
Deptford
Westcombe Park Station
チャールトン・アスレティック FC ホームグラウンド
Charlton Athletic FC
2
Grosvenor Road
Vauxhall Stn.
Burgess Park
グリニッジ
Maze Hill Station
テムズ河
A202
Kennington Park Road
Deptford Station
Cutty Sark
Vauxhall
Kennington
SOUTHWARK
Battersea Park
A3036
Camberwell New Road
Greenwich Station
New Cross Station
GREENWICH
Queens Road Peckham Station
Deptford Bridge
Shooters Hill Road
Queenstown Road (Battersea) Station
A202
Peckham Road
Queens Road
New Cross Gate Station
Lewisham Way
Blackheath Road
Shooters Hill
A2
GREENWICH
South Lambeth
Stockwell
CAMBERWELL
New Cross Gate
New Cross
St.John's Station
A2
BATTERSEA
Loughborough Junction Station
Peckham Rye Station
Elverson Road
Wandsworth Road Station
A3
A203
Brixton
Denmark Hill Station
Peckham
Nunhead Station
Lewisham Station
Blackheath Station
Kidbrooke
Kidbrooke Station
Stockwell
Clapham North
Brockley Station
Clapham High Street Station
Nunhead
Lewisham
Blackheath Park
Rochester Way
Brixton Station
East Dulwich Station
Brockley
Lee High Road
Northern Line
Clapham Common
LEWISHAM
Clapham Park
Herne Hill
North Dulwich Station
Honor Oak
Crofton Park Station
Ladywell Station
Brixton Hill
Herne Hill Station
Clapham South
LAMBETH
East Dulwich
Honor Oak Park Station
DULWICH
Poynders Road
ダリッチ・ピクチャー・ギャラリー
Dulwich Park
Catford Bridge Station
Catford Station
Brownhill Road
Christchurch Road
Tulse Hill
Dulwich Common
Stanstead Road
Catford
Streatham Station
A23
ベッドフォード P.15
A205
Forest Hill Station
Streatham Hill Station
Tulse Hill Station
West Dulwich Station
Forest Hill
Bell Green
Bromley Road
West Dulwich
Bellingham Station
Streatham High Road
Sydenham Hill Station
Lower Sydenham
Bellingham
West Norwood Station
West Norwood
Upper Sydenham
Sydenham Station
Streatham Park
STREATHAM
Lower Sydenham Station
Beckenham Hill Station
Furzedown
Streatham Station
SYDENHAM
Gipsy Hill Station
New Beckenham
Beckenham Place Park
Crystal Palace Station
Norwood New Town
Penge East Station
Streatham Common Station
Penge West Station
New Beckenham Station
Norwood
Penge
Ravensbourne Station
Sundridge Park Station
Streatham Vale
Kent House Station
Anerley Station
Beckenham Junction Station
Norbury Station
Upper Norwood
BromleyNorth Station
Beckenham Road
Clock House Station
Norbury
Anerley
A23
Avenue Road
Bromley Road
Shortlands Station
Widmore Road
South Norwood
Elmers End
クリスタル・パレスFC ホームグラウンド
Crystal Palace FC
Selhurst Park
Harrington Road
Birkbeck Station
Norwood Junction Station
London Road
Shortlands
Elmers End
C
D
湖水地方 P.124
United Kingdom
ウィンザー P.52
London
コッツウォルズ P.116
ソールズベリ P.122
レッド・ハウス P.25
ライ P.129
カンタベリー P.128
イギリス全図
3

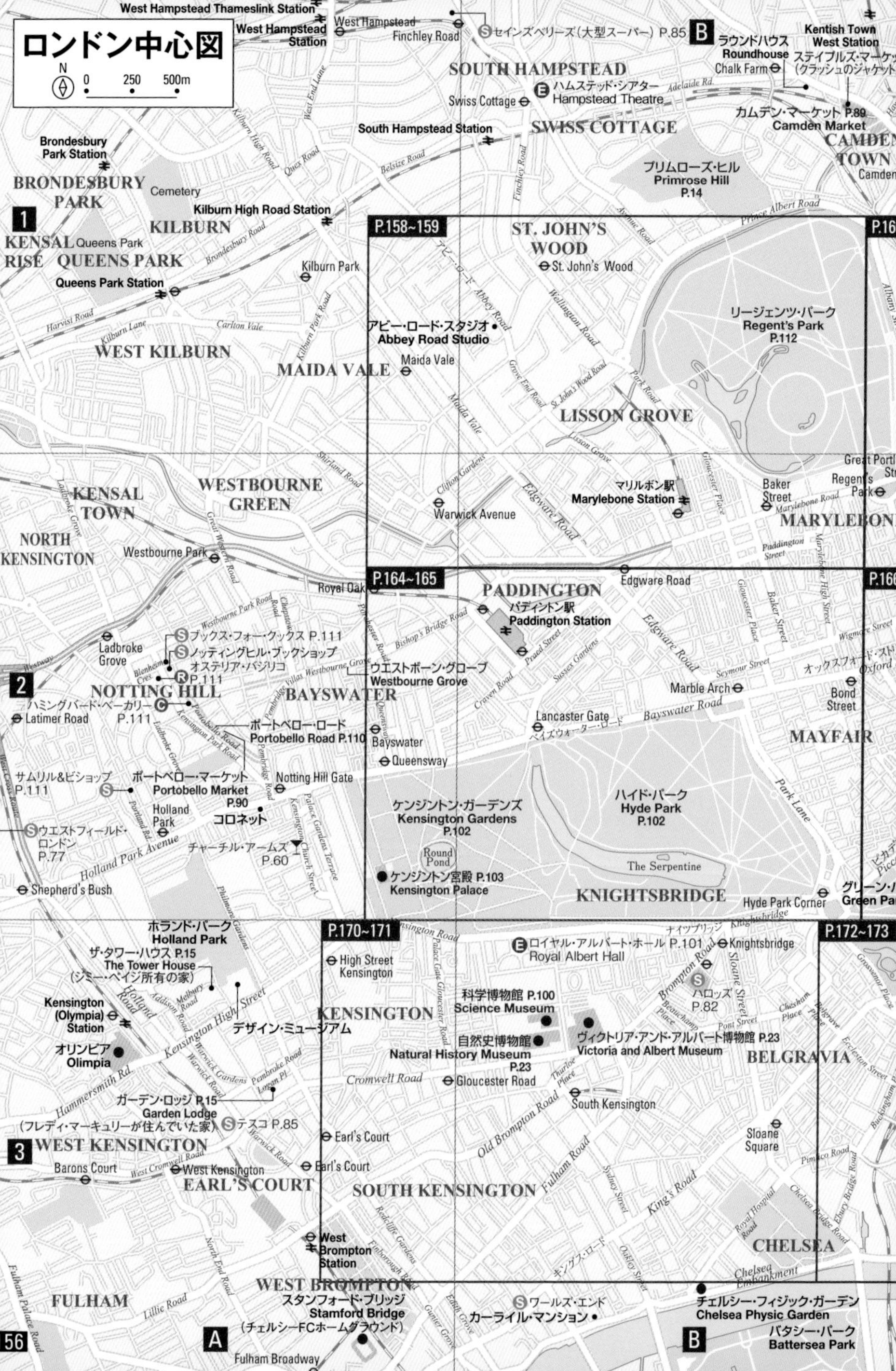
ロンドン中心図
N
0 250 500m
West Hampstead Thameslink Station
West Hampstead Station
West Hampstead
Finchley Road
セインズベリーズ（大型スーパー） P.85
ラウンドハウス
Roundhouse
Chalk Farm
Kentish Town West Station
SOUTH HAMPSTEAD
ハムステッド・シアター
Hampstead Theatre
Swiss Cottage
カムデン・マーケット P.89
Camden Market
South Hampstead Station
SWISS COTTAGE
CAMDEN TOWN
Camden
Brondesbury Park Station
BRONDESBURY PARK
Cemetery
プリムローズ・ヒル
Primrose Hill
P.14
Kilburn High Road Station
KILBURN
KENSAL RISE
Queens Park
QUEENS PARK
Queens Park Station
Kilburn Park
P.158~159
ST. JOHN'S WOOD
St. John's Wood
リージェンツ・パーク
Regent's Park
P.112
アビー・ロード・スタジオ
Abbey Road Studio
WEST KILBURN
MAIDA VALE
Maida Vale
LISSON GROVE
WESTBOURNE GREEN
KENSAL TOWN
NORTH KENSINGTON
マリルボン駅
Marylebone Station
Baker Street
Regent's Park
Warwick Avenue
Westbourne Park
Royal Oak
P.164~165
PADDINGTON
Edgware Road
P.166
パディントン駅
Paddington Station
Ladbroke Grove
ブックス・フォー・クックス P.111
ノッティングヒル・ブックショップ
オステリア・バジリコ P.111
ウエストボーン・グローブ
Westbourne Grove
NOTTING HILL
BAYSWATER
Marble Arch
Bond Street
ハミングバード・ベーカリー P.111
Latimer Road
ポートベロー・ロード
Portobello Road P.110
Lancaster Gate
ベイズウォーター・ロード
Bayswater
Queensway
MAYFAIR
サムリル&ビショップ P.111
ポートベロー・マーケット
Portobello Market
P.90
Notting Hill Gate
Holland Park
コロネット
ウエストフィールド・ロンドン P.77
チャーチル・アームズ P.60
ケンジントン・ガーデンズ
Kensington Gardens
P.102
ハイド・パーク
Hyde Park
P.102
Round Pond
The Serpentine
ケンジントン宮殿 P.103
Kensington Palace
Shepherd's Bush
KNIGHTSBRIDGE
Hyde Park Corner
ホランド・パーク
Holland Park
P.170~171
ナイツブリッジ
Knightsbridge
P.172~173
ザ・タワー・ハウス P.15
The Tower House
（ジミー・ペイジ所有の家）
High Street Kensington
ロイヤル・アルバート・ホール P.101
Royal Albert Hall
Kensington (Olympia) Station
ハロッズ P.82
科学博物館 P.100
Science Museum
KENSINGTON
デザイン・ミュージアム
自然史博物館
Natural History Museum
P.23
ヴィクトリア・アンド・アルバート博物館 P.23
Victoria and Albert Museum
オリンピア
Olimpia
BELGRAVIA
Gloucester Road
ガーデン・ロッジ P.15
Garden Lodge
（フレディ・マーキュリーが住んでいた家）
テスコ P.85
South Kensington
Earl's Court
Sloane Square
WEST KENSINGTON
Barons Court
West Kensington
EARL'S COURT
SOUTH KENSINGTON
West Brompton Station
CHELSEA
WEST BROMPTON
FULHAM
スタンフォード・ブリッジ
Stamford Bridge
（チェルシーFCホームグラウンド）
ワールズ・エンド
カーライル・マンション
チェルシー・フィジック・ガーデン
Chelsea Physic Garden
バタシー・パーク
Battersea Park
Fulham Broadway
1
2
3
A
B

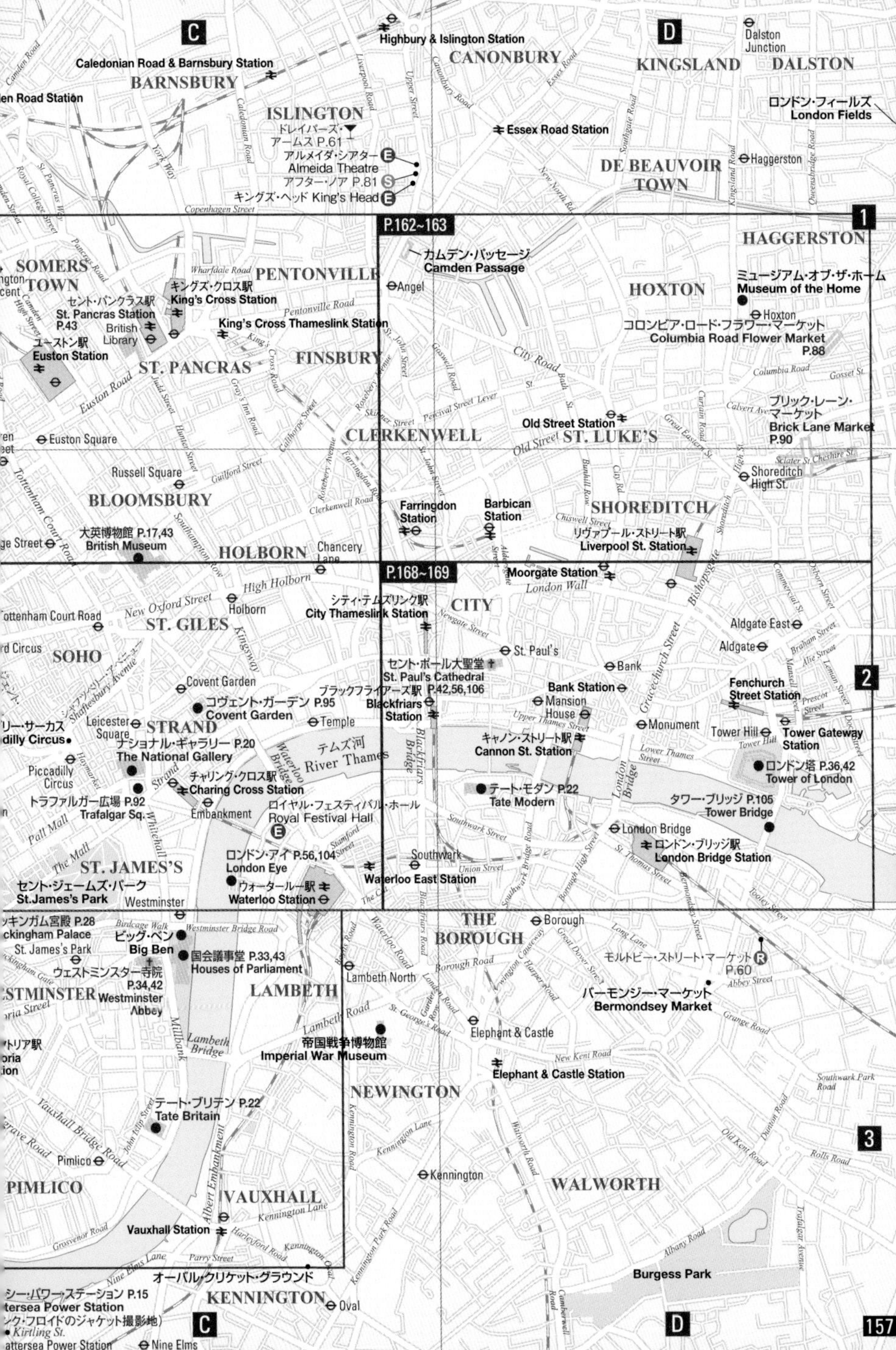

C
D
Highbury & Islington Station
Caledonian Road & Barnsbury Station
BARNSBURY
CANONBURY
KINGSLAND
DALSTON
Dalston Junction
ISLINGTON
ドレイパーズ・アームス P.61
アルメイダ・シアター Almeida Theatre
アフター・ノア P.81
キングズ・ヘッド King's Head
Essex Road Station
ロンドン・フィールズ London Fields
DE BEAUVOIR TOWN
Haggerston
HAGGERSTON
P.162~163
1
カムデン・パッセージ Camden Passage
SOMERS TOWN
PENTONVILLE
Angel
HOXTON
ミュージアム・オブ・ザ・ホーム Museum of the Home
Hoxton
キングズ・クロス駅 King's Cross Station
セント・パンクラス駅 St. Pancras Station P.43
British Library
King's Cross Thameslink Station
コロンビア・ロード・フラワー・マーケット Columbia Road Flower Market P.88
ユーストン駅 Euston Station
ST. PANCRAS
FINSBURY
ブリック・レーン・マーケット Brick Lane Market P.90
Old Street Station
CLERKENWELL
ST. LUKE'S
Euston Square
Shoreditch High St.
Russell Square
BLOOMSBURY
Farringdon Station
Barbican Station
SHOREDITCH
大英博物館 P.17,43 British Museum
HOLBORN
Chancery Lane
リヴァプール・ストリート駅 Liverpool St. Station
P.168~169
Moorgate Station
シティ・テムズリンク駅 City Thameslink Station
CITY
Holborn
ST. GILES
Aldgate East
SOHO
St. Paul's
Aldgate
セント・ポール大聖堂 St. Paul's Cathedral P.42,56,106
Bank
Covent Garden
コヴェント・ガーデン Covent Garden P.95
ブラックフライアーズ駅 Blackfriars Station
Bank Station
Mansion House
Fenchurch Street Station
2
Leicester Square
STRAND
Temple
Monument
Tower Hill
Tower Gateway Station
ナショナル・ギャラリー P.20 The National Gallery
テムズ河 River Thames
キャノン・ストリート駅 Cannon St. Station
ロンドン塔 P.36,42 Tower of London
Piccadilly Circus
チャリング・クロス駅 Charing Cross Station
テート・モダン P.22 Tate Modern
トラファルガー広場 P.92 Trafalgar Sq.
Embankment
ロイヤル・フェスティバル・ホール Royal Festival Hall
タワー・ブリッジ P.105 Tower Bridge
London Bridge
ロンドン・ブリッジ駅 London Bridge Station
ST. JAMES'S
ロンドン・アイ P.56,104 London Eye
Southwark
セント・ジェームズ・パーク St.James's Park
ウォータールー駅 Waterloo Station
Waterloo East Station
Westminster
THE BOROUGH
Borough
ビッグ・ベン Big Ben
国会議事堂 P.33,43 Houses of Parliament
St. James's Park
ウェストミンスター寺院 P.34,42 Westminster Abbey
Lambeth North
モルトビー・ストリート・マーケット P.60
LAMBETH
バーモンジー・マーケット Bermondsey Market
帝国戦争博物館 Imperial War Museum
Elephant & Castle
Elephant & Castle Station
NEWINGTON
テート・ブリテン P.22 Tate Britain
Pimlico
3
PIMLICO
Kennington
WALWORTH
VAUXHALL
Vauxhall Station
オーバル・クリケット・グラウンド
Burgess Park
KENNINGTON
Oval
C
D
Nine Elms

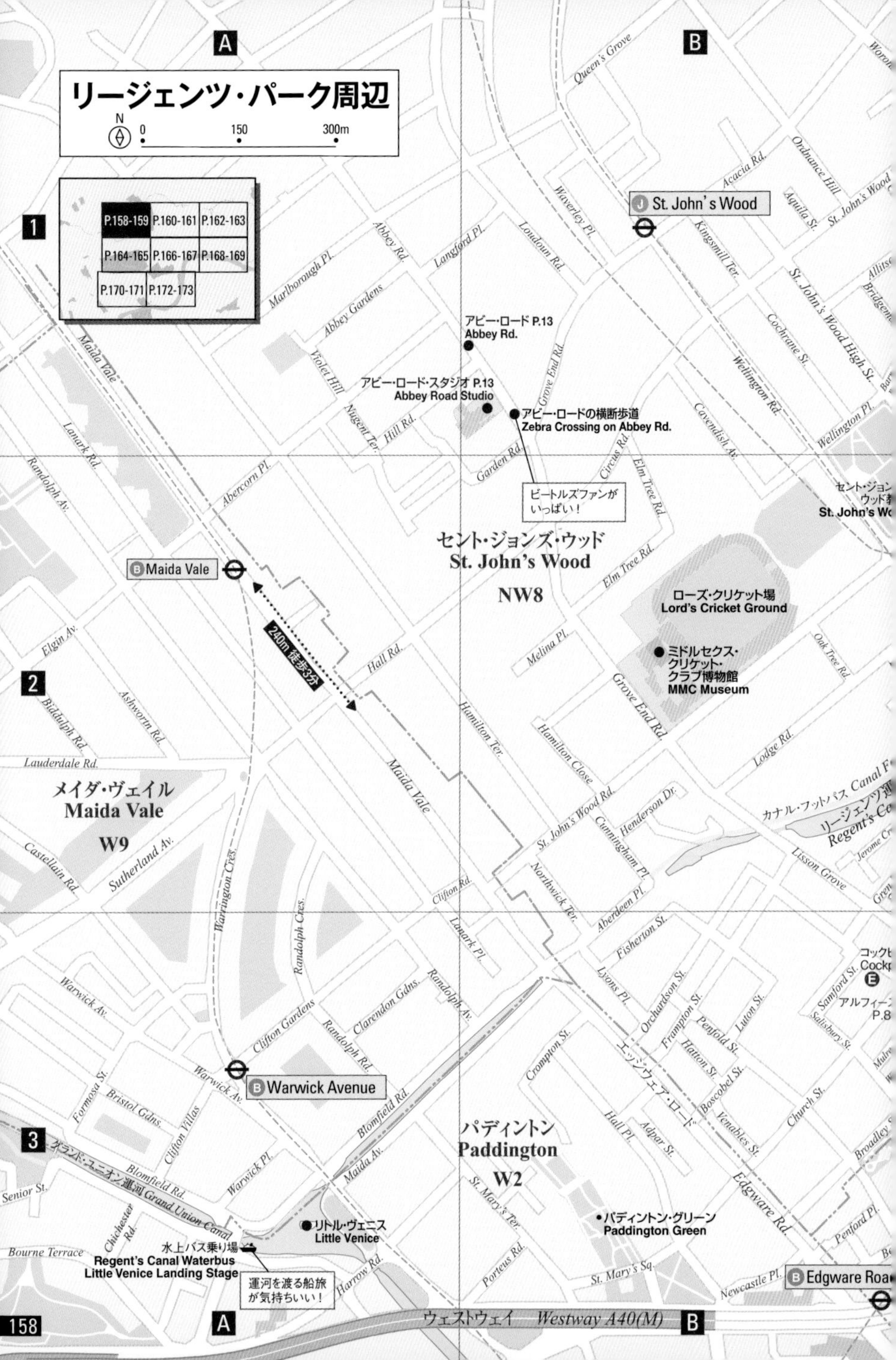

リージェンツ・パーク周辺
N
0
150
300m
P.158-159
P.160-161
P.162-163
P.164-165
P.166-167
P.168-169
P.170-171
P.172-173
St. John's Wood
アビー・ロード P.13
Abbey Rd.
アビー・ロード・スタジオ P.13
Abbey Road Studio
アビー・ロードの横断歩道
Zebra Crossing on Abbey Rd.
ビートルズファンがいっぱい！
セント・ジョンズ・ウッド
St. John's Wood
NW8
Maida Vale
240m 徒歩3分
ローズ・クリケット場
Lord's Cricket Ground
ミドルセクス・クリケット・クラブ博物館
MMC Museum
メイダ・ヴェイル
Maida Vale
W9
カナル・フットパス Canal F
Warwick Avenue
パディントン
Paddington
W2
エッジウェア・ロード
グランド・ユニオン運河 Grand Union Canal
リトル・ヴェニス
Little Venice
パディントン・グリーン
Paddington Green
水上バス乗り場
Regent's Canal Waterbus Little Venice Landing Stage
運河を渡る船旅が気持ちいい！
Edgware Roa
ウェストウェイ Westway A40(M)

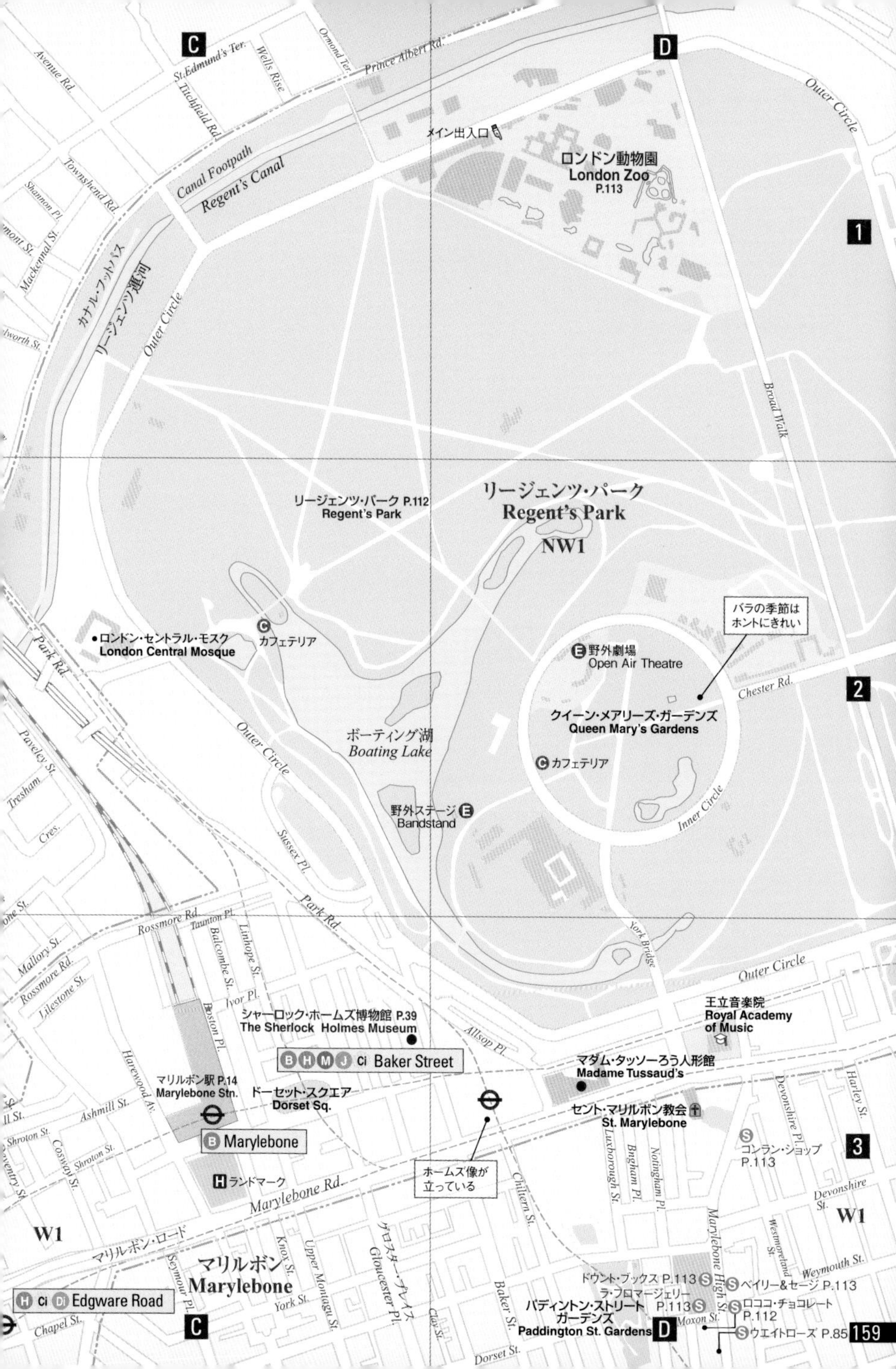

ロンドン動物園
London Zoo
P.113
メイン出入口
Regent's Canal
Canal Footpath
カナル・フットパス
リージェンツ運河
Outer Circle
Broad Walk
リージェンツ・パーク
Regent's Park
NW1
リージェンツ・パーク P.112
Regent's Park
ロンドン・セントラル・モスク
London Central Mosque
カフェテリア
バラの季節は
ホントにきれい
野外劇場
Open Air Theatre
クイーン・メアリーズ・ガーデンズ
Queen Mary's Gardens
カフェテリア
ボーティング湖
Boating Lake
野外ステージ
Bandstand
Inner Circle
Chester Rd.
York Bridge
Park Rd.
Sussex Pl.
Prince Albert Rd.
Ormond Ter.
Wells Rise
St. Edmund's Ter.
Titchfield Rd.
Avenue Rd.
Townshend Rd.
Shannon Pl.
Mackennal St.
Paveley St.
Tresham Cres.
Rossmore Rd.
Taunton Pl.
Balcombe St.
Linhope St.
Mallory St.
Lilestone St.
Ivor Pl.
Boston Pl.
Harewood Av.
Ashmill St.
Shroton St.
Cosway St.
Allsop Pl.
シャーロック・ホームズ博物館 P.39
The Sherlock Holmes Museum
Baker Street
マリルボン駅 P.14
Marylebone Stn.
ドーセット・スクエア
Dorset Sq.
Marylebone
ランドマーク
ホームズ像が
立っている
王立音楽院
Royal Academy
of Music
マダム・タッソーろう人形館
Madame Tussaud's
セント・マリルボン教会
St. Marylebone
Outer Circle
Harley St.
Devonshire Pl.
コンラン・ショップ
P.113
Devonshire St.
W1
Luxborough St.
Bingham Pl.
Nottingham Pl.
Chiltern St.
Marylebone Rd.
マリルボン・ロード
マリルボン
Marylebone
W1
Knox St.
Upper Montagu St.
グロスター・プレイス
Gloucester Pl.
Seymour Pl.
York St.
Edgware Road
Chapel St.
Baker St.
Clay St.
Dorset St.
Marylebone High St.
Westmoreland St.
Weymouth St.
ドウント・ブックス P.113
ラ・フロマージェリー P.113
パディントン・ストリート・ガーデンズ
Paddington St. Gardens
ベイリー＆セージ P.113
ロココ・チョコレート P.112
ウエイトローズ P.85
Moxon St.

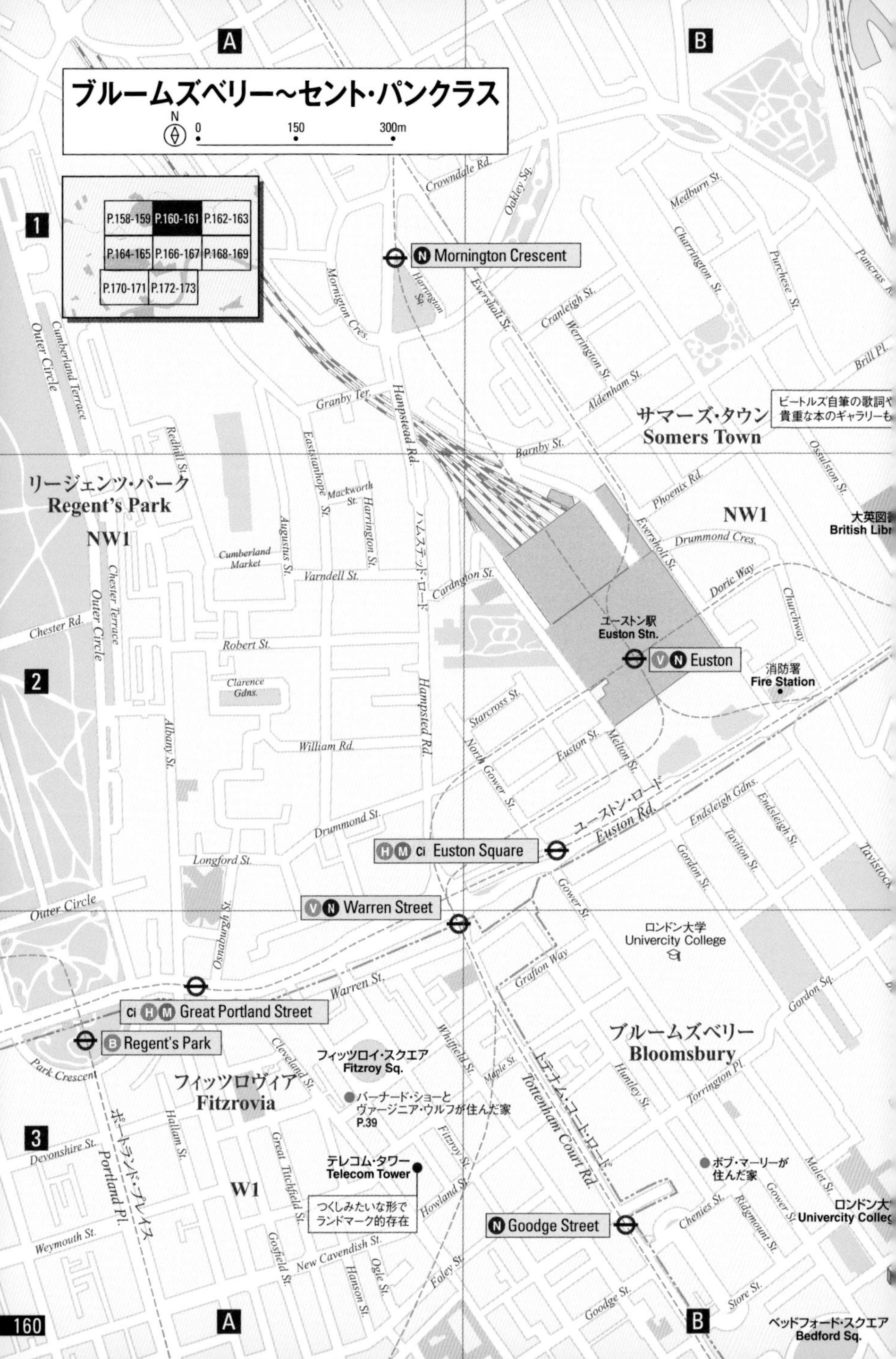
A
B
ブルームズベリー～セント・パンクラス
N
0
150
300m
P.158-159
P.160-161
P.162-163
P.164-165
P.166-167
P.168-169
P.170-171
P.172-173
1
2
3
Mornington Crescent
Crowndale Rd.
Oakley Sq.
Medburn St.
Charrington St.
Purchese St.
Pancras Rd.
Harrington Sq.
Mornington Cres.
Eversholt St.
Cranleigh St.
Werrington St.
Aldenham St.
Brill Pl.
Outer Circle
Cumberland Terrace
Granby Ter.
Hampstead Rd.
ビートルズ自筆の歌詞や
貴重な本のギャラリーも
サマーズ・タウン
Somers Town
Redhill St.
Eastsanhope St.
Barnby St.
Ossulston St.
リージェンツ・パーク
Regent's Park
Mackworth St.
Harrington St.
ハムステッド・ロード
Phoenix Rd.
NW1
大英図書
British Libr
Augustus St.
NW1
Cumberland Market
Drummond Cres.
Chester Terrace
Outer Circle
Varndell St.
Cardington St.
Doric Way
Chester Rd.
Churchway
ユーストン駅
Euston Stn.
Robert St.
Euston
消防署
Fire Station
Clarence Gdns.
Hampsted Rd.
Starcross St.
Albany St.
William Rd.
Euston St.
Melton St.
North Gower St.
ユーストン・ロード
Euston Rd.
Endsleigh Gdns.
Endsleigh St.
Drummond St.
Taviton St.
Gordon St.
Euston Square
Tavistock
Longford St.
Outer Circle
Warren Street
Gower St.
Osnaburgh St.
ロンドン大学
Univercity College
Grafton Way
Warren St.
Gordon Sq.
Great Portland Street
Regent's Park
Cleveland St.
Whitfield St.
ブルームズベリー
Bloomsbury
Park Crescent
フィッツロイ・スクエア
Fitzroy Sq.
Maple St.
トテナム・コート・ロード
Tottenham Court Rd.
Huntley St.
Torrington Pl.
フィッツロヴィア
Fitzrovia
バーナード・ショーと
ヴァージニア・ウルフが住んだ家
P.39
ポートランド・プレイス
Portland Pl.
Hallam St.
Devonshire St.
Great Titchfield St.
Fitzroy St.
テレコム・タワー
Telecom Tower
ボブ・マーリーが
住んだ家
Malet St.
W1
つくしみたいな形で
ランドマーク的存在
Howland St.
Gower St.
ロンドン大学
Univercity College
Chenies St.
Ridgmount St.
Goodge Street
Weymouth St.
New Cavendish St.
Gosfield St.
Ogle St.
Hanson St.
Foley St.
Goodge St.
Store St.
ベッドフォード・スクエア
Bedford Sq.

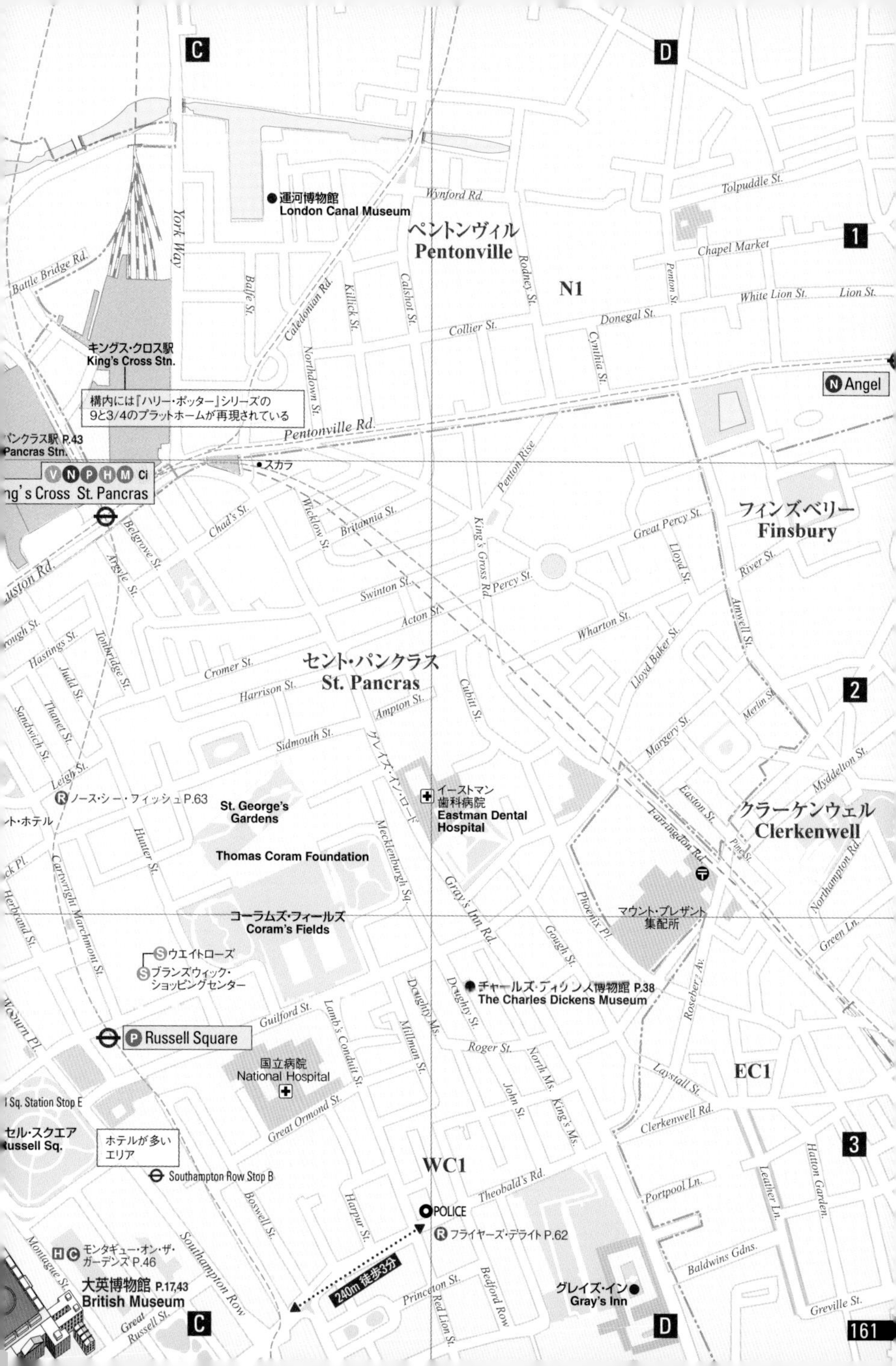
C
D
運河博物館
London Canal Museum
ペントンヴィル
Pentonville
N1
Wynford Rd.
Tolpuddle St.
Chapel Market
White Lion St.
Lion St.
Donegal St.
Collier St.
York Way
Battle Bridge Rd.
Balfe St.
Caledonian Rd.
Killick St.
Calshot St.
Rodney St.
Penton St.
Cynthia St.
Northdown St.
キングス・クロス駅
King's Cross Stn.
構内には『ハリー・ポッター』シリーズの
9と3/4のプラットホームが再現されている
Angel
Pentonville Rd.
パンクラス駅 P.43
Pancras Stn.
V N P H M Ci
ng's Cross St. Pancras
スカラ
Penton Rise
フィンズベリー
Finsbury
Chad's St.
Wicklow St.
Britannia St.
King's Cross Rd.
Great Percy St.
Lloyd St.
River St.
Belgrove St.
Argyle St.
uston Rd.
Swinton St.
Percy St.
Acton St.
Amwell St.
Wharton St.
rough St.
Hastings St.
Tonbridge St.
Judd St.
Cromer St.
Lloyd Baker St.
セント・パンクラス
St. Pancras
Harrison St.
Ampton St.
Cubitt St.
Merlin St.
Sandwich St.
Thanet St.
Sidmouth St.
グレイズ・イン・ロード
Margery St.
Myddelton St.
Leigh St.
ノース・シー・フィッシュ P.63
St. George's Gardens
イーストマン歯科病院
Eastman Dental Hospital
Easton St.
Farringdon Rd.
クラーケンウェル
Clerkenwell
ト・ホテル
Hunter St.
Mecklenburgh St.
Pine St.
Thomas Coram Foundation
Northampton Rd.
ck Pl.
Cartwright Marchmont St.
Gray's Inn Rd.
Phoenix Pl.
Herbrand St.
コーラムズ・フィールズ
Coram's Fields
マウント・プレザント集配所
Gough St.
Green Ln.
ウエイトローズ
ブランズウィック・ショッピングセンター
Doughty Ms.
Doughty St.
チャールズ・ディケンズ博物館 P.38
The Charles Dickens Museum
Roseberry Av.
Woburn Pl.
Guilford St.
Lamb's Conduit St.
Millman St.
Russell Square
Roger St.
North Ms.
国立病院
National Hospital
Laystall St.
EC1
Sq. Station Stop E
John St.
King's Ms.
Great Ormond St.
Clerkenwell Rd.
セル・スクエア
ussell Sq.
ホテルが多いエリア
WC1
Southampton Row Stop B
Theobald's Rd.
Portpool Ln.
Leather Ln.
Hatton Garden
Boswell St.
Harpur St.
POLICE
フライヤーズ・デライト P.62
Montague St.
モンタギュー・オン・ザ・ガーデンズ P.46
Southampton Row
Baldwins Gdns.
240m 徒歩3分
大英博物館 P.17,43
British Museum
Princeton St.
Bedford Row
Red Lion St.
グレイズ・イン
Gray's Inn
Greville St.
Great Russell St.
1
2
3

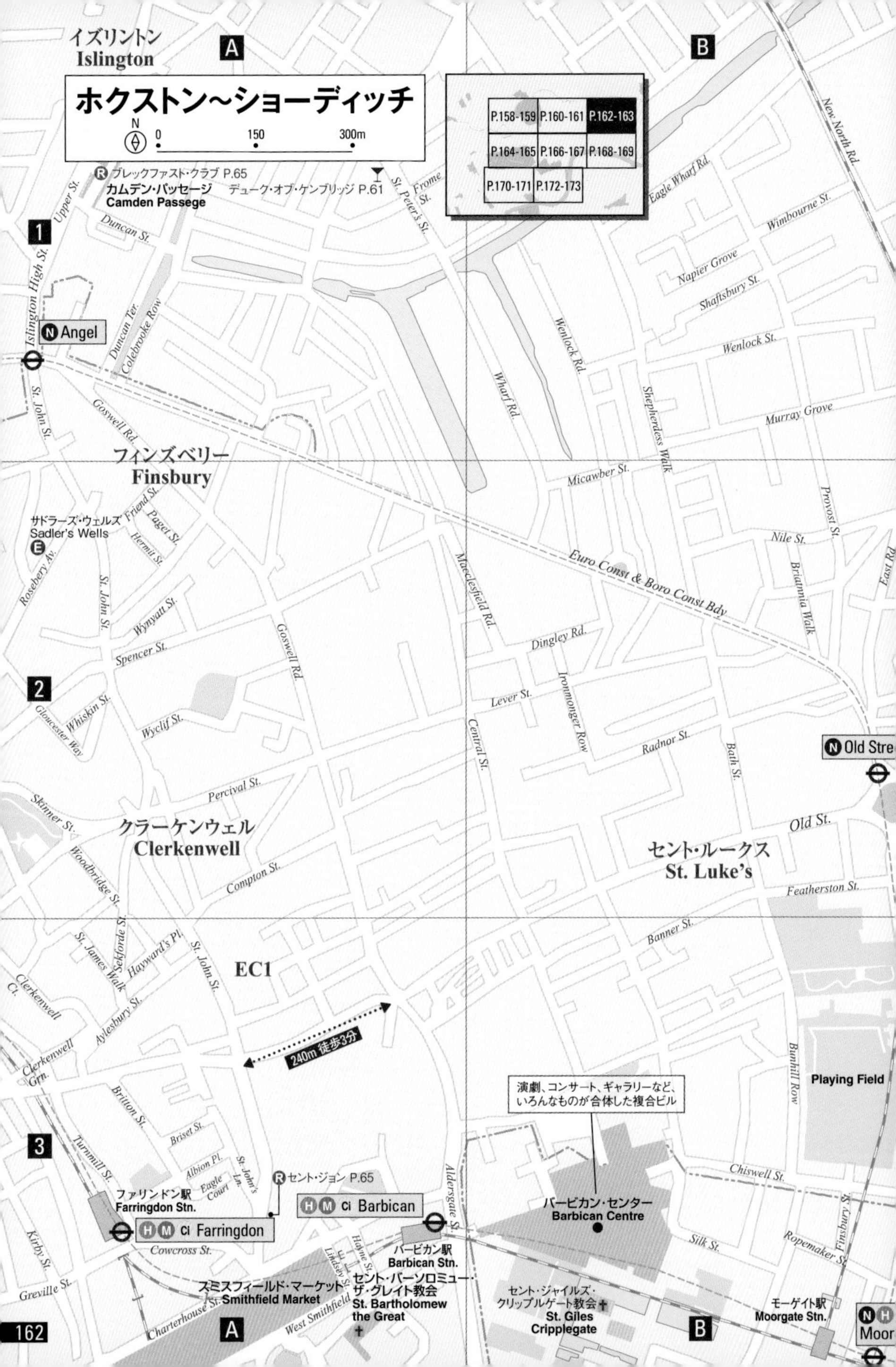
ホクストン～ショーディッチ
N
0
150
300m
P.158-159
P.160-161
P.162-163
P.164-165
P.166-167
P.168-169
P.170-171
P.172-173
A
B
1
2
3
イズリントン
Islington
ブレックファスト・クラブ P.65
カムデン・パッセージ
Camden Passege
デューク・オブ・ケンブリッジ P.61
Angel
フィンズベリー
Finsbury
サドラーズ・ウェルズ
Sadler's Wells
クラーケンウェル
Clerkenwell
EC1
240m 徒歩3分
セント・ルークス
St. Luke's
Old Stre
演劇、コンサート、ギャラリーなど、
いろんなものが合体した複合ビル
バービカン・センター
Barbican Centre
Playing Field
セント・ジョン P.65
ファリンドン駅
Farringdon Stn.
Farringdon
Barbican
バービカン駅
Barbican Stn.
スミスフィールド・マーケット
Smithfield Market
セント・バーソロミュー・
ザ・グレイト教会
St. Bartholomew
the Great
セント・ジャイルズ・
クリップルゲート教会
St. Giles
Cripplegate
モーゲイト駅
Moorgate Stn.
Moor
Upper St.
Duncan St.
Islington High St.
Duncan Ter.
Colebrooke Row
St. Peter's St.
Frome St.
Eagle Wharf Rd.
New North Rd.
Wimbourne St.
Napier Grove
Shaftsbury St.
Wenlock Rd.
Wenlock St.
Wharf Rd.
Shepherdess Walk
Murray Grove
St. John St.
Goswell Rd.
Micawber St.
Provost St.
Friend St.
Paget St.
Hermit St.
Rosebery Av.
Nile St.
Euro Const & Boro Const Bdy
Macclesfield Rd.
Britannia Walk
East Rd.
Wynyatt St.
Dingley Rd.
Spencer St.
Ironmonger Row
Lever St.
Whiskin St.
Gloucester Way
Wyclif St.
Central St.
Radnor St.
Bath St.
Percival St.
Skinner St.
Old St.
Woodbridge St.
Compton St.
Featherston St.
Sekforde St.
St. James Walk
Hayward's Pl.
Banner St.
Clerkenwell Ct.
Aylesbury St.
Clerkenwell Grn.
Bunhill Row
Britton St.
Briset St.
Turnmill St.
Albion Pl.
Eagle Court
St. John's Ln.
Aldersgate St.
Chiswell St.
Silk St.
Ropemaker St.
Finsbury St.
Kirby St.
Cowcross St.
Hayne St.
Lindsey St.
Greville St.
Charterhouse St.
West Smithfield

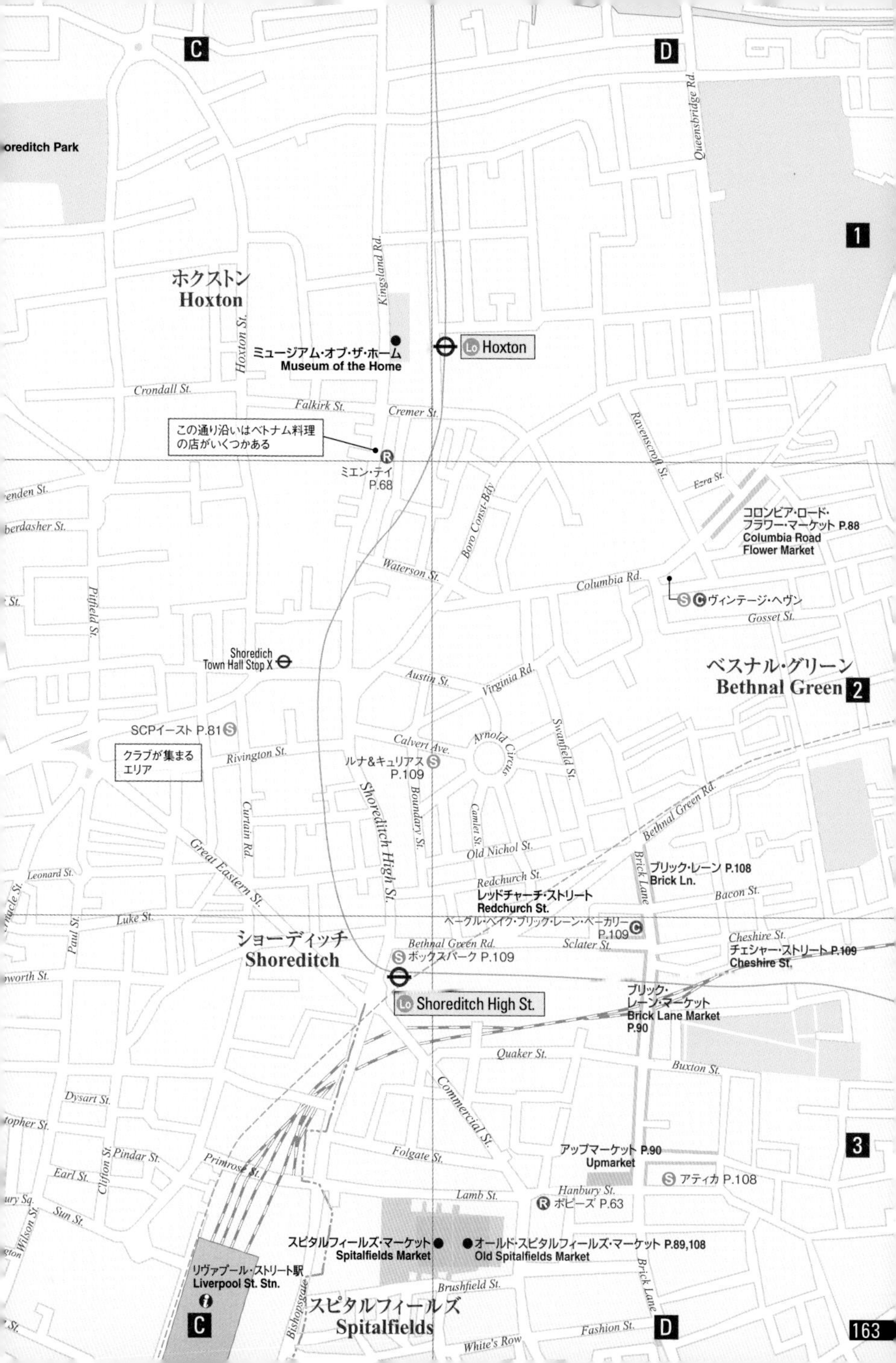

C
D
Shoreditch Park
Queensbridge Rd.
1
ホクストン
Hoxton
Kingsland Rd.
Hoxton St.
ミュージアム・オブ・ザ・ホーム
Museum of the Home
Lo Hoxton
Crondall St.
Falkirk St.
Cremer St.
この通り沿いはベトナム料理の店がいくつかある
R ミエン・テイ P.68
Ravenscroft St.
Ezra St.
コロンビア・ロード・フラワー・マーケット P.88
Columbia Road Flower Market
Boro Const-Bdy
Waterson St.
Columbia Rd.
S C ヴィンテージ・ヘヴン
Gosset St.
Pitfield St.
Shoredich Town Hall Stop X
ベスナル・グリーン
Bethnal Green
2
Austin St.
Virginia Rd.
SCPイースト P.81 S
クラブが集まるエリア
Rivington St.
Calvert Ave.
Arnold Circus
Swanfield St.
ルナ&キュリアス S P.109
Shoreditch High St.
Boundary St.
Camlet St.
Curtain Rd.
Bethnal Green Rd.
Great Eastern St.
Old Nichol St.
Brick Lane
ブリック・レーン P.108
Brick Ln.
Leonard St.
Redchurch St.
レッドチャーチ・ストリート
Redchurch St.
Bacon St.
Luke St.
Paul St.
ベーグル・ベイク・ブリック・レーン・ベーカリー C P.109
Cheshire St.
チェシャー・ストリート P.109
Cheshire St.
ショーディッチ
Shoreditch
Bethnal Green Rd.
Sclater St.
S ボックスパーク P.109
Lo Shoreditch High St.
ブリック・レーン・マーケット
Brick Lane Market P.90
Quaker St.
Buxton St.
Commercial St.
Dysart St.
3
Pindar St.
Clifton St.
Primrose St.
Folgate St.
アップマーケット P.90
Upmarket
Earl St.
S アティカ P.108
Hanbury St.
Lamb St.
R ポピーズ P.63
Sun St.
Wilson St.
スピタルフィールズ・マーケット
Spitalfields Market
オールド・スピタルフィールズ・マーケット P.89,108
Old Spitalfields Market
リヴァプール・ストリート駅
Liverpool St. Stn.
Brushfield St.
Bishopsgate
スピタルフィールズ
Spitalfields
Brick Lane
Fashion St.
White's Row

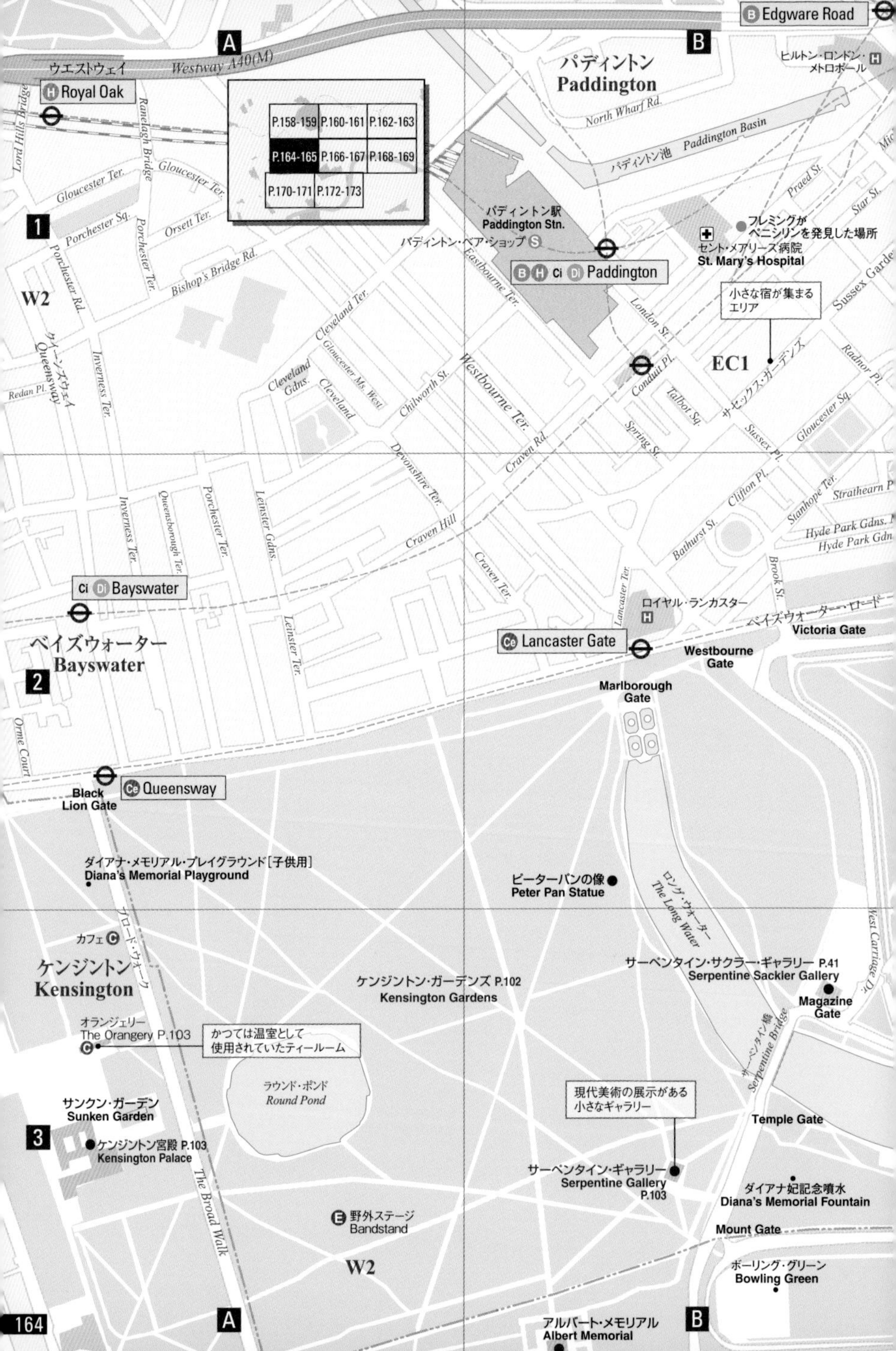
Edgware Road
パディントン
Paddington
ヒルトン・ロンドン・メトロポール
ウエストウェイ
Westway A40(M)
Royal Oak
P.158-159
P.160-161
P.162-163
P.164-165
P.166-167
P.168-169
P.170-171
P.172-173
North Wharf Rd.
Paddington Basin
パディントン池
Praed St.
Star St.
パディントン駅
Paddington Stn.
パディントン・ベア・ショップ
フレミングがペニシリンを発見した場所
セント・メアリーズ病院
St. Mary's Hospital
Paddington
小さな宿が集まるエリア
Sussex Gardens
サセックス・ガーデンズ
EC1
London St.
Conduit Pl.
Talbot Sq.
Radnor Pl.
Gloucester Sq.
Sussex Pl.
Spring St.
Lord Hills Bridge
Ranelagh Bridge
Gloucester Ter.
Porchester Sq.
Orsett Ter.
Porchester Ter.
Porchester Rd.
Bishop's Bridge Rd.
Eastbourne Ter.
W2
クイーンズウェイ
Queensway
Inverness Ter.
Redan Pl.
Cleveland Ter.
Gloucester Ms. West
Cleveland Gdns.
Cleveland
Chilworth St.
Westbourne Ter.
Craven Rd.
Devonshire Ter.
Craven Hill
Queensborough Ter.
Leinster Gdns.
Craven Ter.
Clifton Pl.
Stanhope Ter.
Strathearn Pl.
Bathurst St.
Hyde Park Gdns.
Hyde Park Gdns.
Brook St.
Lancaster Ter.
ロイヤル・ランカスター
Bayswater
ベイズウォーター・ロード
Victoria Gate
Lancaster Gate
Westbourne Gate
ベイズウォーター
Bayswater
Leinster Ter.
Marlborough Gate
Orme Court
Queensway
Black Lion Gate
ダイアナ・メモリアル・プレイグラウンド［子供用］
Diana's Memorial Playground
ピーターパンの像
Peter Pan Statue
ロング・ウォーター
The Long Water
カフェ
ブロード・ウォーク
ケンジントン
Kensington
サーペンタイン・サクラー・ギャラリー P.41
Serpentine Sackler Gallery
West Carriage Dr.
ケンジントン・ガーデンズ P.102
Kensington Gardens
Magazine Gate
オランジェリー
The Orangery P.103
かつては温室として使用されていたティールーム
サーペンタイン橋
Serpentine Bridge
ラウンド・ポンド
Round Pond
現代美術の展示がある小さなギャラリー
サンクン・ガーデン
Sunken Garden
Temple Gate
ケンジントン宮殿 P.103
Kensington Palace
サーペンタイン・ギャラリー
Serpentine Gallery P.103
The Broad Walk
ダイアナ妃記念噴水
Diana's Memorial Fountain
野外ステージ
Bandstand
Mount Gate
W2
ボーリング・グリーン
Bowling Green
アルバート・メモリアル
Albert Memorial
A
B
1
2
3

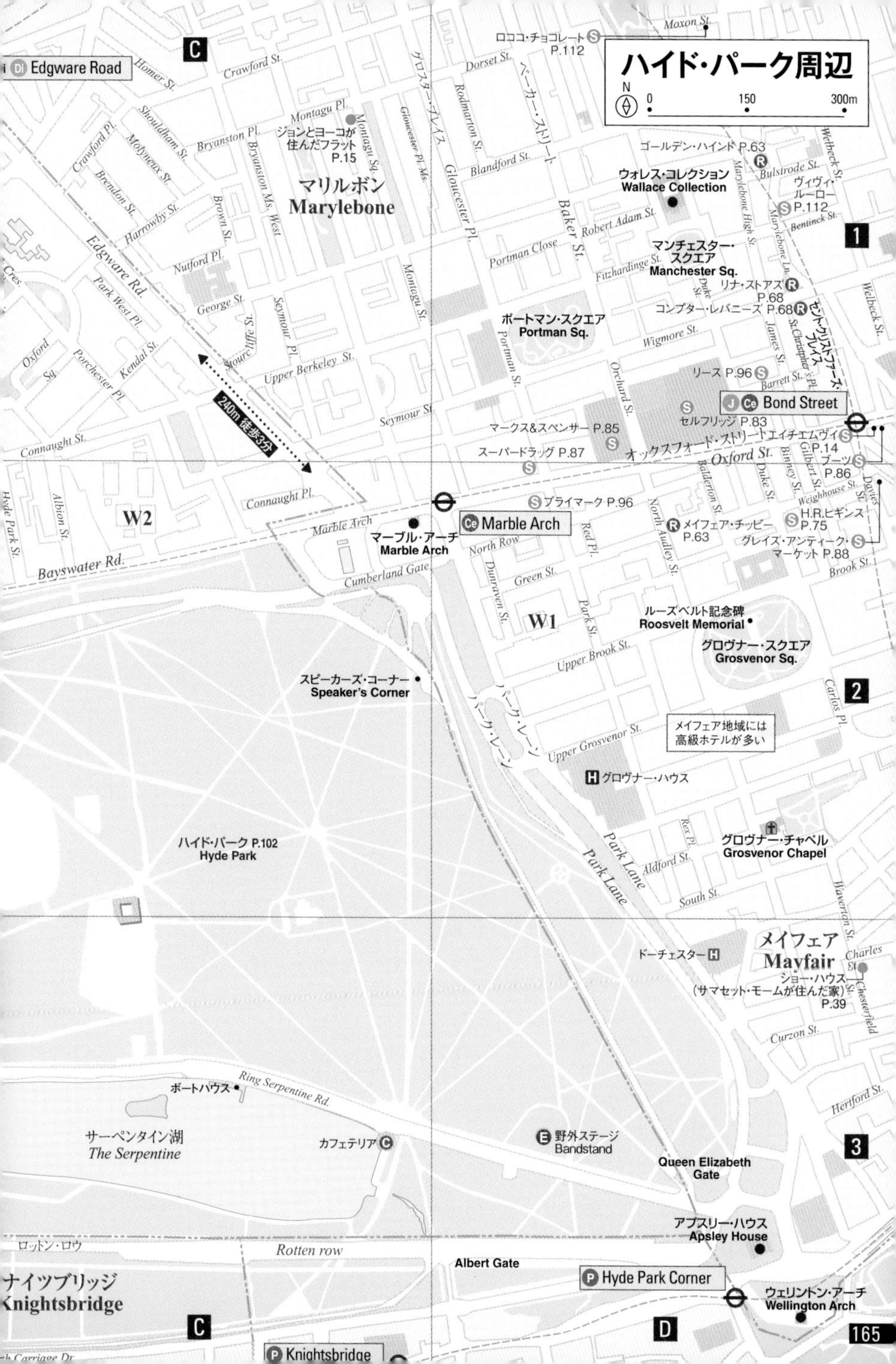
ハイド・パーク周辺
N
0
150
300m
C
Edgware Road
ロココ・チョコレート P.112
Moxon St.
Crawford St.
Dorset St.
Homer St.
Shouldham St.
Montagu Pl.
ジョンとヨーコが住んだフラット P.15
Bryanston Pl.
Molyneux St.
Crawford Pl.
Brendon St.
Harrowby St.
Bryanston Ms. West
Montagu Sq.
Gloucester Pl. Ms.
グロスター・プレイス
Gloucester Pl.
Rodmarton St.
Blandford St.
ベーカー・ストリート
Baker St.
マリルボン
Marylebone
ゴールデン・ハインド P.63
ウォレス・コレクション
Wallace Collection
Bulstrode St.
Marylebone High St.
ヴィヴィ・ルーロー P.112
Bentinck St.
Welbeck St.
Marylebone Ln.
1
Edgware Rd.
Brown St.
Nutford Pl.
Robert Adam St.
Portman Close
マンチェスター・スクエア
Manchester Sq.
Fitzhardinge St.
Park West Pl.
George St.
Seymour Pl.
Montagu St.
Duke St.
リナ・ストアズ P.68
コンプター・レバニーズ P.68
セント・クリストファーズ・プレイス
St. Christopher's Pl.
James St.
Welbeck St.
ポートマン・スクエア
Portman Sq.
Stourcliffe St.
Oxford Sq.
Kendal St.
Porchester Pl.
Upper Berkeley St.
Portman St.
Wigmore St.
Orchard St.
リース P.96
Barrett St.
Bond Street
240m 徒歩3分
Seymour St.
セルフリッジ P.83
マークス&スペンサー P.85
エイチエムヴィ P.14
オックスフォード・ストリート
Oxford St.
スーパードラッグ P.87
ブーツ P.86
Connaught St.
Balderton St.
Gilbert St.
Binney St.
Duke St.
Weighhouse St.
Davies St.
Connaught Pl.
プライマーク P.96
North Audley St.
H.R.ヒギンス P.75
Hyde Park St.
Albion St.
W2
Marble Arch
マーブル・アーチ
Marble Arch
Marble Arch
North Row
Red Pl.
メイフェア・チッピー P.63
グレイズ・アンティーク・マーケット P.88
Bayswater Rd.
Cumberland Gate
Green St.
Brook St.
Dunraven St.
W1
Park St.
ルーズベルト記念碑
Roosevelt Memorial
Upper Brook St.
グロヴナー・スクエア
Grosvenor Sq.
スピーカーズ・コーナー
Speaker's Corner
パーク・レーン
Carlos Pl.
2
メイフェア地域には高級ホテルが多い
Upper Grosvenor St.
グロヴナー・ハウス
Rex Pl.
グロヴナー・チャペル
Grosvenor Chapel
ハイド・パーク P.102
Hyde Park
Park Lane
Park Lane
Aldford St.
South St.
Waverton St.
メイフェア
Mayfair
ドーチェスター
Charles St.
ショー・ハウス（サマセット・モームが住んだ家）P.39
Chesterfield St.
Curzon St.
ボートハウス
Ring Serpentine Rd.
Hertford St.
サーペンタイン湖
The Serpentine
カフェテリア
野外ステージ
Bandstand
3
Queen Elizabeth Gate
アプスリー・ハウス
Apsley House
ロットン・ロウ
Rotten row
Albert Gate
Hyde Park Corner
ナイツブリッジ
Knightsbridge
ウェリントン・アーチ
Wellington Arch
C
D
Knightsbridge
South Carriage Dr.

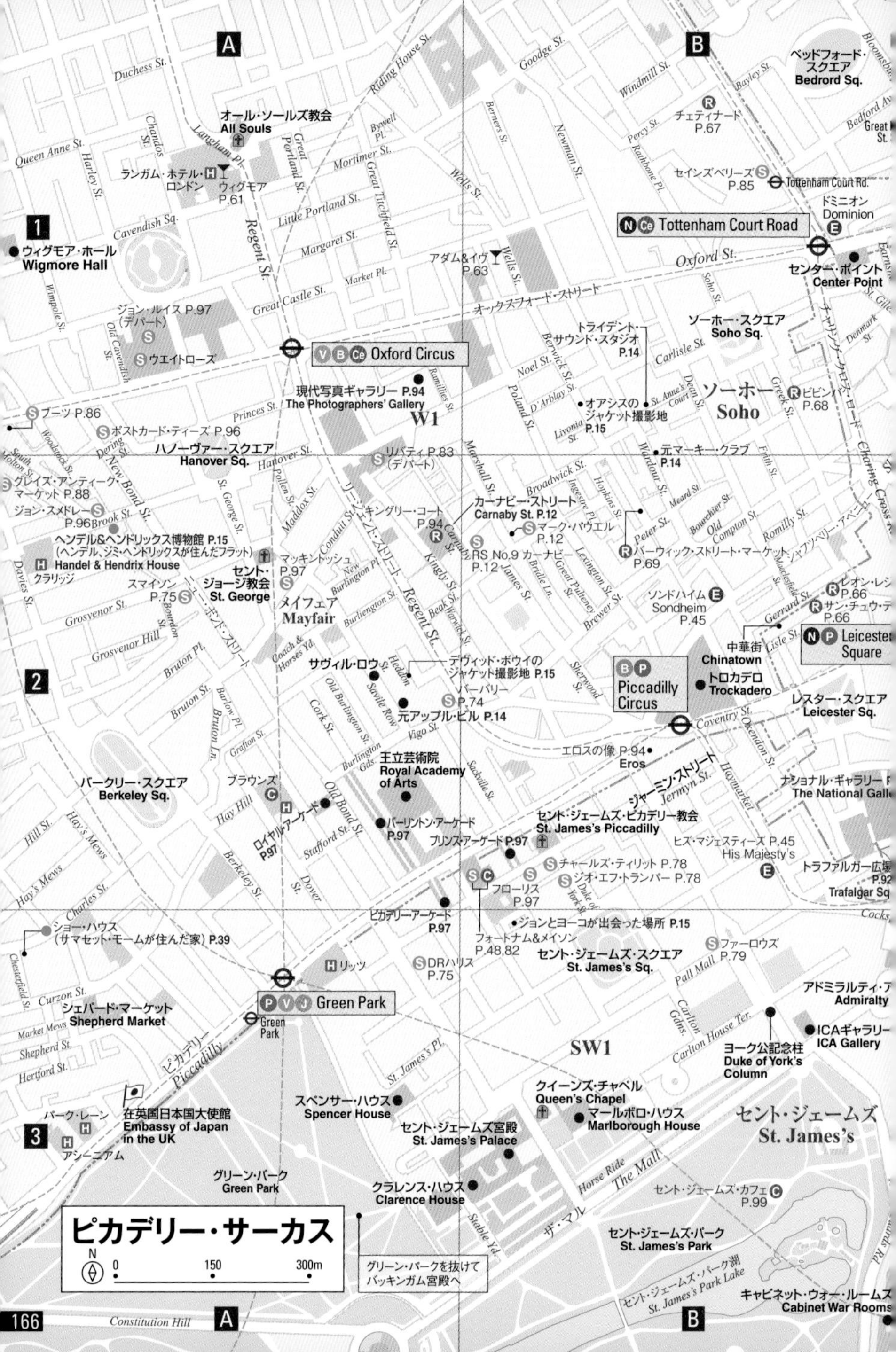

ピカデリー・サーカス
N
0
150
300m
グリーン・パークを抜けて
バッキンガム宮殿へ
A
B
1
2
3
オール・ソールズ教会
All Souls
ランガム・ホテル・ロンドン
ウィグモア
P.61
ウィグモア・ホール
Wigmore Hall
ジョン・ルイス P.97
(デパート)
ウエイトローズ
Oxford Circus
現代写真ギャラリー P.94
The Photographers' Gallery
W1
ブーツ P.86
ポストカード・ティーズ P.96
ハノーヴァー・スクエア
Hanover Sq.
リバティ P.83
(デパート)
グレイズ・アンティーク・マーケット P.88
ジョン・スメドレー
P.96
ヘンデル&ヘンドリックス博物館 P.15
(ヘンデル、ジミ・ヘンドリックスが住んだフラット)
Handel & Hendrix House
クラリッジ
スマイソン
P.75
セント・ジョージ教会
St. George
マッキントッシュ
P.97
メイフェア
Mayfair
キングリー・コート
P.94
カーナビー・ストリート
Carnaby St. P.12
マーク・パウエル
P.12
RS No.9 カーナビー
P.12
アダム&イヴ
P.63
トライデント・サウンド・スタジオ
P.14
オアシスのジャケット撮影地
P.15
元マーキー・クラブ
P.14
ソーホー・スクエア
Soho Sq.
ソーホー
Soho
ビビンバ
P.68
バーウィック・ストリート・マーケット
P.69
チェティナード
P.67
セインズベリーズ
P.85
Tottenham Court Rd.
Tottenham Court Road
ドミニオン
Dominion
センター・ポイント
Center Point
ベッドフォード・スクエア
Bedrord Sq.
ソンドハイム
Sondheim
P.45
レオン・レ
P.66
サン・チュウ・テ
P.66
Leicester Square
中華街
Chinatown
トロカデロ
Trockadero
Piccadilly Circus
レスター・スクエア
Leicester Sq.
サヴィル・ロウ
デヴィッド・ボウイのジャケット撮影地 P.15
バーバリー
P.74
元アップル・ビル P.14
エロスの像 P.94
Eros
王立芸術院
Royal Academy of Arts
バークリー・スクエア
Berkeley Sq.
ブラウンズ
ロイヤル・アーケード
P.97
バーリントン・アーケード
P.97
プリンス・アーケード P.97
セント・ジェームズ・ピカデリー教会
St. James's Piccadilly
ジャーミン・ストリート
ヒズ・マジェスティーズ P.45
His Majesty's
ナショナル・ギャラリー
The National Galle
トラファルガー広場
P.92
Trafalgar Sq
チャールズ・ティリット P.78
ジオ・エフ・トランパー P.78
フローリス
P.97
ピカデリー・アーケード
P.97
ジョンとヨーコが出会った場所 P.15
フォートナム&メイソン
P.48,82
セント・ジェームズ・スクエア
St. James's Sq.
ファーロウズ
P.79
ショー・ハウス
(サマセット・モームが住んだ家) P.39
リッツ
DRハリス
P.75
Green Park
シェパード・マーケット
Shepherd Market
ピカデリー
Piccadilly
アドミラルティ・ア
Admiralty
ICAギャラリー
ICA Gallery
ヨーク公記念柱
Duke of York's Column
SW1
クイーンズ・チャペル
Queen's Chapel
マールボロ・ハウス
Marlborough House
セント・ジェームズ
St. James's
スペンサー・ハウス
Spencer House
セント・ジェームズ宮殿
St. James's Palace
パーク・レーン
在英国日本国大使館
Embassy of Japan in the UK
アシーニアム
グリーン・パーク
Green Park
クラレンス・ハウス
Clarence House
ザ・マル
The Mall
セント・ジェームズ・カフェ
P.99
セント・ジェームズ・パーク
St. James's Park
セント・ジェームズ・パーク湖
St. James's Park Lake
キャビネット・ウォー・ルームズ
Cabinet War Rooms
オックスフォード・ストリート
Oxford St.
リージェント・ストリート
Regent St.
ニュー・ボンド・ストリート
New Bond St.
シャフツベリー・アベニュー
チャリング・クロス・ロード
Charing Cross
Constitution Hill

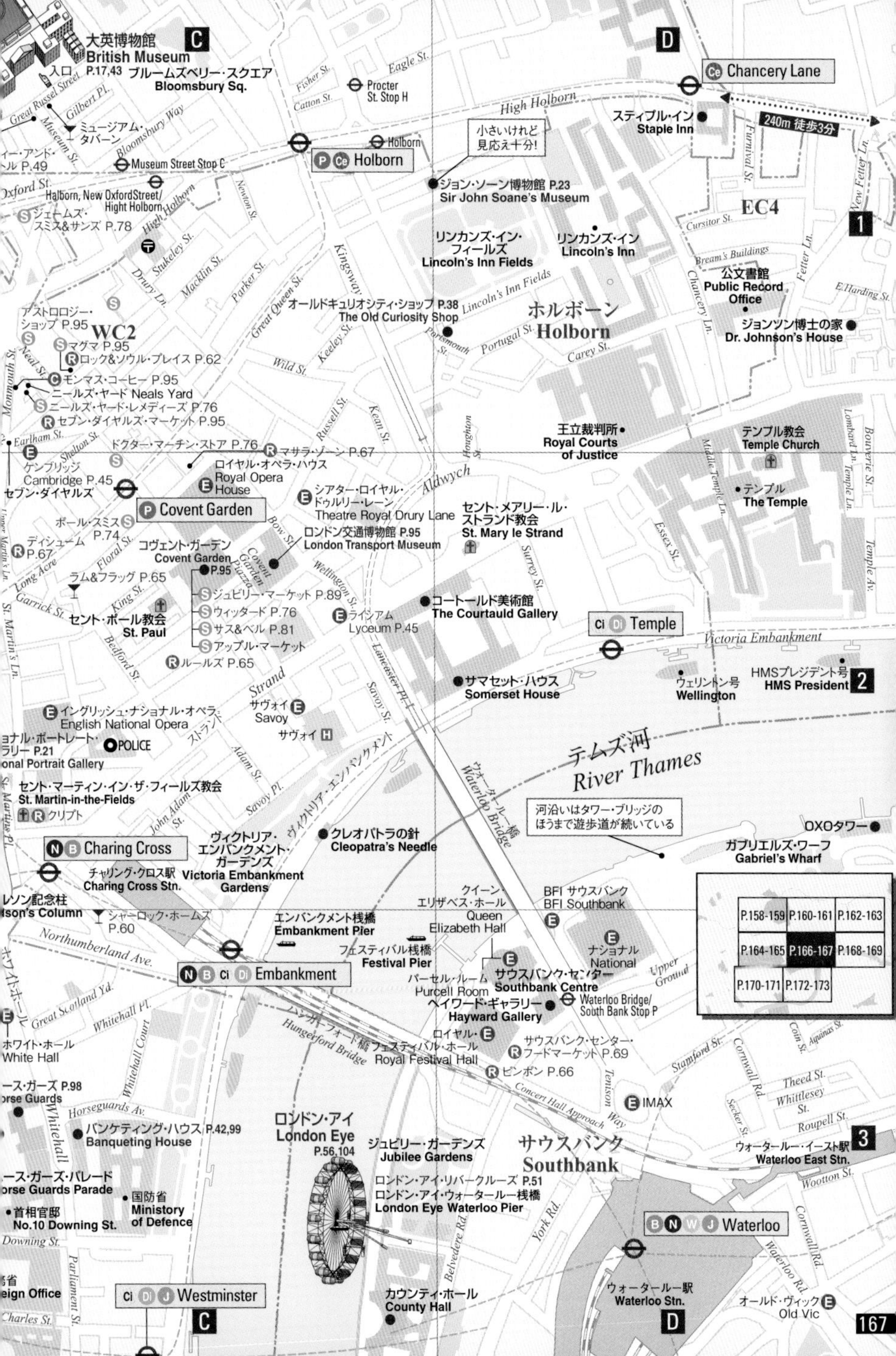

大英博物館
British Museum
P.17,43
ブルームズベリー・スクエア
Bloomsbury Sq.
入口
ミュージアム・タバーン
Procter St. Stop H
Holborn
Holborn
Museum Street Stop C
Halborn, New OxfordStreet/ Hight Holborn
ジェームズ・スミス&サンズ P.78
小さいけれど見応え十分!
ジョン・ソーン博物館 P.23
Sir John Soane's Museum
Chancery Lane
スティプル・イン
Staple Inn
240m 徒歩3分
EC4
リンカンズ・イン・フィールズ
Lincoln's Inn Fields
リンカンズ・イン
Lincoln's Inn
公文書館
Public Record Office
ジョンソン博士の家
Dr. Johnson's House
ホルボーン
Holborn
オールドキュリオシティ・ショップ P.38
The Old Curiosity Shop
WC2
アストロロジー・ショップ P.95
マグマ P.95
ロック&ソウル・プレイス P.62
モンマス・コーヒー P.95
ニールズ・ヤード Neals Yard
ニールズ・ヤード・レメディーズ P.76
セブン・ダイヤルズ・マーケット P.95
ドクター・マーチン・ストア P.76
マサラ・ゾーン P.67
ケンブリッジ Cambridge P.45
セブン・ダイヤルズ
ロイヤル・オペラ・ハウス
Royal Opera House
Covent Garden
シアター・ロイヤル・ドゥルリー・レーン
Theatre Royal Drury Lane
王立裁判所
Royal Courts of Justice
テンプル教会
Temple Church
テンプル
The Temple
セント・メアリー・ル・ストランド教会
St. Mary le Strand
ポール・スミス P.74
ディシューム P.67
コヴェント・ガーデン
Covent Garden
P.95
ロンドン交通博物館 P.95
London Transport Museum
ラム&フラッグ P.65
ジュビリー・マーケット P.89
ウィッタード P.76
サス&ベル P.81
アップル・マーケット
セント・ポール教会
St. Paul
ライシアム Lyceum P.45
コートールド美術館
The Courtauld Gallery
Temple
ルールズ P.65
HMSプレジデント号
HMS President
ウェリントン号
Wellington
サマセット・ハウス
Somerset House
イングリッシュ・ナショナル・オペラ
English National Opera
サヴォイ Savoy
サヴォイ
POLICE
ナショナル・ポートレート・ギャラリー P.21
National Portrait Gallery
テムズ河
River Thames
ウォータールー橋
Waterloo Bridge
ヴィクトリア・エンバンクメント
ストランド
セント・マーティン・イン・ザ・フィールズ教会
St. Martin-in-the-Fields
クリプト
河沿いはタワー・ブリッジのほうまで遊歩道が続いている
OXOタワー
ガブリエルズ・ワーフ
Gabriel's Wharf
Charing Cross
クレオパトラの針
Cleopatra's Needle
ヴィクトリア・エンバンクメント・ガーデンズ
Victoria Embankment Gardens
チャリング・クロス駅
Charing Cross Stn.
ネルソン記念柱
Nelson's Column
シャーロック・ホームズ P.60
エンバンクメント桟橋
Embankment Pier
フェスティバル桟橋
Festival Pier
クイーン・エリザベス・ホール
Queen Elizabeth Hall
BFI サウスバンク
BFI Southbank
ナショナル
National
Embankment
パーセル・ルーム
Purcell Room
サウスバンク・センター
Southbank Centre
ヘイワード・ギャラリー
Hayward Gallery
Waterloo Bridge/ South Bank Stop P
P.158-159 | P.160-161 | P.162-163
P.164-165 | P.166-167 | P.168-169
P.170-171 | P.172-173
ハンガーフォード橋
Hungerford Bridge
ロイヤル・フェスティバル・ホール
Royal Festival Hall
サウスバンク・センター・フードマーケット P.69
ピンポン P.66
ホワイトホール
ホワイト・ホール
White Hall
ホース・ガーズ P.98
Horse Guards
IMAX
バンケティング・ハウス P.42,99
Banqueting House
ロンドン・アイ
London Eye
P.56,104
ジュビリー・ガーデンズ
Jubilee Gardens
サウスバンク
Southbank
ウォータールー・イースト駅
Waterloo East Stn.
ホース・ガーズ・パレード
Horse Guards Parade
国防省
Ministry of Defence
首相官邸
No.10 Downing St.
ロンドン・アイ・リバークルーズ P.51
ロンドン・アイ・ウォータールー桟橋
London Eye Waterloo Pier
Waterloo
外務省
Foreign Office
Westminster
カウンティ・ホール
County Hall
ウォータールー駅
Waterloo Stn.
オールド・ヴィック
Old Vic
C
D
1
2
3

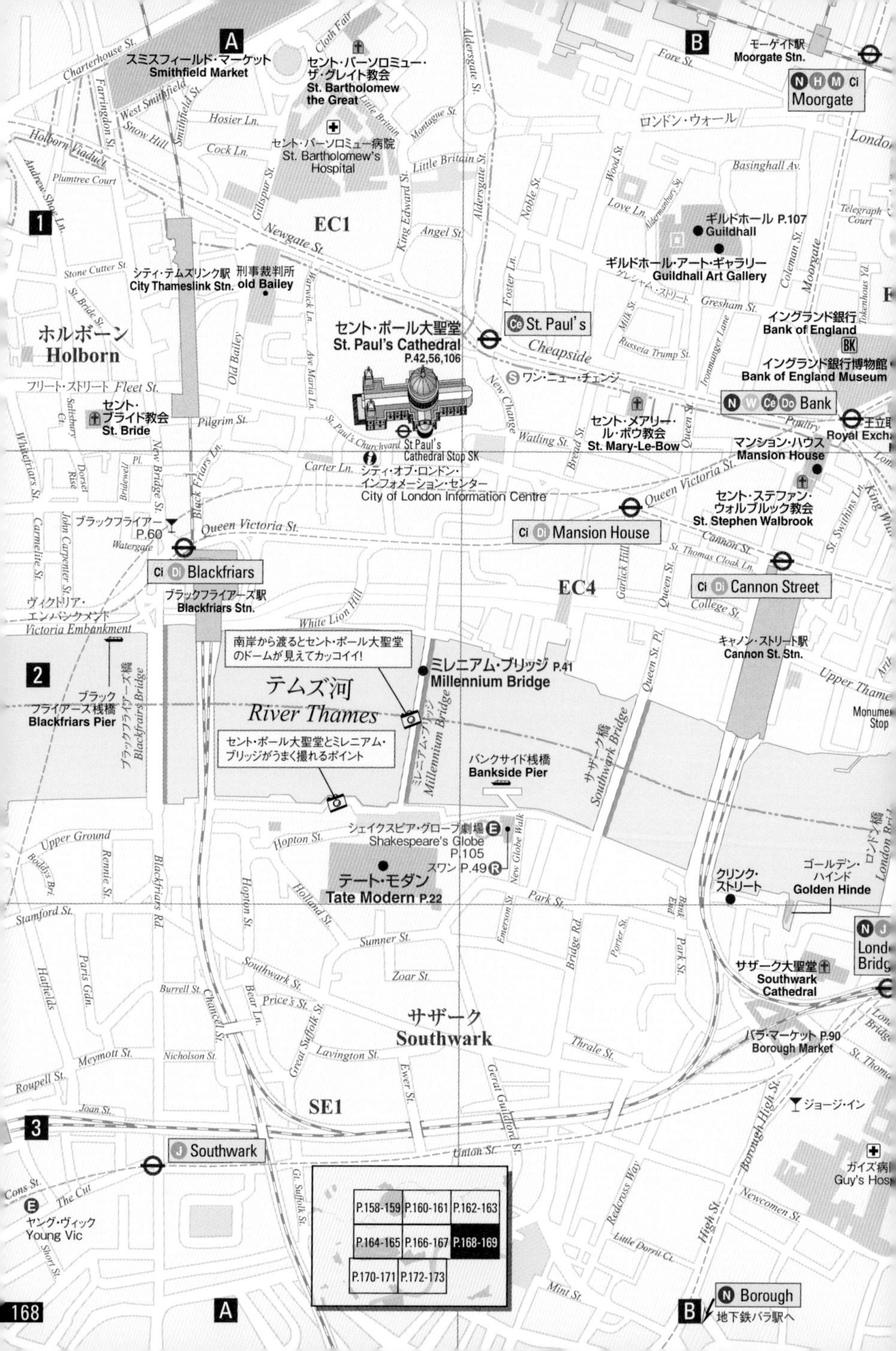
スミスフィールド・マーケット
Smithfield Market
セント・バーソロミュー・ザ・グレイト教会
St. Bartholomew the Great
セント・バーソロミュー病院
St. Bartholomew's Hospital
モーゲイト駅
Moorgate Stn.
Moorgate
ロンドン・ウォール
EC1
ギルドホール P.107
Guildhall
ギルドホール・アート・ギャラリー
Guildhall Art Gallery
シティ・テムズリンク駅
City Thameslink Stn.
刑事裁判所
old Bailey
ホルボーン
Holborn
セント・ポール大聖堂
St. Paul's Cathedral
P.42,56,106
St. Paul's
イングランド銀行
Bank of England
イングランド銀行博物館
Bank of England Museum
ワン・ニュー・チェンジ
Bank
フリート・ストリート Fleet St.
セント・ブライド教会
St. Bride
St Paul's Cathedral Stop SK
セント・メアリー・ル・ボウ教会
St. Mary-Le-Bow
マンション・ハウス
Mansion House
シティ・オブ・ロンドン・インフォメーション・センター
City of London Information Centre
セント・ステファン・ウォルブルック教会
St. Stephen Walbrook
ブラックフライアー P.60
Mansion House
Blackfriars
Cannon Street
ブラックフライアーズ駅
Blackfriars Stn.
EC4
ヴィクトリア・エンバンクメント
Victoria Embankment
南岸から渡るとセント・ポール大聖堂のドームが見えてカッコイイ!
キャノン・ストリート駅
Cannon St. Stn.
ミレニアム・ブリッジ P.41
Millennium Bridge
テムズ河
River Thames
ブラックフライアーズ桟橋
Blackfriars Pier
ブラックフライアーズ橋
Blackfriars Bridge
セント・ポール大聖堂とミレニアム・ブリッジがうまく撮れるポイント
バンクサイド桟橋
Bankside Pier
サザーク橋
Southwark Bridge
シェイクスピア・グローブ劇場
Shakespeare's Globe
P.105
スワン P.49
テート・モダン
Tate Modern P.22
クリンク・ストリート
ゴールデン・ハインド
Golden Hinde
サザーク大聖堂
Southwark Cathedral
サザーク
Southwark
バラ・マーケット P.90
Borough Market
SE1
ジョージ・イン
Southwark
ガイズ病
Guy's Hos
ヤング・ヴィック
Young Vic
P.158-159 P.160-161 P.162-163
P.164-165 P.166-167 P.168-169
P.170-171 P.172-173
Borough
地下鉄バラ駅へ

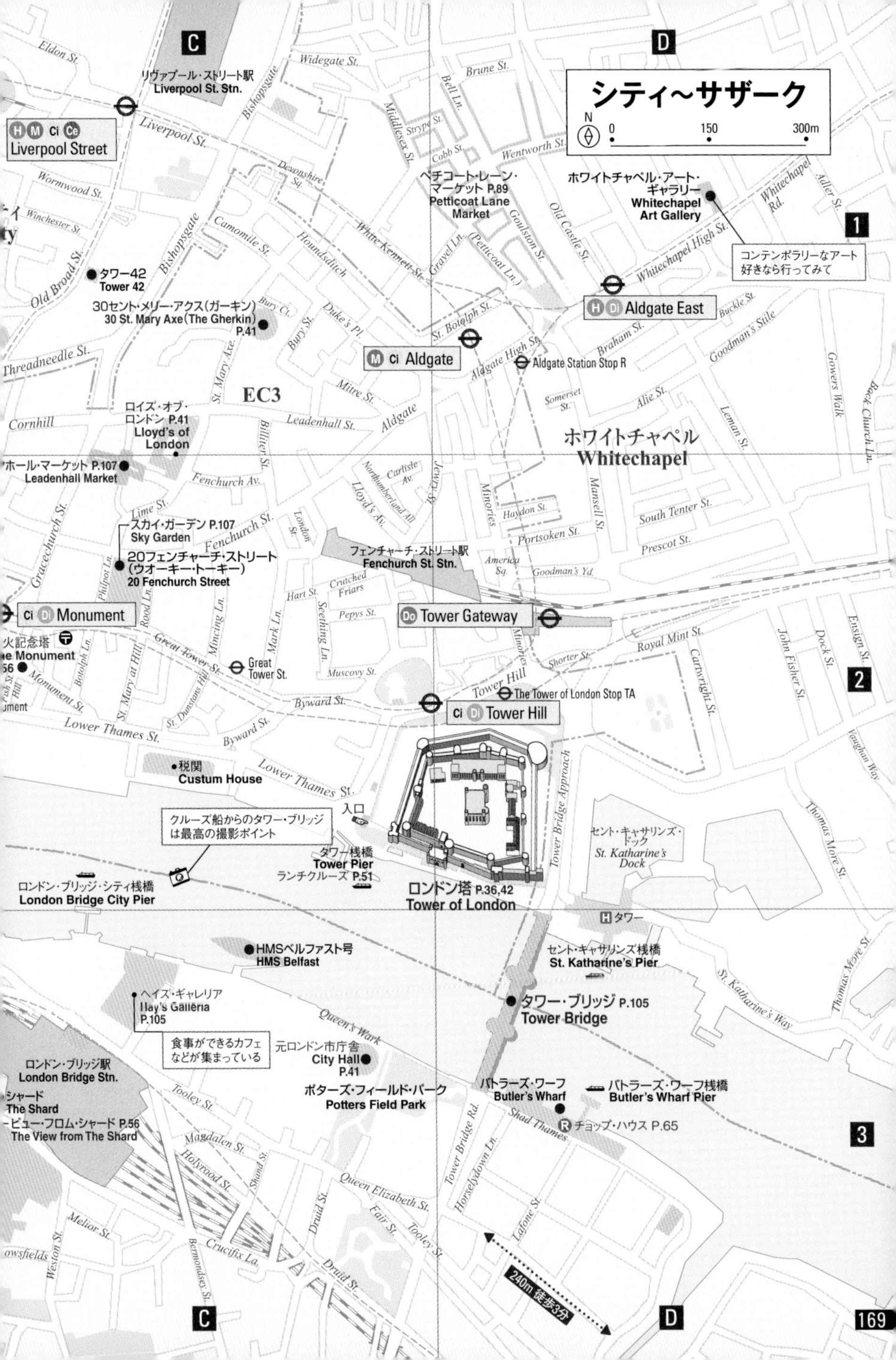
シティ～サザーク
N
0
150
300m
C
D
1
2
3
リヴァプール・ストリート駅
Liverpool St. Stn.
Liverpool Street
ベチコート・レーン・マーケット P.89
Petticoat Lane Market
ホワイトチャペル・アート・ギャラリー
Whitechapel Art Gallery
コンテンポラリーなアート好きなら行ってみて
Aldgate East
Aldgate
Aldgate Station Stop R
タワー42
Tower 42
30セント・メリー・アクス（ガーキン）
30 St. Mary Axe (The Gherkin) P.41
EC3
ロイズ・オブ・ロンドン P.41
Lloyd's of London
ホワイトチャペル
Whitechapel
ホール・マーケット P.107
Leadenhall Market
スカイ・ガーデン P.107
Sky Garden
20フェンチャーチ・ストリート（ウオーキー・トーキー）
20 Fenchurch Street
フェンチャーチ・ストリート駅
Fenchurch St. Stn.
Monument
Tower Gateway
火記念塔
The Monument
Great Tower St.
The Tower of London Stop TA
Tower Hill
税関
Custum House
入口
クルーズ船からのタワー・ブリッジは最高の撮影ポイント
タワー桟橋
Tower Pier
ランチクルーズ P.51
ロンドン・ブリッジ・シティ桟橋
London Bridge City Pier
ロンドン塔 P.36,42
Tower of London
セント・キャサリンズ・ドック
St. Katharine's Dock
タワー
HMSベルファスト号
HMS Belfast
セント・キャサリンズ桟橋
St. Katharine's Pier
ヘイズ・ギャレリア
Hay's Galleria P.105
食事ができるカフェなどが集まっている
タワー・ブリッジ P.105
Tower Bridge
元ロンドン市庁舎
City Hall P.41
ロンドン・ブリッジ駅
London Bridge Stn.
シャード
The Shard
ビュー・フロム・シャード P.56
The View from The Shard
ポターズ・フィールド・パーク
Potters Field Park
バトラーズ・ワーフ
Butler's Wharf
バトラーズ・ワーフ桟橋
Butler's Wharf Pier
チョップ・ハウス P.65
240m 徒歩3分
Eldon St.
Widegate St.
Brune St.
Bell Ln.
Strype St.
Cobb St.
Wentworth St.
Middlesex St.
Liverpool St.
Bishopsgate
Devonshire Sq.
Wormwood St.
Winchester St.
Camomile St.
Houndsditch
White Kennett St.
Gravel Ln.
(Petticoat Ln.)
Goulston St.
Old Castle St.
Whitechapel High St.
Whitechapel Rd.
Adler St.
Old Broad St.
Bury Ct.
Bury St.
Duke's Pl.
St. Botolph St.
Aldgate High St.
Braham St.
Buckle St.
Goodman's Stile
Threadneedle St.
St. Mary Axe
Mitre St.
Somerset St.
Alie St.
Gowers Walk
Back Church Ln.
Leman St.
Cornhill
Leadenhall St.
Aldgate
Billiter St.
Fenchurch Av.
Carlisle Av.
Northumberland All.
Lloyd's Av.
Jewry St.
Minories
Mansell St.
Lime St.
Gracechurch St.
Fenchurch St.
London St.
Haydon St.
Portsoken St.
South Tenter St.
Prescot St.
America Sq.
Goodman's Yd.
Philpot Ln.
Rood Ln.
Mincing Ln.
Mark Ln.
Hart St.
Crutched Friars
Seething Ln.
Pepys St.
Royal Mint St.
John Fisher St.
Dock St.
Ensign St.
Shorter St.
Cartwright St.
Botolph Ln.
St. Mary at Hill
St. Dunstans Hill
Muscovy St.
Monument St.
Byward St.
Lower Thames St.
Tower Bridge Approach
Vaughan Way
Thomas More St.
St. Katharine's Way
Queen's Walk
Tooley St.
Magdalen St.
Holyrood St.
Shand St.
Queen Elizabeth St.
Tower Bridge Rd.
Horselydown Ln.
Shad Thames
Lafone St.
Druid St.
Fair St.
Melior St.
Weston St.
Bermondsey St.
Crucifix La.
Snowsfields

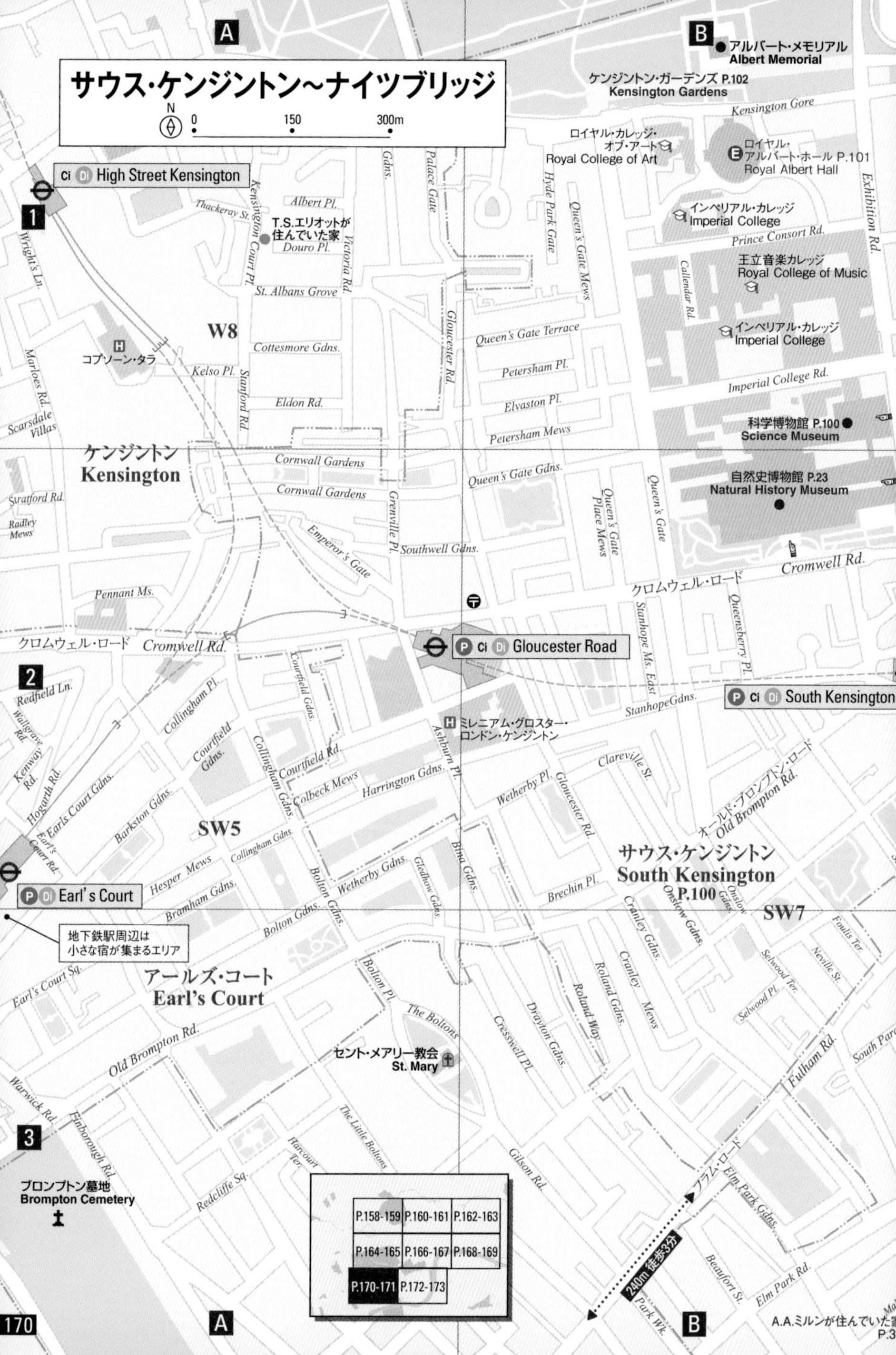
サウス・ケンジントン～ナイツブリッジ
N
0
150
300m
High Street Kensington
Earl's Court
Gloucester Road
South Kensington
アルバート・メモリアル
Albert Memorial
ケンジントン・ガーデンズ P.102
Kensington Gardens
ロイヤル・カレッジ・オブ・アート
Royal College of Art
ロイヤル・アルバート・ホール P.101
Royal Albert Hall
インペリアル・カレッジ
Imperial College
王立音楽カレッジ
Royal College of Music
科学博物館 P.100
Science Museum
自然史博物館 P.23
Natural History Museum
T.S.エリオットが住んでいた家
コプソーン・タラ
ミレニアム・グロスター・ロンドン・ケンジントン
ケンジントン
Kensington
サウス・ケンジントン
South Kensington
P.100
アールズ・コート
Earl's Court
地下鉄駅周辺は小さな宿が集まるエリア
セント・メアリー教会
St. Mary
ブロンプトン墓地
Brompton Cemetery
クロムウェル・ロード
Cromwell Rd.
オールド・ブロンプトン・ロード
Old Brompton Rd.
フラム・ロード
Fulham Rd.
240m 徒歩3分
A.A.ミルンが住んでいた家
W8
SW5
SW7
P.158-159
P.160-161
P.162-163
P.164-165
P.166-167
P.168-169
P.170-171
P.172-173

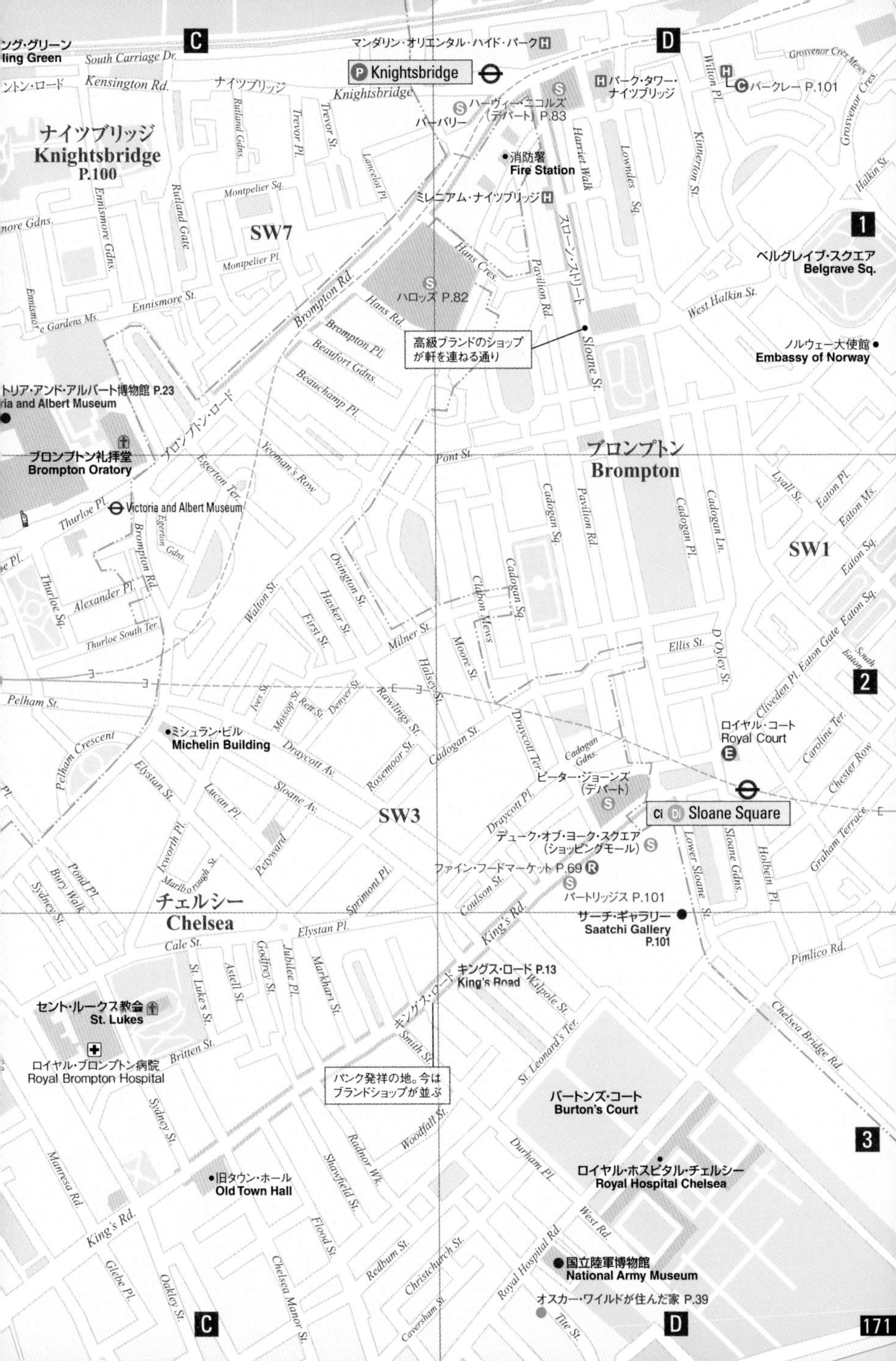

C
D
マンダリン・オリエンタル・ハイド・パーク
Knightsbridge
ハーヴィー・ニコルズ（デパート）P.83
バーバリー
パーク・タワー・ナイツブリッジ
パークレー P.101
ナイツブリッジ
Knightsbridge
P.100
South Carriage Dr.
Kensington Rd.
消防署
Fire Station
ミレニアム・ナイツブリッジ
SW7
1
ベルグレイブ・スクエア
Belgrave Sq.
ハロッズ P.82
高級ブランドのショップが軒を連ねる通り
ノルウェー大使館
Embassy of Norway
ブロンプトン礼拝堂
Brompton Oratory
Victoria and Albert Museum
ブロンプトン
Brompton
SW1
2
ロイヤル・コート
Royal Court
ミシュラン・ビル
Michelin Building
ピーター・ジョーンズ（デパート）
Sloane Square
SW3
デューク・オブ・ヨーク・スクエア（ショッピングモール）
ファイン・フードマーケット P.69
パートリッジス P.101
チェルシー
Chelsea
サーチ・ギャラリー
Saatchi Gallery
P.101
キングス・ロード P.13
King's Road
セント・ルークス教会
St. Lukes
ロイヤル・ブロンプトン病院
Royal Brompton Hospital
パンク発祥の地。今はブランドショップが並ぶ
バートンズ・コート
Burton's Court
3
旧タウン・ホール
Old Town Hall
ロイヤル・ホスピタル・チェルシー
Royal Hospital Chelsea
国立陸軍博物館
National Army Museum
オスカー・ワイルドが住んだ家 P.39
C
D

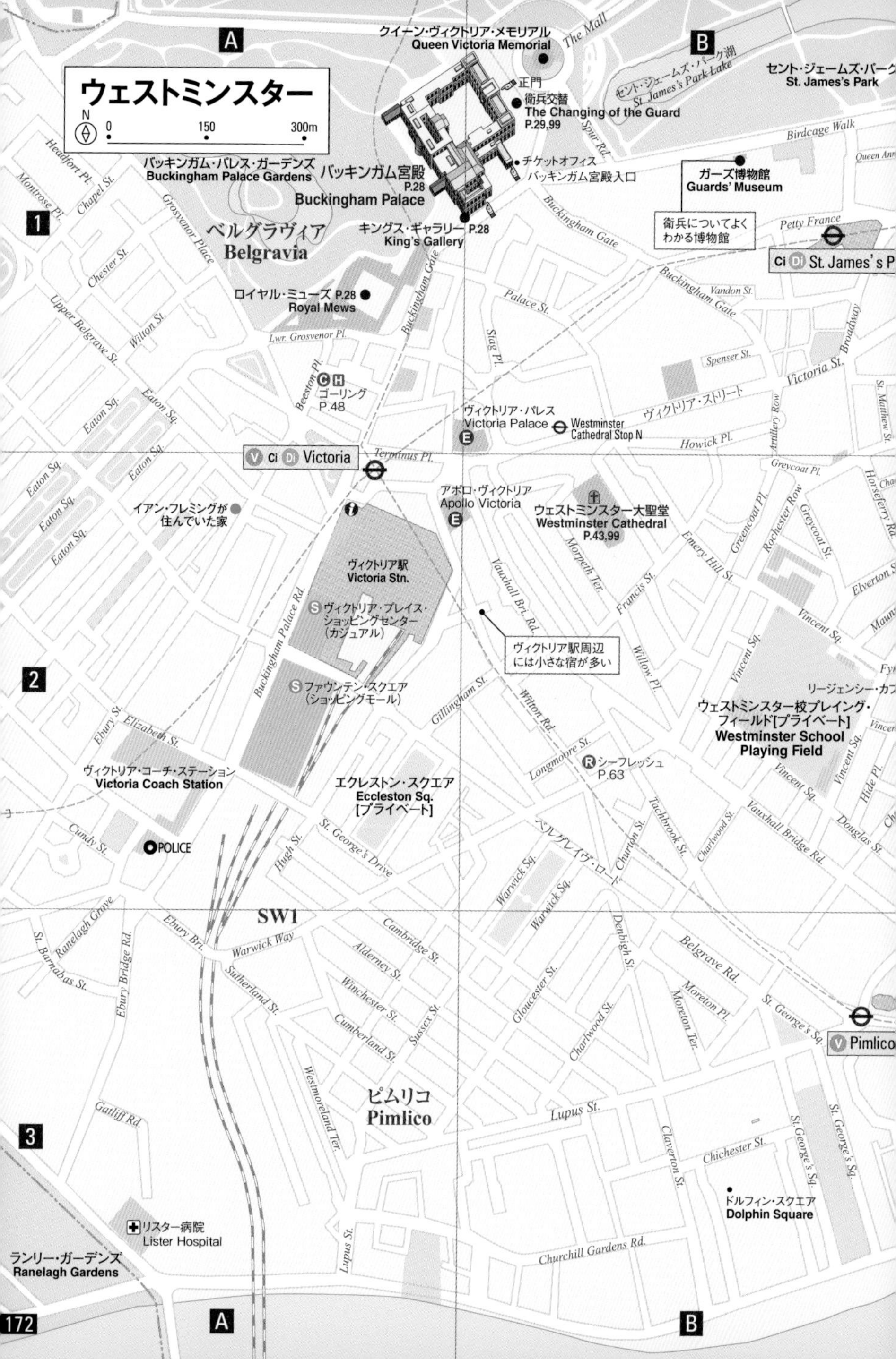
ウェストミンスター
N
0
150
300m
A
B
1
2
3
クイーン・ヴィクトリア・メモリアル
Queen Victoria Memorial
The Mall
セント・ジェームズ・パーク湖
St. James's Park Lake
セント・ジェームズ・パーク
St. James's Park
正門
衛兵交替
The Changing of the Guard
P.29,99
Spur Rd.
Birdcage Walk
Queen Anne
チケットオフィス
バッキンガム宮殿入口
ガーズ博物館
Guards' Museum
衛兵についてよく
わかる博物館
Petty France
Ci Di St. James's P
バッキンガム・パレス・ガーデンズ
Buckingham Palace Gardens
バッキンガム宮殿
P.28
Buckingham Palace
キングス・ギャラリー P.28
King's Gallery
ベルグラヴィア
Belgravia
Headfort Pl.
Montrose Pl.
Chapel St.
Grosvenor Place
Chester St.
Upper Belgrave St.
Wilton St.
Buckingham Gate
Palace St.
Vandon St.
ロイヤル・ミューズ P.28
Royal Mews
Lwr. Grosvenor Pl.
Stag Pl.
Spenser St.
Broadway
Victoria St.
ヴィクトリア・ストリート
Beeston Pl.
ゴーリング
P.48
ヴィクトリア・パレス
Victoria Palace
Westminster
Cathedral Stop N
Artillery Row
St. Matthew St.
Howick Pl.
Eaton Sq.
V Ci Di Victoria
Terminus Pl.
Greycoat Pl.
Horseferry Rd.
アポロ・ヴィクトリア
Apollo Victoria
ウェストミンスター大聖堂
Westminster Cathedral
P.43,99
イアン・フレミングが
住んでいた家
Morpeth Ter.
Emery Hill St.
Greencoat Pl.
Rochester Row
Greycoat St.
ヴィクトリア駅
Victoria Stn.
Vauxhall Bri. Rd.
Francis St.
Elverton St.
ヴィクトリア・プレイス・
ショッピングセンター
(カジュアル)
Buckingham Palace Rd.
ヴィクトリア駅周辺
には小さな宿が多い
Willow Pl.
Vincent Sq.
Vincent St.
ファウンテン・スクエア
(ショッピングモール)
Gillingham St.
Wilton Rd.
リージェンシー・カフ
ウェストミンスター校プレイング・
フィールド[プライベート]
Westminster School
Playing Field
Ebury St.
Elizabeth St.
ヴィクトリア・コーチ・ステーション
Victoria Coach Station
Longmoore St.
シーフレッシュ
P.63
エクレストン・スクエア
Eccleston Sq.
[プライベート]
Cundy St.
POLICE
Hugh St.
St. George's Drive
ベルグレイヴ・ロード
Churton St.
Tachbrook St.
Charlwood St.
Vauxhall Bridge Rd.
Hide Pl.
Douglas St.
Warwick Sq.
SW1
Ranelagh Grove
St. Barnabas St.
Ebury Bridge Rd.
Ebury Bri.
Warwick Way
Cambridge St.
Alderney St.
Sutherland St.
Winchester St.
Sussex St.
Cumberland St.
Gloucester St.
Charlwood St.
Denbigh St.
Moreton Pl.
Moreton Ter.
Belgrave Rd.
St. George's Sq.
V Pimlico
Westmoreland Ter.
ピムリコ
Pimlico
Lupus St.
Claverton St.
Chichester St.
St. George's Sq.
Gatliff Rd.
ドルフィン・スクエア
Dolphin Square
リスター病院
Lister Hospital
Lupus St.
Churchill Gardens Rd.
ランリー・ガーデンズ
Ranelagh Gardens

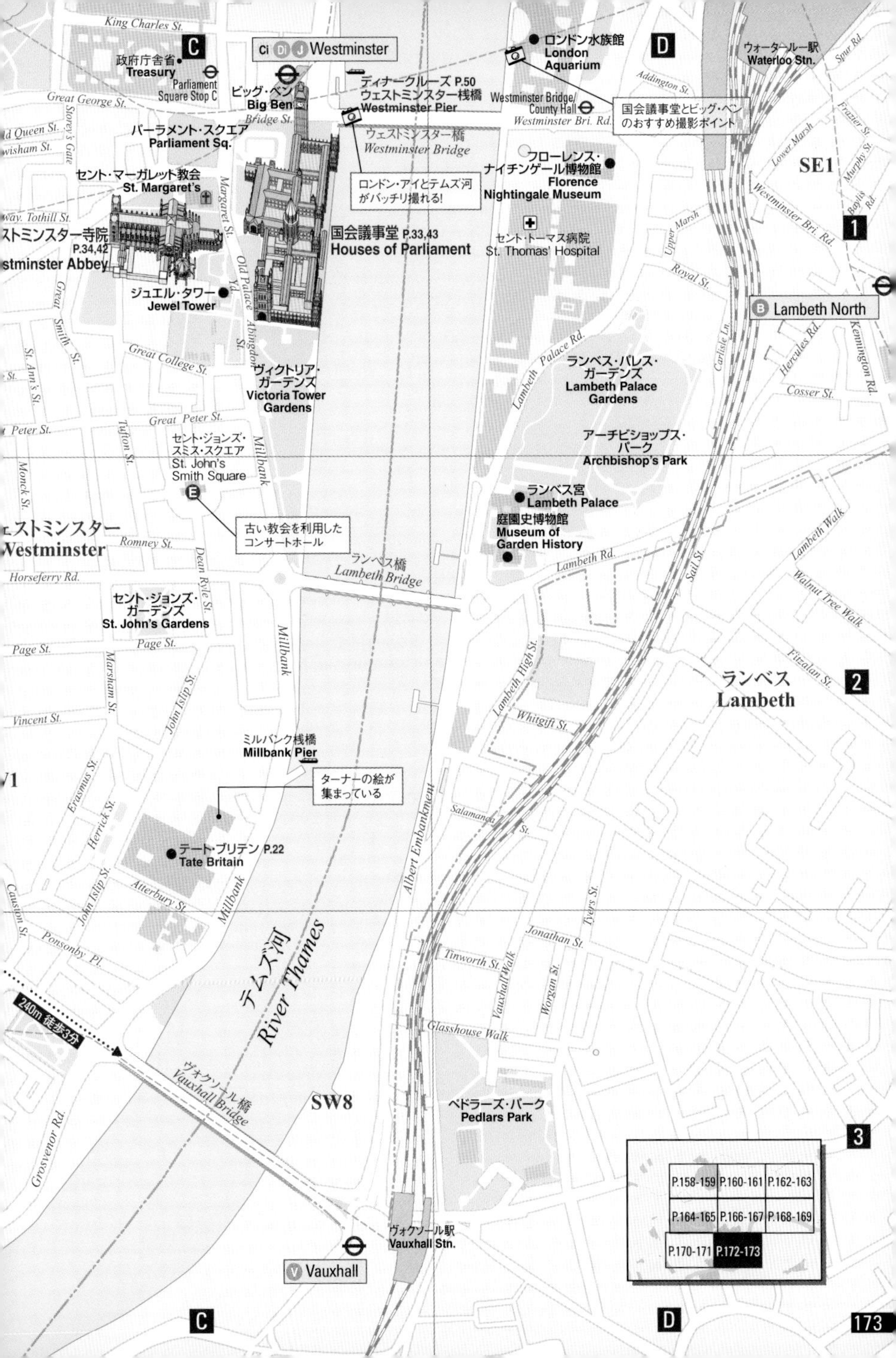
C
D
Westminster
政府庁舎省
Treasury
Parliament Square Stop C
ビッグ・ベン
Big Ben
ディナークルーズ P.50
ウェストミンスター桟橋
Westminster Pier
ロンドン水族館
London Aquarium
ウォータールー駅
Waterloo Stn.
Westminster Bridge/ County Hall
国会議事堂とビッグ・ベンのおすすめ撮影ポイント
ウェストミンスター橋
Westminster Bridge
パーラメント・スクエア
Parliament Sq.
セント・マーガレット教会
St. Margaret's
ロンドン・アイとテムズ河がバッチリ撮れる!
フローレンス・ナイチンゲール博物館
Florence Nightingale Museum
SE1
ストミンスター寺院 P.34,42
stminster Abbey
国会議事堂 P.33,43
Houses of Parliament
セント・トーマス病院
St. Thomas' Hospital
ジュエル・タワー
Jewel Tower
Lambeth North
ヴィクトリア・ガーデンズ
Victoria Tower Gardens
ランベス・パレス・ガーデンズ
Lambeth Palace Gardens
アーチビショップス・パーク
Archbishop's Park
セント・ジョンズ・スミス・スクエア
St. John's Smith Square
ランベス宮
Lambeth Palace
庭園史博物館
Museum of Garden History
古い教会を利用したコンサートホール
ェストミンスター
Westminster
ランベス橋
Lambeth Bridge
セント・ジョンズ・ガーデンズ
St. John's Gardens
ランベス
Lambeth
ミルバンク桟橋
Millbank Pier
ターナーの絵が集まっている
テート・ブリテン P.22
Tate Britain
テムズ河
River Thames
240m 徒歩3分
ヴォクソール橋
Vauxhall Bridge
SW8
ペドラーズ・パーク
Pedlars Park
ヴォクソール駅
Vauxhall Stn.
Vauxhall
King Charles St.
Great George St.
Bridge St.
Addington St.
Westminster Bri. Rd.
Margaret St.
Old Palace Yd.
Abingdon St.
Great College St.
Great Peter St.
Millbank
Tufton St.
Romney St.
Dean Ryle St.
Horseferry Rd.
Page St.
Marsham St.
John Islip St.
Vincent St.
Erasmus St.
Herrick St.
Atterbury St.
Causton St.
Ponsonby Pl.
Grosvenor Rd.
Lambeth Palace Rd.
Lambeth Rd.
Lambeth High St.
Whitgift St.
Albert Embankment
Salamanca St.
Tyers St.
Jonathan St.
Tinworth St.
Vauxhall Walk
Worgan St.
Glasshouse Walk
Royal St.
Upper Marsh
Lower Marsh
Carlisle Ln.
Hercules Rd.
Kennington Rd.
Cosser St.
Lambeth Walk
Sail St.
Walnut Tree Walk
Fitzalan St.
Spur Rd.
Frazier St.
Murphy St.
Baylis Rd.
Great Smith St.
St. Ann's St.
Peter St.
Monck St.
Storey's Gate
1
2
3
P.158-159
P.160-161
P.162-163
P.164-165
P.166-167
P.168-169
P.170-171
P.172-173

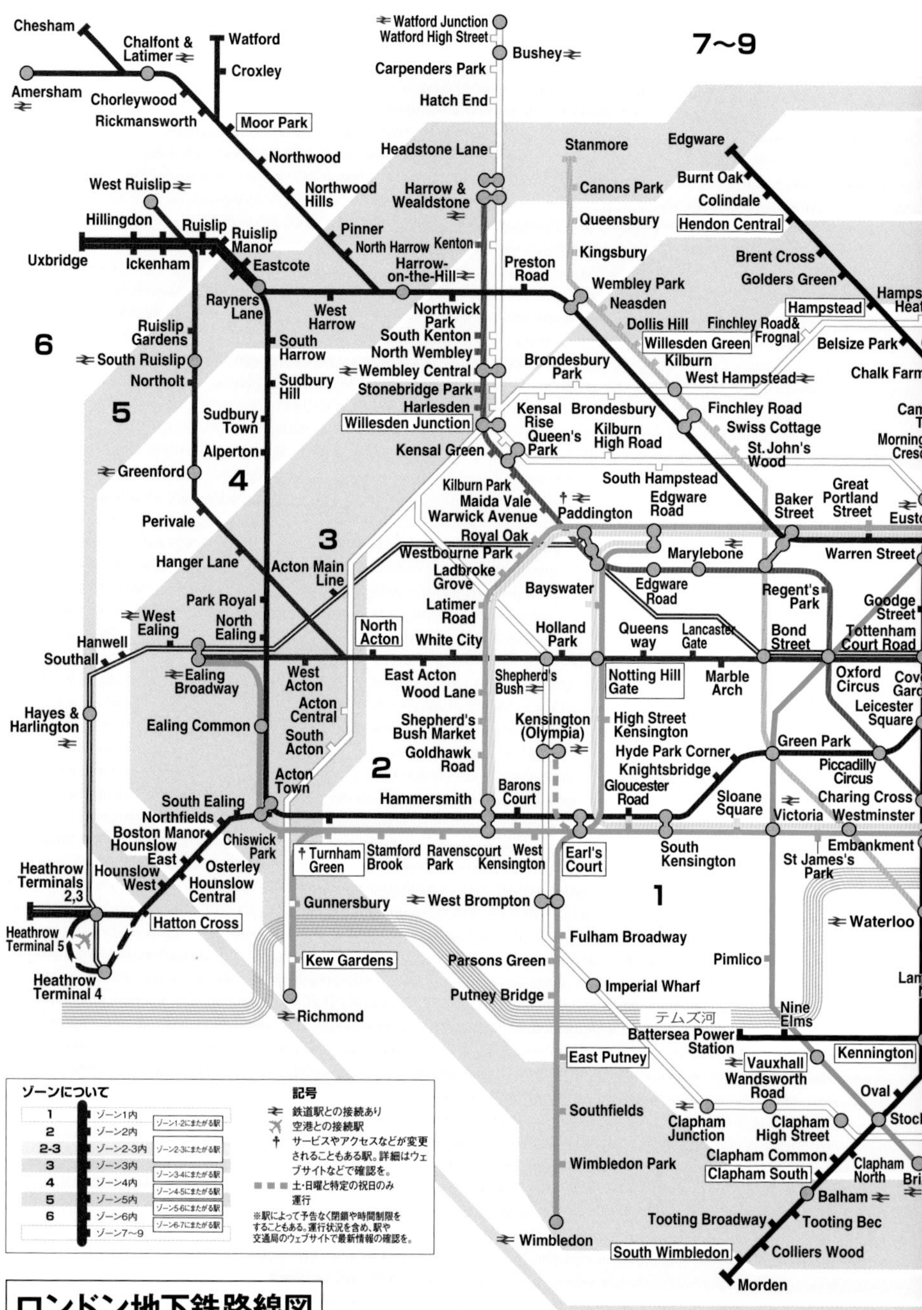

7〜9
6
5
4
3
2
1
Chesham
Chalfont & Latimer
Watford
Croxley
Amersham
Chorleywood
Rickmansworth
Moor Park
Northwood
Northwood Hills
Pinner
North Harrow
West Ruislip
Hillingdon
Ruislip
Ruislip Manor
Uxbridge
Ickenham
Eastcote
Rayners Lane
West Harrow
Ruislip Gardens
South Ruislip
Northolt
South Harrow
Sudbury Hill
Sudbury Town
Alperton
Greenford
Perivale
Hanger Lane
Acton Main Line
Park Royal
West Ealing
North Ealing
Hanwell
Southall
North Acton
Ealing Broadway
West Acton
Hayes & Harlington
Ealing Common
Acton Central
South Acton
Acton Town
South Ealing
Northfields
Boston Manor
Hounslow East
Chiswick Park
Osterley
Hounslow Central
Heathrow Terminals 2,3
Hounslow West
Hatton Cross
Heathrow Terminal 5
Heathrow Terminal 4
Turnham Green
Gunnersbury
Kew Gardens
Richmond
Watford Junction
Watford High Street
Bushey
Carpenders Park
Hatch End
Headstone Lane
Harrow & Wealdstone
Kenton
Harrow-on-the-Hill
Preston Road
Northwick Park
South Kenton
North Wembley
Wembley Central
Stonebridge Park
Harlesden
Willesden Junction
Kensal Green
Kensal Rise
Brondesbury Park
Queen's Park
Brondesbury
Kilburn High Road
Kilburn Park
Maida Vale
Warwick Avenue
Paddington
Royal Oak
Westbourne Park
Ladbroke Grove
Latimer Road
White City
East Acton
Wood Lane
Shepherd's Bush Market
Goldhawk Road
Hammersmith
Shepherd's Bush
Kensington (Olympia)
Barons Court
Stamford Brook
Ravenscourt Park
West Kensington
Earl's Court
West Brompton
Fulham Broadway
Parsons Green
Putney Bridge
Imperial Wharf
East Putney
Southfields
Wimbledon Park
Wimbledon
Stanmore
Canons Park
Queensbury
Kingsbury
Wembley Park
Neasden
Dollis Hill
Willesden Green
Kilburn
West Hampstead
Finchley Road
Swiss Cottage
St. John's Wood
South Hampstead
Edgware Road
Baker Street
Great Portland Street
Marylebone
Regent's Park
Bayswater
Edgware Road
Holland Park
Queensway
Lancaster Gate
Notting Hill Gate
Marble Arch
Bond Street
High Street Kensington
Hyde Park Corner
Knightsbridge
Gloucester Road
South Kensington
Sloane Square
Victoria
Green Park
Piccadilly Circus
Charing Cross
Westminster
Embankment
St James's Park
Waterloo
Pimlico
Nine Elms
テムズ河
Battersea Power Station
Vauxhall
Wandsworth Road
Kennington
Oval
Clapham Junction
Clapham High Street
Clapham Common
Clapham South
Clapham North
Balham
Tooting Broadway
Tooting Bec
Colliers Wood
South Wimbledon
Morden
Edgware
Burnt Oak
Colindale
Hendon Central
Brent Cross
Golders Green
Hampstead
Finchley Road& Frognal
Belsize Park
Chalk Farm
Warren Street
Goodge Street
Tottenham Court Road
Oxford Circus
Leicester Square
ゾーンについて
1 ゾーン1内
2 ゾーン2内
2-3 ゾーン2-3内
3 ゾーン3内
4 ゾーン4内
5 ゾーン5内
6 ゾーン6内
ゾーン7〜9
ゾーン1-2にまたがる駅
ゾーン2-3にまたがる駅
ゾーン3-4にまたがる駅
ゾーン4-5にまたがる駅
ゾーン5-6にまたがる駅
ゾーン6-7にまたがる駅
記号
鉄道駅との接続あり
空港との接続駅
サービスやアクセスなどが変更されることもある駅。詳細はウェブサイトなどで確認を。
土·日曜と特定の祝日のみ運行
※駅によって予告なく閉鎖や時間制限をすることもある。運行状況を含め、駅や交通局のウェブサイトで最新情報の確認を。

ロンドン地下鉄路線図

7～9
Cheshunt
Theobalds Grove
Turkey Street
6
Epping
Theydon Bois
Debden
Loughton
Enfield Town
Cockfosters
High Barnet
Bush Hill Park
Southbury
Chingford
5
Buckhurst Hill
Shenfield
Totteridge & Whetstone
Oakwood
Edmonton Green
Roding Valley
Chigwell
Brentwood
Woodside Park
Southgate
Silver Street
4
West Finchley
Arnos Grove
White Hart Lane
Highams Park
Finchley Central
Bounds Green
Wood Street
Harold Wood
East Finchley
Wood Green
Harringay Green Lanes
Bruce Grove
South Tottenham
Woodford
Grange Hill
Gidea Park
Highgate
Turnpike Lane
Blackhorse Road
Hainault
Crouch Hill
3
Walthamstow Central
Fairlop
Romford
Archway
Manor House
Seven Sisters
Tottenham Hale
Barkingside
Emerson Park
Tufnell Park
Walthamstow Queen's Road
South Woodford
Newbury Park
Upper Holloway
Stamford Hill
Upminster
Kentish Town
Arsenal
Finsbury Park
Stoke Newington
Snaresbrook
Redbridge
Gants Hill
Chadwell Heath
Holloway Road
2
Rectory Road
St. James Street
Upminster Bridge
Clapton
Wanstead
Goodmayes
Hornchurch
Caledonian Road
Highbury & Islington
Dalston Kingsland
Hackney Downs
Hackney Wick
Leyton Midland Road
Leytonstone
Seven Kings
Elm Park
Wanstead Park
Ilford
Dagenham East
Manor Park
Caledonian Road & Barnsbury
1
Canonbury
Hackney Central
Homerton
Leytonstone High Road
Leyton
Forest Gate
Dagenham Heathway
King's Cross & St Pancras International
Dalston Junction
London Fields
Stratford International
Maryland
Woodgrange Park
Becontree
Haggerston
Cambridge Heath
Stratford High Street
Angel
Stratford
Upney
Farringdon
Old Street
Hoxton
Bethnal Green
Abbey Road
Barking
Barbican
Liverpool Street
Pudding Mill Lane
East Ham
Russell Square
Upton Park
Bow Road
Plaistow
Moorgate
Shoreditch High Street
Bethnal Green
West Ham
Holborn
Mile End
Bow Church
Bromley-by-Bow
St Paul's
Aldgate East
Stepney Green
Devons Road
Star Lane
Chancery Lane
Bank
Whitechapel
Langdon Park
Barking Riverside
Cannon Street
Aldgate
All Saints
East India
Canning Town
Shadwell
Westferry
Poplar
Royal Victoria
Monument
Tower Hill
Limehouse
Blackwall
Custom House
Temple
Mansion House
Fenchurch St.
Tower Gateway
IFS Cloud Royal Docks
2-3
Prince Regent
Blackfriars
Wapping
West India Quay
West Silvertown
Royal Albert
Rotherhithe
Canary Wharf
IFS Cloud Greenwich Peninsula
Pontoon Dock
Beckton Park
Cyprus
London Bridge
Bermondsey
Canada Water
Heron Quays
North Greenwich
Gallions Reach
South Quay
London City Airport
Beckton
Surrey Quays
Crossharbour
1
Southwark
Borough
Mudchute
King George V
Island Gardens
River Thames
Elephant & Castle
Woolwich
New Cross
Woolwich Arsenal
Abbey Wood
Queens Road Peckham
New Cross Gate
Cutty Sark for Maritime Greenwich
Greenwich
Deptford Bridge
2
Denmark Hill
Brockley
Elverson Road
Peckham Rye
Lewisham
詳細やテムズリンク線、トラム、レディングへ向かうロンドン外のエリザベス・ラインについてはロンドン交通局のウェブサイトなどで確認を。URL tfl.gov.uk
Honor Oak Park
Forest Hill
Sydenham
3
Penge West
Anerley
Crystal Palace
Norwood Junction
West Croydon
4
5
6
ベーカールー Bakerloo
セントラル Central
サークル Circle
ディストリクト District
メトロポリタン Metropolitan
ピカデリー Piccadilly
ヴィクトリア Victoria
ハマースミス&シティ Hammersmith & City
ノーザン Northern
ジュビリー Jubilee
ウォータールー&シティ Waterloo & City
ドックランズ・ライト・レイルウェイ DLR(Docklands Light Railway)
ロンドン・オーバーグラウンド(地上線) London Overground
IFSクラウド・ケーブルカー IFS Cloud Cable Car
エリザベス・ライン Elizabeth Line

STAFF

Producer
河村保之　Yasuyuki Kawamura

Editor / Writer
カース Kaas Inc.　平林加奈子　Kanako Hirabayashi
平山喜代江　Kiyoe Hirayama ●　冨久岡ナヲ　Nao Fukuoka
野村文　Aya Nomura ●　宮田華子　Hanako Miyata

Photographers
ポール・D・エリス　Paul D Ellis ●　山内ミキ　Miki Yamanouchi
野村文　Aya Nomura ●　平林加奈子　Kanako Hirabayashi
写真協力　©iStock

Cover Design
花澤奈津美　Natsumi Hanazawa

Designers
荒井英之　Hideyuki Arai ●　山中遼子　Ryoko Yamanaka ●　カース Kaas Inc.

Illustration
アトリエ・プラン　atelier PLAN Co., Ltd.

Map
株式会社ジェオ　GEO Co., Ltd. ●　アトリエ・プラン　atelier PLAN Co., Ltd.

Proofreading
ひらたちやこ　Chiyako Hirata

Special Thanks
M ネットワーク　The M Network ●　英国政府観光庁　VisitBritain

地球の歩き方 P04 ぷらっと Plat ロンドン LONDON

2024年7月2日　初版第1刷発行

著作編集　地球の歩き方編集室
発行人　新井邦弘
編集人　由良暁世
発行所　株式会社地球の歩き方
〒141-8425　東京都品川区西五反田2-11-8
発売元　株式会社Gakken
〒141-8416　東京都品川区西五反田2-11-8
印刷製本　開成堂印刷株式会社

※本書は基本的に2024年2月～4月の取材データに基づいて作られています。発行後に料金、営業時間、定休日などが変更になる場合がありますのでご了承ください。

更新・訂正情報 URL https://www.arukikata.co.jp/travel-support/

●本書の内容について、ご意見・ご感想はこちらまで
読者投稿
〒 141-8425　東京都品川区西五反田 2-11-8
株式会社地球の歩き方
地球の歩き方サービスデスク「Plat ロンドン」投稿係
URL https://www.arukikata.co.jp/guidebook/toukou.html
地球の歩き方ホームページ（海外・国内旅行の総合情報）
URL https://www.arukikata.co.jp/
ガイドブック『地球の歩き方』公式サイト
URL https://www.arukikata.co.jp/guidebook/

●この本に関する各種お問い合わせ先
・本の内容については、下記サイトのお問い合わせフォームよりお願いします。
URL https://www.arukikata.co.jp/guidebook/contact.html
・広告については、下記サイトのお問い合わせフォームよりお願いします。
URL https://www.arukikata.co.jp/ad_contact/
・在庫については　Tel▶03-6431-1250（販売部）
・不良品（乱丁、落丁）については　Tel▶0570-000577
学研業務センター　〒354-0045　埼玉県入間郡三芳町上富279-1
・上記以外のお問い合わせは　Tel▶0570-056-710（学研グループ総合案内）

感想教えてください

読者プレゼント
ウェブアンケートにお答えいただいた方のなかから抽選でクオカード（500円）をプレゼントします！詳しくは左記の二次元コードまたはウェブサイトをチェック☆
応募の締め切り
2026 年 6 月 30 日

URL https://arukikata.jp/prtkhg
※個人情報の取り扱いについての注意事項は WEB ページをご覧ください。

©Arukikata. Co., Ltd.
本書の無断転載、複製、模写（コピー）、翻訳を禁じます。本書を代行業者等の第三者に依頼してスキャンやデジタル化することは、たとえ個人や家庭内の利用であっても、著作権法上、認められておりません。

All rights reserved. No part of this publication may be reproduced or used in any form or by any means, graphic, electronic or mechanical, including photocopying, without written permission of the publisher.

※本書は株式会社ダイヤモンド・ビッグ社より 2016 年に初版発行したもの（2019 年 6 月に改訂第 2 版）の最新・改訂版です。

学研グループの書籍・雑誌についての新刊情報・詳細情報は、下記をご覧ください。
学研出版サイト　URL https://hon.gakken.jp/